孩子
凭什么优秀

What Makes Children Outstanding

张未未 ◎著

九州出版社
JIUZHOUPRESS

图书在版编目（CIP）数据

孩子凭什么优秀 / 张未未著.—北京：九州出版社，
2017.5

ISBN 978-7-5108-5259-6

Ⅰ．①孩… Ⅱ．①张… Ⅲ．①家庭教育 Ⅳ．①G78

中国版本图书馆CIP数据核字（2017）第091305号

孩子凭什么优秀

作　　者	张未未　著
出版发行	九州出版社
地　　址	北京市西城区阜外大街甲35号（100037）
发行电话	（010）68992190/3/5/6
网　　址	www.jiuzhoupress.com
电子信箱	jiuzhou@jiuzhoupress.com
印　　刷	北京天宇万达印刷有限公司
开　　本	880毫米×1230毫米　32开
印　　张	8.5
字　　数	228千字
版　　次	2017年5月第1版
印　　次	2017年5月第1次印刷
书　　号	ISBN 978-7-5108-5259-6
定　　价	38.00元

前 言

经常听到有人说，不要让孩子输在起跑线上，殊不知孩子一生下来已经在不同的路段上，有些孩子一出生就在别人努力一生都无法达到的终点上。富裕人家的孩子和穷人家的孩子，在养育的物质上存在着多大的差别？宽厚仁爱的父母和自私苛刻的父母，在孩子的心灵成长上存在多大的差别？父母拥有良好的教养学识和粗鄙不堪的父母在孩子的教养上有多大的差别？这不禁让我们思索，孩子的人生起点不同，教育孩子的终极目标在哪里？

"素质教育"一词是在上个世纪80年代到90年代被提出来的。作为父母的角色在那时开始发生了明显的变化，孩子的角色也发生了改变，教育孩子没有什么量化标准可遵循，这让很多父母感到困惑不解，父母需要赶紧梳理这种新型的和孩子之间的关系。几十年后的今天，很多问题已经浮出水面呈现在我们眼前，今天的我们已经深刻意识到，想让孩子成功，仅仅依靠学校的教育是不够的。

教育是什么，就是把一个人的内心引导出来，帮助他成为自己所希望成为的那个样子。幼小时期的教育，就在于打定一个人一生有真实明确的人生观的根基。为什么养育孩子会有如此多的苦恼，会让人感到如此困惑。养育孩子这可是一件人类社会已经延续了几千年的事情，为什么今天却让我们摸不着头脑了。那个时候可没有如此多的育儿类书籍，没有专家特意研究这类问题，为什么这么多父母会把养育孩子当作一种困惑？这个问题不在于孩子，而在于养育孩子的父母的理念和方法。

随着信息不断地发展，各种传媒不断涌现，人们对于教育的认知开始不断增加，相互间的竞争越演越烈。如今，各种才艺特长、培优课程成了孩子们的任务，也成了我们的任务，因为是我们让孩子去学的；堆积如山的作业成了孩子们的任务，也成了我们的任务，因为我们必须检查作业。现在工薪阶层多数家庭将所有时间、精力和资源完全投入到孩子身上。世事难以预料，我们不知道究竟该让孩子学习什么才是适合孩子的。如果我们知道该为孩子在日新月异、不断变化的历史大潮中准备些什么，也许就不会这么盲目和紧张，这也是作为父母感到困惑的原因之一。

我们无法预知未来，想做一名称职的父母，就必须让孩子学些什么，以备将来的不时之需。没有哪个孩子生下来，父母就有一条闪闪发光的教育道路可走，没有哪个孩子会在父母一直正确的道路中成长。那些成功者都是在错误和挫败中不断学习、总结和修正自己，走出一条属于自己的道路。我们作为孩子自尊的守护者，凭着自己对孩子的爱、不断学习的能力和坚持的毅力，在不断试误中寻找正确的育儿理念和一个可能达到的目标。

多年来我们习惯于依靠分数来评价一个学生的能力。从小到大，衡量一个孩子的成长和学习的好坏，不是看他的道德修养水平，不是看他有没有善良和爱心，也不是看他有没有创新和领导能力，而是看他的分数。各种以提高分数为目的的教育培训机构也一窝蜂地涌向市场。太多孩子从幼儿园起，就放弃童年的快乐生活，开始为应试教育的终点分数去拼。孩子就是在这样的学制下"学傻了"。创造力、想象力尚未发芽就被扼杀，中国的学校很难培养出"眼睛发光"的孩子。难道孩子的成长和本身具备的天赋能力只能和100分绑在一起才有意义吗？

单纯依靠分数，并不能为孩子的能力和幸福加分。决定一个孩子的成就、过什么样的生活和生活是否快乐有尊严，取决于他的学习力和自身具有的优势。称职的父母应发现孩子的优势，扬长避短，让每个孩子都能在自己擅长的领域里任意驰骋，让每个孩子都能在没有分数的压力下，快乐成长，直至成才！对于教育而言，最应该培养的是一个孩子健康的体魄、优秀的情商、高尚的道德情操、丰富的兴趣爱好、独立思考的能力、敢于质疑和创新的精神、良好的阅读习惯和孜孜不倦的学习热情，以及其他在不断发展的时代潮流中不被淹没的能力。

真正的考场从来就不在学校，而在平实的生活中。教育孩子最好的方式之一就是注重培养有丰富创造力、品德高尚的孩子，然后祝他们幸福。通过他们的德行善举成就他们的才能，并让他们感受到父母对自己的爱，这也是一种最现实的教育目标。孩子的教育和成长从来都没有固定的模式，更没有剧本可提供预演。保护好孩子的创造力，教育他们有修养和礼貌，遵守职业道德，给他们爱，孩子的幸福与自尊将自然形成。我想如果每一位家长都能做到这几点，孩子们就会幸福快乐地成长，我们也会同孩子一起成长。

父母和老师在孩子未来的生活中终将要退场，孩子的生活无论好与坏都将由他自己来承担。如果真的关心孩子，也许我们更应该关心30年后的他会成为一个什么样子，到底是成为一个庸才还是成为栋梁？是让孩子赢在应试教育的起点上，还是让孩子赢在人生的大道上，是个值得我们深思的问题。

《蜻蜓飞行器》获得全国科技绘画大赛山东省一等奖，全国二等奖

contents
+

目 录

理念篇

可怕的遗传，并不只是病毒

易卜生所写《群鬼》中，欧士华本是爱生活、能创作的人，因父亲不检点，先天得了病毒。他很爱他的母亲，不忍母亲每天服侍自己，便藏了吗啡，想待发作时，由侍女瑞琴帮他吃下，毒杀自己，可瑞琴走了，他只好托他母亲了。

欧："母亲，现在你应该帮我的忙了。"

阿夫人："我吗？"

欧："谁能及得上你。"

阿夫人："我！我是你的母亲。"

欧："正因为你是我的母亲。"

阿夫人："你的命是我给你的！"

欧："我没叫你给我这条命。再说，你给我的一条什么命？我不稀罕这条命！你把它拿回去！"

这一段的描述，是人生不能承载的沉重。更是我们做父母的应该震惊、戒惧的。欧士华的母亲此时也不会昧着良心对儿子说："因为你是我的儿子，所以你理当受这样的罪。"可怕的遗传，并不只是病毒，另外精神上，观念上，体质上的缺点，也可以遗传给孩子，父母的缺点，正是孩子成败的伏笔、生命上的危机、决定将来命运的根基。这些高尚古老的书籍提供给我们的故事，让人们的悲痛，给旧愁披上新衣，发出叹息，同我们娓娓交谈。

每个人的一生，都是从家庭出发。拥有一个快乐的童年，一个充满爱和书籍的家庭，一个美丽的自然环境，在这样的条件下成长起来的孩子，没有人会走错路。当一个新生命降临到这个世界，父母的责任才刚刚开始，每位父母都希望孩子比自己更强，更健康，更聪明，更幸福，更高尚，就是希望孩子要超越自己，超越过去。超越，便需要改变，就要不断地去学习，善于在学习中不断地修正和完善自己，跟上孩子成长的步伐。学习，应贯穿于我们的整个生命。

一个人心灵的成长史，差不多就是他的阅读史。人生起于阅读，终于阅读，因为阅读并非单纯指读书，它是指阅生活、阅人生。我们常说"读万卷书，行万里路"，前者是阅书后者指阅世，阅书是为了阅世，会阅书者更会阅世。书架上那些默默无言的书，沉寂又充满生机，宁静而又热情洋溢。书籍激励着每一位上进的父母，使他们在众人中昂然屹立。

打开书页的一瞬间，如同荒凉的戈壁终于开出朵朵小花，我们张开双臂扑向温馨的花丛，书的魅力无穷。父母应给孩子做好榜样，良好的习惯主要靠熏陶养成。孩子是父母的一面镜子，在孩子小的时候，他们之间的思维习惯，行为习惯，生活习惯并没有多大的差异。随着年龄的不断增长，这些差异表现得越来越明显，这些差异主要来自家庭的熏陶和影响。当学习在一个家庭中是一个人的事时，这是一种劳役。当学习是整个家庭的事时，这是一种乐趣。当学习是家庭中每个人每天都做的事时，这是一种幸福的生活。通俗地说就是：什么样的家庭就有什么样的孩子。

父母应该学会理解孩子，真正站在孩子的立场和角度为孩子着想。陶行知先生曾说过：父母不会教养，小孩子不晓得要枉哭多少回。生活中有多少像欧士华那样被父母寄予厚望的孩子。很多父母都曾对孩子说过："为了你，我的工作都做不好，人也变得苍老。""为你我生了病。"为孩子，是一种责任和义务，至于什么做得多了，什么做得少了，都是出于父母的自愿，并不是孩子所要求做的，并且父母做的也不一定是孩子所需要或喜欢的。就如带孩子去商场选购物品，成年人看到的是琳琅满目的商品，而孩子看到的，只是一条条大人的腿。做一个理解孩子，懂得孩子内心的父母，才是让孩子拥有快乐童年的前提。千万不要用爱的名义对孩子进行伤害和情感上的掠夺。

父母对孩子都有指导的义务，父母是孩子的引导者和协商者，而不是命令者。要教会孩子懂得道理，而不是让孩子必须听从大人的话；要让孩子有乐观向上的精神，成长为自己，学习是为自己，不是为父母去学习，取得好成绩也不是为让谁去高兴；让孩子去亲近自然，感受大自然的和谐美好；让孩子学会分担和体谅、为他人着想；要有强健的体魄，有纯洁高尚的道德情操，有博大包容的胸怀，有容纳新事物的精神，有在世界万物不断变更的潮流中，不被淹没的力量。

童年时期，孩子正在建立他的安全感，他需要知道这个世界是善良的、人类是可信的、自己的存在是有意义的。有了这种坚实的安全感，孩子才有足够的内心力量去迎接生活的挑战。父母要告诉孩子：你怎样对待世界，世界就怎样对待你。你看这个世界充满险恶，你就会遭遇很多险恶的人和事；你对这个世界充满善意，你就会遇到很多善良的人和事；你自己相信善良、真诚和爱，善良、真诚和爱才会来到你身边；你敢于做一个善良、真诚的人，你才会体会到这中间甜蜜幸福的滋味。

父母应给孩子独立的思想。让孩子学会用自己的头脑去思考，也是父母应尽的义务。独立的能力，不单是独立生活的能力，还包括独立思考的能力。让孩子将来做一个有独立思想的人，一个有思想的人才是一个完整的人。人的饥饿不只是身体上的饥饿，还指精神上的饥饿。因此，要在孩子内心燃起知识的篝火，用思想温暖、充实孩子的内心世界，让每个孩子幼小的心灵都能吃饱，都能心安理得地睡踏实觉。

有些父母为显示自己的权威，无形中掠夺了孩子独立思考的能力。让孩子听话，父母说什么，孩子就应该听什么，早早给孩子种下奴性思想的种子。如果孩子不听，就说孩子是叛逆，扫了做父母的威严。还会讲很多道理说服，做一个听父母话的孩子，如古人割取自己大腿的肉来煎药，以医治父母的重病如此等等。我们的书籍中也从来不缺少这样的道理。孩子就应该服从父母，原因是我生了你，你必须感谢我对你的养育之恩。并且这是天经地义的，如果你不照这样做，就定然是大逆不道不忠不孝的逆子。为了便于掌控孩子，无所不用其极地维护自己在孩子面前的权威。殊不知，富有人家的孩子和穷人家的孩子，在物质生活上存在天壤之别，孩子也没有跟父母去计较。很多父母就是这样，想让孩子将来翱翔于九天之上，却又先折断那稚嫩的翅膀。

孩子是上天的恩赐，让我们养育教导，我们不求回报，不在孩子的内心播撒"报偿养育之恩的种子"。父母养育孩子是人道的义务，并不是为得到孩子的报偿。如果那样，是把父母和孩子之间的关系变成一种买卖行为。今天为孩子所做的一切，无异于"人乳养猪"。无非是把孩子当成猪，喂到肉肥味美的时候，好宰杀来吃。父母应抵制住世代沿袭下来的"报恩父母"的旧思想，放孩子一条宽阔明亮的道路，让孩子做一个有独立自由、思想完整的人。

父母养育孩子，是一种天性的爱，这种爱既深远又长久。在人类沿袭的历史长途中，有的仅是先后的不同，分不出谁对谁的恩义。父母尽自己所能，培养孩子健康的精神和体魄，让幼小的生命学会独立生存的本事。超越父母，更强于父母，更完善于父母，更高尚于父母，更快乐幸福于父母。父母和孩子在人世间欢聚一堂，每个孩子的思想都能自由飞扬，每个孩子都像太阳般欢畅辉煌，这难道不是天下所有父母的期望吗？

你被习惯性思维控制了吗？

我们大脑就像一种自动流水线，存在一种自动反应的思维程序。这种思维说不定在什么时间就会闯入我们的大脑，通常会与某一件具体的事情相联系，通过我们眼睛看到和脑子想到的自动性思维产生某种相应的情绪和情感。

比如：我们看到一处美丽的景物，让孩子摆好姿势，迫不及待地举起相机要将这美景记录下来。在按动快门的一瞬间，正好一个身影走过来，遮挡住镜头，并且站着不动了。一般情况下，我们的习惯性思维会认为，这个人好粗鲁，难道没有看到我正在拍照吗？我们的情绪反应可能会大为恼火，厌恶地尝试换一个位置和方向继续拍照。但是，无论如何都不如刚才那个角度让人满意了。

如果这时有人告诉你，遮挡你镜头的是一位盲人，你很可能马上就会释怀了，并为刚才表现出的责怪而感到内疚。整个过程中事情并没有发生任何改变，只是我们心中的想法发生了改变，情绪也随之发生了转变。

这种思维存在于我们思想深处，我们根本意识不到它，但它却影响着我们的人生。就像人的骨骼，我们看到的是外在的形态和皮肤，而深层的支撑形态和骨骼我们根本看不到，但它却是最重要的东西。

人的这种思维是在原生家庭的成长过程中形成的，最终成为一种理所当然的信念。而我们很少质疑在小时候学到过的一些东西，在这种理所当然的信念下，会将一件事情的影响力放大或缩小，无法看清真相，也常常感到自己是无力和脆弱的。

有这样一个例子：父母很爱安妮，他们觉得多刺激安妮的上进心对于她的成长会有好处。因此，不管安妮做什么事，做得多好，她的父母都不会去表扬她，而是说："下次再好好努力吧。"如果安妮考试考了80分，那就是考砸了。她的父母就会批评她，让她下次必须考到90分。如果下次考到90分，她父母又会告诉她100分才是最棒的，总之，在父母这里，没有肯定和赞扬只是鼓励她更进一步。因此在安妮的信念里就会产生一种错误的认识："不管我多努力，我都做得不够好。"安妮的自动性思维就这样形成了，她父母在她小时候就给她灌输了一种消极的思维模式："我无论做什么，总是不够好。"慢慢地就成为她的自动反应机制。在她的思维深处，她已经认定自己本身不够优秀，一个信念根植于头脑深处：我根本不行。

这种信念会产生这样一种假想："我做什么都做不好，我是一个失败者。"无论学校组织什么活动，安妮都不会主动参加，因为她认为大家根本不需要她。慢慢地，安妮会成为沉默寡言、内向自卑的人。大脑为了防止自尊受到伤害，就会把"不优秀""我根本不行"当成一种理所当然的信念：我就是这样子，无论怎样改变我都做不到好。只要我不去做有难度的事情，我的"无能"就不会被人发现。以后的安妮，遇到问题经常逃避，而不是勇往直前展示自己的能力。

消极的思维一旦产生，往往很难转变。

再看一个例子，一位母亲这样激励她的儿子。她参加幼儿园的家长会，老师告诉她："你的儿子有多动症，在凳子上连三分钟都坐不住，你最好带他去看医生。"回家的路上，儿子问她老师都说了些什么？她鼻子一酸，差点流下泪来。因为全班30位小朋友，唯有他表现最差，唯有对他，老师表现出不屑。然而，她还是告诉了她的儿子："老师表扬你了，说宝宝原来在板凳上坐不了一分钟，现在能坐三分钟了。其他的妈妈都非常羡慕妈妈，因为全班只有宝宝进步了。"那天晚上，好儿子破天荒地吃了两碗米饭，并且没让她喂。儿子上小学了，家长会上，老师说："全班50名同学，这次数学考试，你儿子排第49名。我们怀疑他智力上有些障碍，您最好带他去医院查一查。"回家的路上，她流下了泪。然而，当她回到家里，却对坐在桌前的儿子说："老师对你充满了信心。他说了，你并不是个笨孩子，只要能细心些，会超过你的同桌，这次你的同桌排在第21名。"说这话时，她发现，儿子黯然的眼神一下子充满了光，沮丧的脸也一下子舒展开来。她甚至发现，儿子温顺得让她吃惊，好像长大了许多。第二天上学时，去得比平时都要早。孩子上了初中，又一次家长会，她坐在儿子的座位上，等着老师点她儿子的名字，因为每次家长会，她儿子的名字总是在差生的行列中被点到。然而，这次却出乎她的预料，直到结束，都没听到。她有些不习惯。临别，去问老师，老师告诉她："按你儿子现在的成绩，考重点高中有点危险。"她怀着惊喜的心情走出校门，此时她发现儿子在等她。路上她扶着儿子的肩膀，心里有一种说不出的甜蜜，她告诉儿子："班主任对你非常满意，他说了，只要你努力，很有希望考上重点高中。"

高中毕业了，一个第一批大学录取通知书下达的日子，学校打电话让她儿子到学校去一趟。她有一种预感，她儿子被清华录取了，因为在报考时，她跟儿子说她相信他能考取这所学校。她儿子从学校回来，把一封印有清华大学招生办公室的特快专递交到她的手上，突然转身跑到自己房间里大哭起来，边哭边说："妈妈，我一直都知道我不是个聪明的孩子，是您……"这时，她悲喜交加，再也按捺不住十几年来凝聚在心中的泪水，任它打在手中的信封上。

这是一位多么智慧的妈妈，她不但没有批评孩子，反而换了一种方式，一种积极的思维方式，让孩子成为一种"榜样"。她的话对孩子起到了巨大的激励作用。对于孩子，我们多么需要这种建设性的激励，多么需要这样一位妈妈。

自动性思维的力量非常强大，强大到你根本意识不到它的存在，但是它却可以掌控你的人生。我们清醒地认识自身的情绪，看清楚自己，只有认识了自己，才能做自己情绪的主宰。管理好情绪，改变自己习惯性思维的固有方式，做自己心灵的主人。并做好自我激励，即使走入低谷，也能从挫折中爬起重新出发，不被失败埋葬。一个人具有的幸福感和自动性思维习惯，以及管理自己情绪的能力，和童年时期原生家庭的教育培养有着密切的关系。因此，对孩子思维和能力的培养，就从我们自己开始吧。

不要让孩子成为反季节的果实

一个家庭，你中有我，我中有你，你中有他，我们都希望在自己的努力下，孩子的未来可以前途似锦，希望孩子开出更鲜艳的花朵，结出更饱满的果实。在孩子成长的道路上，共同思考，相互鼓励，取长补短，相互安慰。不论结果如何，在共同携手的途中，享受着家庭的温馨喜悦，在孩子成长的轨道上为他们的心灵播撒着关爱的种子。

可是走着走着，我们就忘记最初是为什么而上路。走着走着，内心失去了平静，忘记最初对孩子的期望，希望自己的付出早早得到收获。当孩子没有达到期望时，就会迁怒于孩子。会认为自己比孩子聪明，比孩子年长，希望孩子按照自己的想法去改变。很多父母总是不知反省，过分相信自己。在对孩子说话时也使用你必须、你应该、你一定要，这样带着命令的强硬词语。这样强硬的方式让孩子感到压抑，孩子喜欢自由自在，宽容放松，大度温和的风格。久而久之，会对父母敬而远之，产生抵抗甚至逆反的心理。父母一直沉浸在自己的"小我"中，不反省，不审视自己，总是希望通过自己能改变孩子，希望孩子达到自己的期望，而孩子似乎离自己的要求越来越远。慢慢地，孩子脸上的笑容消失了，父母脸上的笑容消失了，家庭从此没有了欢笑。渐渐地，父母迷失了自己，变得连自己都不相信自己，也渐渐偏离了教育孩子正常成长的轨道。

永远忘不了《霸王别姬》里那段令人沉思的话：

师傅说："都是下九流谁嫌弃谁呀！"

小癞子说："他们怎么成的角啊，得挨多少打啊？我什么时候才能成角啊？"

师傅答道："要想人前显贵，你必得人后受罪！"

这虽只是一个戏子的理想，但一个生来没有地位的人，不挨打，又怎么能锤炼出自己的价值？

就像现在的孩子，大多数人认为，不吃苦怎么成为人上人？不吃苦就得过没有尊严的生活；不吃苦，就得重复父母现在的生活（父母对现在的生活并不满意）；现在如果不吃苦，将来就会吃更多的苦。于是从小时候开始让孩子去拼，绝不能让孩子输在起跑线上。

这是一份非常有代表性的北大妈妈育儿作息表：

也许有的妈妈会说："我上高中的儿子也是早上5点起床，晚上11点睡觉，这没有什么啊。"如果我告诉你这是一张只有9岁孩子的课程表，又会做什么感想？对于一个9岁孩子课程安排似乎太过密集，可能大多数父母都会表示"难以想象"。一个九岁孩子，连最起码的睡眠都难以保障，孩子的健康成长在这位"拼"妈面前已经退居其次。在放弃孩子正常成长的前提下，如果依然达不到这位妈妈的预期，这位妈妈会不会感到很失望，甚至迁怒于孩子？

武汉一位妈妈用12万为小孩培优，给5岁的儿子Jerry报了17项培优班。3年过去了，当时自信的妈妈如今在朋友圈哀叹，当初的"学霸"儿子竟变成了"学渣"！

2013年，在武汉水果湖某幼儿园就读的5岁半男孩Jerry在培优机构组织的小托福考试中得了全国前三名。Jerry的妈妈徐女士感到特别骄傲。从半岁到5岁，Jerry已经接受了英语、数学、识字、声乐、钢琴、围棋、画画、表演等17项培优，5岁的他已经学完了小学二年级的全部课程。每周只有半天休息，每晚都到9点才回家。徐女士算了一笔账，5年来累计投入了近12万元培优费。

徐女士当时特别想孩子从小就比别人优秀，不想让儿子输在起跑线上。徐女士想通过培优让孩子从小养成自觉学习的习惯，她认为，培优会让孩子的学习成为一种条件反射的状态。到了中学，孩子的学习就会变成自主行为，不需要别人的督促。然而，三年过去了，让徐女士万万没想到，自己曾经的"学霸"儿子怎么就会变成"学渣"了。

徐女士说，Jerry刚读小学一年级时，学习成绩还是非常优秀的。可是，慢慢地，Jerry觉得厌倦了，因为老师讲的课本知识他都会，这让他觉得老师讲的东西太简单，其他同学都是笨蛋。无奈之下，徐女士只好继续给Jerry报了数学和英语培优班。

这样又过了一年，今年读二年级的Jerry学习成绩开始慢慢下降，从前的尖子生变成了中等生。变得厌学、上课不听讲、课后作业不好好完成，学习都要人盯着才能去学。这让徐女士非常担忧，这和她的预期完全不一样。更令徐女士头痛的是，Jerry马上要上小学三年级，学习任务开始慢慢加重，孩子的老师也多次劝说她要改变Jerry目前的学习状况，必须停下所有培优班，跟着班级的进度来，重新培养学习习惯。

面对孩子的现状，徐女士进行了反思，自己太早开发了孩子的学习能力，孩子就应该在适当的年龄做最适当的事情。幼儿园时期本该是孩子玩耍、培养良好学习和生活能力的时候，自己却让孩子把全部的时间用在了培优上，导致孩子的生活和学习能力都有所欠缺。

孩子的成长需要过程和时间，在教育心理学中，有一个非常著名的试验，是由一位叫格塞尔的美国心理学家完成的。这个试验叫作"双生子爬梯试验"，研究的是双生子（即双胞胎）在不同的时间学习爬楼梯的过程和结果。

格塞尔选择了一对双胞胎，他们的身高、体重、健康状况都一样。让哥哥在出生后的第48周开始学习爬楼梯，48周的小孩刚刚学会站立，或者仅会摇摇晃晃勉勉强强地走，格赛尔每天训练这个孩子15分钟，中间经历了许多的跌倒、哭闹、爬起的过程，终于，这个孩子艰苦训练了6周后，也就是到了孩子54周的时候，他终于能够自己独立爬楼梯了。

双胞胎中的弟弟，基础情况跟哥哥完全一样，不过格塞尔让他在52周的时候才开始练习爬楼梯，这时的孩子基本走路姿势已经比较稳定了，腿部肌肉的力量也比哥哥刚开始练的时候更加有力，并且他每天看着哥哥训练，自己也一直跃跃欲试，结果，同样的训练强度和内容，他只用了两周就能独立地爬楼梯了，并且还总想跟哥哥比个高低。

一个是从48周开始，练了6周，到了54周学会了爬楼梯；另一个是从52周开始，练了2周，也是在54周时学会了。后学的尽管用时短，但效果不差，而且具有更强的继续学习意愿。

格塞尔原来认为这只是个偶然现象，于是他就换了另一对双生子，结果类似；又换了一对，仍然如此。如此反复地做了上百对对比试验，最终得出的结果是相同的，即孩子在52周左右，学习爬楼梯的效果最佳，能够用最短的时间达成最佳的训练效果。

此后的几年，格塞尔又对其他年龄段的孩子在其他学习领域进行试验，比如，识字、穿衣、使用刀叉，甚至将试验领域扩展到成人的学习过程，都得出了相类似的结论，即任何一项训练或教育内容针对某个特定的受训对象，都存在一个"最佳教育期"。格塞尔断言，儿童的学习取决于生理上的成熟，成熟之前的学习和训练难有显著的效果。

儿童的发育并不是一种线形的上升运动。在许多方面，某一段时期会进步很快，某一时期会停滞不前，甚至还会出现倒退。这种自我调节的现象是儿童的一种自我保护。

格塞尔指出：儿童从出生到16岁期间，有3个"行为周期"，即2—5岁，5—10岁，10—16岁。这一观点告诉我们：成人应科学对待儿童的发育，采取恰当的方法，提出合理的要求。

0—16岁儿童行为周期变化表

第一周期 年龄	第二周期 年龄	第三周期 年龄	一般的性格	发展质量
2	5	10	稳定、整合	较高
2.1/2	5.1/6	11	分离、不稳定	较低
3	6.1/2	12	恢复平衡	较高
3.1/2	7	13	内向	较低
4	8	14	精力充沛、豁达	较高
4.1/2	9	15	内向/外向	较低
5	10	16	稳定整合	较高

美国北卡罗来纳大学做过一个实验：把175个孩子分两组，一组按一般条件进行教养，另一组从3个月开始进行早期教育。每15个月测一次智商。

发现：接受超前教育的孩子的智商平均高出15点，但小学四年级时，逐渐丧失了优势，接受父母循序渐进教养的孩子都赶了上来。

格塞尔给我们最大的启示是：好的教育应尊重儿童的实际水平，过分超前的教育或过度地潜能开发，对儿童来说既是一种浪费，也是一种无效劳动，更有可能是对儿童的"有形的摧残"。儿童在成熟之前，处于学习的准备状态，只有准备好了，他才具备了学习的条件，而在未准备好之前，成人应该加以等待。

花儿开放需要一定的花期，不要祈盼刚开始施肥、浇水，就能按照自己的心意有所收获。希望自己的付出像催熟剂一样，让孩子成为反季节的果实。人一旦失去脚踏实地的心，就拔苗助长就希望成功能信手拈来，没有付出或是刚刚付出就等着收获，这未免太贪婪。贪婪不但给自己带来痛苦，还给孩子带来烦恼，从而可能迁怒于孩子，伤及自己及家人。这样只能迷失自己，也断送孩子的前途。

即使是一株参天大树，也只是驻守脚下一方净土。再豪华的列车也要自己到站，站台不会主动向你扑过来。

对于那些急于让孩子取得成绩的父母，我们不妨听一听格塞尔的忠告：

①不要认为你的孩子成为怎样的人完全是你的责任，你不要抓紧每一分去"教育"他。

②学会欣赏孩子的成长，观察并享受每一周、每一月出现的发展新事实。

③不要老是去想"下一步应发展什么了？"而应该让你和孩子一道充分体会每一阶段的乐趣。

事实上，每个孩子取得的成功，都是父母脚踏实地一步一步积累起来的。如果希望看到更美丽的花，收获更饱满的果实，就要耐心地播种、施肥、浇水、培育，如此花期自然如约而至！

不要考"100分"

半个世纪前，叶圣陶先生在《今日中国的小学教育》中提出：小学教育的价值是什么？小学教育是为着小学生的，小学教师是栽培小学生的。人之所以可贵，并不在他既已为人，乃在他将进而为更高尚的人。有真实明确的人生观，是每个人必须具备的。这真实明确的人生观不是随随便便就可以认识到的，但是又不能东寻西找，耗费了许多光阴，直到下半世才认识到。必须在幼年的时候就能认定方向，纵然没有什么"人生观"的名词在脑际，走一步进一步，自然而然不走到岔路上去，才能越进越真切，不白做了一世的人。这幼年的时候，不就是做小学生的时候吗？替小学生定个方向，使他们对准了方向，充分发挥他们的可能性，不就是小学教育的力量么？所以我们可以说：小学教育的价值，就在于打定小学生一辈子有真实明确的人生观的根基。

中国教育的评价体制出了问题，都是依靠分数来评价一个学生的能力。从小到大衡量一个孩子的成长和学习的好坏，不是看他的道德修养水平，不是看他有没有善良和爱心，也不是看他有没有创新和领导能力，而是看他的分数。

很多家长是用"是我把你生下来的你就是我的，所以你必须听我的话"这一生物学现象压你。看着父母庞大的身躯和时不时挥舞起来的拳头，孩子只好唯命是从，把父母奉为权威。老师则是用"老师"这个高尚的名义树立自己的权威地位，对新入校门的小学生，当务之急是让他们服从命令听指挥。就好比马戏团招来一批猴子，要先把它们驯化得服服帖帖。老师会走到一个坐姿最端正的同学面前，对全班同学说："看看，这位同学听老师的话，坐得最好，这就是大家学习的榜样。"其他同学期待得到老师的表扬，纷纷效仿。从此孩子们背起了沉重的书包，整天埋头做习题，踏上了为高考而战的征程。在此以后，分数成了衡量他们优秀与否的唯一标准，以后与孩子们相伴的是堆积如山的课本，参考资料和做不完的题山题海。孩子要在各种考试中取得高分必须埋葬自己的天性，100分要在全身心地去死记硬背和埋头苦算中才能得来。中国的小学更像生产学习机器的工厂。

外界通过分数看你是不是好学生，能不能上重点中学，是不是考名校的好苗子。现在的家长也在思考这个问题，我的孩子今后要怎样学习才能取得好的成绩，上好些的大学；上好的大学需要有好的分数，怎么才能得到好的分数，那就要考过其他同学；如何能把其他竞争者给比下去，那就需要像有人提出的，要赢在起跑线上。赢在起跑线，其实就是赢在应试教育的起点上。太多孩子从幼儿园起，就放弃童年的快乐生活开始为应试教育的终点分数去拼。孩子就是在这样的学制下"学傻了"，创造力、想象力尚未发芽就被扼杀，这样的教育很难培养出"眼睛发光"的孩子。

2010年，中国派了一个青少年科技代表团参加一个国际青少年的活动。参加活动的学生估计都是被挑选出来成绩优异的孩子。一家权威咨询机构对21个参赛国家的青少年做了一次数字测评，发现中国中小学生想象力倒数第一名，创造力倒数第五名，算题第一名，所以中国小孩子特别擅长算题，完全没有了想象力和创造力。让孩子考高分，甚至考满分，成了很多父母的心愿，所以他们也就拼命地创造各种条件，让孩子放弃课余时间，参加各种各样的培优班、特长班。努力让孩子去考100分。可是，考100分真的那么重要吗？难道孩子的成长和本身具备的天赋能力只能与100分绑在一起才有意义吗？

好累的"100分"

　　国际数学大师、著名教育家陈省身先生曾给中国科技大学少年班题词：不要考100分。这让很多为人父母者非常不理解：谁不希望自己的孩子考100分啊？对于"不要考100分"，时任中国科技大学校长的朱清时先生非常理解其中的深意：记者都看不懂这个话什么意思，我能懂，为什么呢，因为我上中学时考七八十分，就说你知识掌握得不错了，后来为了要提高到能考九十几分就花好多力气去复习练习运算，这样的考九十几分，如果你要想考一百分，那又得要用几十倍的时间去做这种事。训练得非常熟练才能不出小错。而要争这100分，就需要浪费很多时间和资源，掌握精髓要义就可以了，不要为了考100分在细枝末节上浪费时间。最后学生的创造力都被磨灭了。就是说做这种事值不值得，让学生把很多精力放在做这种事上值不值得，做了之后就训练出来学生考试做题都非常好。一门课90多分了，想增加几分需要付出很大努力，为什么要把时间浪费在拼命增加几分达到100分，而不把宝贵的精力投入到提高实践能力和应变能力上，除了书本知识外，再积累些其他方面的知识，拓展更多的兴趣领域。这不得不引起我们的深思。

　　朱清时的老家在四川彭州，他小时候，当地农民种地都不施化肥，单产四五百斤，后来实施科学种田用上化肥，单产提高到五六百斤。但是，数年之后产量就止步不前，一些地块还因施肥过度造成土壤板结，不能再种水稻了。朱清时由此得出一个结论：施肥要有度，学习也要有度。过度用功与过度施肥一样，成绩再难提高，或者成为"高分低能"的平庸之才。这也是中央教育科学研究院统计了自1978年以来，一共出了3300个高考状元，没有一个人成为行业领袖，高考状元全军覆没的原因所在。

一个孩子能不能成才，不能只看他的学习成绩。爱因斯坦小时候学习成绩很差，满脑子都是"不切实际的幻想"，这丝毫没有妨碍他成为20世纪最伟大的科学家。他说过："当一个人忘掉了他在学校接受的每一样东西，剩下来的才是教育。"

真正的考场从来就不在学校，而在平实的生活中。告诉孩子不要考100分，对父母来讲还是很有挑战性。我们所谈的教育，素来就有学校教育和家庭教育两部分，家庭教育一定是先于学校，但你问问每位家长，家长们都很无奈。这是个矛盾，很多家长都不认同分数作为评判孩子的标准，可是处于这个大的教育环境之下，不得不服从这个评判的标准。因为如果你违背了，孩子在上学的这些年里就要承受和忍耐太多的分数压力，甚至一个成绩不好的孩子，在学校里得不到相应的尊重，自尊都难保证。在这样的压力下成长，不知道孩子是否还能保持身心健康。因此很多家长只好屈从于分数这个评判标准。尤其是比较用心的家长，从孩子小时候就开始为将来的分数成绩做准备，为孩子将来学习可以轻松些，可以在学校得到尊重。

"100分"的意识不断被强化，这里夹杂的是父母老师的期许、同学羡慕的目光和自我的满足。可是回过头来想一想，这是否就是我们希望孩子一生追求的目标？学生时代的100分保证不了未来有一份自己喜欢的好工作，保证不了幸福而有尊严的生活，也保证不了有个富足的人生。父母和老师在孩子未来的生活中终将要退场，孩子的生活无论好与坏都将由他自己来承担。

这里我想起一段话：去做你想做的，不是这个世界要你成为的模样，去试你想试的，不是畏畏缩缩，徘徊不前。

龙应台曾写，人生，有些事，要一个人做，有些关，要一个人闯，有些路，只能一个人走。

那么，就在你认为值得且有意义的道路上，怀着虔诚的心，孤独前进。别觉得孤单，这世上总有千万人与你一同奔跑。

只是，事要自己做，关要自己闯，路也要你自己走。

我始终相信，一个人只要不停地走，总有一天，能找到他内心的方向。即使背弃世界又怎样，有思想的人，并不能总被这喧嚣的世俗理解。

沉下心来，专注当下。今天，就做好一件事。

但知行好事，莫要问前程。一事精致，便已动人。从一而终，就是深邃。这之后，时间才会给你想要的答案。

戴着镣铐的心灵怎能挥舞天才之手。100分，如同戴在孩子心灵上的枷锁，为孩子解锁，还给孩子本属于他们的快乐童年。也为我们自己解锁，好好享受孩子成长的每一段时光。

创造奇迹并不见得有多难

每年的新春，都会收到很多祝福，也会送出很多祝福，每个人都希望在新的一年里有所收获。我们自己也默默制定好这一年的计划，每天早上制定好这一天的计划。世上的人形形色色，制定的计划也各有不同，但是每个人都有自己的计划。口袋里装200元钱还要计划着怎么花呢，孩子这一生我们是否也制定好了计划？

说到愿望，让我想起三毛写的《拾荒梦》：

有一天老师出了一个每学期都会出的作文题目，叫我们好好发挥，并且说："应该尽量写得有理想才好。"

等到大家都写完了，下课时间还有很多，老师坐在教室右边的桌子上低头改考卷，顺口就说："三毛，站起来将你的作文念出来。"

小小的我捧了簿子大声朗读起来。

我的志愿——

我有一天长大了，希望做一个拾破烂的人，因为这种职业，不但可以呼吸新鲜的空气，同时又可以大街小巷的游走玩耍，一面工作一面游戏，自由快乐得如同天上的飞鸟。更重要的是，人们常常不知不觉地将许多还可以利用的好东西当作垃圾丢掉，拾破烂的人最愉快的时刻就是讲这些蒙尘的好东西再度发掘出来，这⋯⋯

念到这儿，老师顺手丢过来一只黑板擦，打到了坐在我旁边的同学，我一吓，也放下本子不再念了，呆呆地等着受罚。

"什么文章嘛！你⋯⋯"老师大吼一声。她喜怒无常的性情我早已习惯了，可是在作文课上对我这样发脾气还是不常有的。

"乱写！乱写！什么拾破烂的！将来要拾破烂，现在书也不必念了，滚出去好了，对不对得起父母⋯⋯"老师又大拍桌子惊天动地地喊。

"重写！别的同学可以下课。"她瞪了我一眼便出去了。

于是，我又写：

我有一天长大了，希望做一个夏天卖冰棒，冬天卖烤红薯的街头小贩、因为这种职业不但可以呼吸新鲜的空气，又可以大街小巷地游走玩耍，更重要的是，一面做生意，一面可以顺便看看，沿街的垃圾箱里，有没有被人丢弃的好东西，这⋯⋯

第二次作文缴上去，老师画了个大红叉，当然又丢下来叫重写。结果我只好胡乱写着："我长大要做医生，拯救天下万民⋯⋯"老师看了十分感动，批了个甲，并且说："这才是一个理想，不辜负父母期望的志愿。"

孩子的愿望往往单纯美好，不被世俗羁绊，可是有时却难以被大人理解，甚至被认为是无理取闹不切实际。养育孩子不像养活一株花草那么简单，细心的呵护、有爱的陪伴、真诚的指引、由衷的欣赏，哪一样都不能少。我们应该蹲下身来倾听孩子内心的声音，问问孩子为什么有这样的愿望，给出建议怎样才能最好地实现愿望。粗暴的阻止只会扼杀孩子天真烂漫的心灵和富有创造力的想象。

一百多年前，一位穷苦的牧羊人带着两个幼小的儿子替别人放羊。

　　有一天，他们赶着羊来到一座山坡上，一群大雁鸣叫着从天空飞过，很快消失在远方。

　　牧羊人的小儿子问父亲："大雁要往哪里飞？"牧羊人说："它们要去一个温暖的地方，在那里安家，度过寒冷的冬天。"大儿子眨着眼睛羡慕地说："要是我们也能像大雁那样飞起来就好了。"小儿子也说："要能做一只会飞的大雁多好啊！"

　　牧羊人沉默了一会儿，然后对儿子说："只要你们想，你们也能飞起来。"

　　两个儿子试了试，都没能飞起来，他们用怀疑的眼神看着父亲。牧羊人说："让我飞给你们看。"于是他张开双臂，学着大雁的样子，但也没能飞起来。可是，牧羊人肯定地说："我因为年纪大了才飞不起来，而你们还太小。只要不断努力，将来就一定能飞起来，到那时，你们就可以去任何想去的地方。"

　　两个儿子牢牢记住了父亲的话，并一直不懈地努力着。等到他们长大——哥哥36岁，弟弟32岁时——两人果真飞起来了，因为他们发明了飞机。

　　这个牧羊人的两个儿子，就是美国著名的莱特兄弟。

　　给孩子插上梦想的翅膀，愿望可以激发一个人的智慧和潜能，有了目标，只要找到通往梦想的途径，就会发现，创造奇迹并不见得有多难。人要有理想，有自己人生的方向和目标，如果没有目标，即使再努力也无法达到终点。

　　女作家安妮·迪兰德在《一个美国人的童年》一书中回忆道：5岁时，她在公园的小径上偶然用小木棒掘出一枚一角钱的银币。于是她惊喜地拿给爸爸看，爸爸没有不屑一顾，而是用带有诗意的语言，解释说："时光埋葬了这枚银币，泥土细心地把它包裹起来……"这两句随口说出的话对女儿却产生了深远的影响，"我决定当探险家，然后当作家，把一切神奇的故事用诗的语言告诉别人。"爸爸的一句话，成就了一位作家，因为父母在孩子的心目中真的太重要了！

　　女儿盈盈在两岁多的时候，我问她："你的愿望是什么？"

她不假思索地说："我要做一名医生。"

女儿这个愿望，要从她两岁时生的那场病谈起。那是第一次因病打针，并且住进了医院。在整个过程看到忙忙碌碌的医生很神气，所有病人都要按照医生的嘱托做。并且每次打针，医生总是对她赞不绝口，在她幼小的心灵中感觉医生是最美好的形象。那段时间，如果经过医院没进去给她打针，女儿都会哭得很伤心，打针，是那段时间女儿最喜欢做的事。

听到女儿说未来的愿望做一名医生，我大大称赞了她，医生是救死扶伤的白衣天使，并给她讲了南丁·格尔的故事。要做就做最好的，我们共同查找哪所医学院是中国最好的，我们到时就考进这所医学院。

可是，考进最好的医学院需要哪些条件呢？这样的学校愿意招收什么样的学生呢？我和女儿一起思考这个问题。

最后我们得出结论，要上好的医学院就必须热爱学习还要谦虚谨慎，要有善良博爱的心灵，还要懂得分享。只要做到了将来就能够考上最喜欢的医学院。

我问女儿："你愿意为实现这个愿望付出努力吗？"

女儿认真坚定地点点头，在那段时间，这个愿望带给女儿很大的动力。

女儿四岁的时候告诉我："妈妈，我不想做医生了，我要当一名画家或一名作家。"

我听后使劲亲了亲女儿："我认为你选了世上最适合自己的职业。"可是，怎样才能成为一名画家和作家呢？我和女儿一起思考怎样才能实现这个愿望。

女儿认真地听我说着："爸爸妈妈都不懂画，家里不具备这样的绘画环境，能做的就是全力支持你。想当一名作家就要勤于笔耕，每天坚持写日记，把生活中你认为值得记录的都记录下来，当你写的日记从现在的一本变成这么厚一摞的时候，你就是作家了。只要坚持不懈，就能梦想成真。无论画家还是作家，都必须热爱生活和学习，有探索的精神，还要有一颗善良博爱的心灵。心灵美的人才能时时处处发现美的事物，才能有引起大家共鸣的作品。"

现在，女儿的绘画作品获奖不断，在绘画大赛中获得省一等奖，全国二等奖的好成绩，绘本也频频获得一等奖。女儿说："妈妈，我现在只想做一名绘本作家。"女儿的愿望越来越接近她的特长，这让我非常欣慰。只要有热爱的兴趣，无论她选择什么样的理想我都会支持下去。因为孩子的快乐和成就，就是妈妈最大的愿望，妈妈快乐着你的快乐，在你的成就中体会着幸福！

分享一个故事：

一个夏天，干旱威胁着小镇上所有农作物的生命。在一个炎热的周末，镇里的牧师告诉所有来做礼拜的群众："除了祈求下雨外，没有任何办法能救我们。现在请大家都回家祈祷，下周末回到教堂做礼拜时，做好感谢上天为我们普降甘霖的准备。"

所有人都按牧师说的做了。周末大家高兴地来到教堂，牧师却一看到他们就勃然大怒："今天我们不用做礼拜了，因为你们根本就不相信今天会下雨。"

所有人都反驳道："我们都已经祈求上帝了，我们真的相信今天会下雨。"

"你们真的相信吗？"牧师问道，"那你们的伞在哪里？"

心中不但要有理想，还要为实现理想做好准备，要相信自己一定会成功。所以只有理想是不够的，还要相信这个理想。

愿望和想要达到的目标，就像一支火把，它能燃烧一个人的激情和潜能。无论孩子曾有过怎样的愿望，或曾有过多少愿望，作为父母我们应该支持并和他们一起找到实现愿望的可能，让孩子飞入梦想的天空。帮助孩子把"我想……"变成"去做"。真正的愿望不是想出来的，而是朝着"想"的方向，将一切不停止的付诸行动！如果孩子的愿望是一座高楼大厦，就让孩子每天用一个小时为自己的愿望增砖添瓦。感谢孩子，他们教会了我们怎样像父亲或是母亲那样生活。

教育，在试误中前行

经常听到有人说，不要让孩子输在起跑线上，殊不知孩子一生下来已经在不同的路段上，有些孩子一出生就在别人努力一生都无法达到的终点上。富有人家的孩子和穷人家的孩子，在养育的物质上存在着多大的差别；宽厚仁爱的父母和恶毒苛刻的父母，在孩子的心灵成长上存在多大的差别；父母拥有良好的教养学识和粗鄙不堪的父母在孩子的教养上有多大的差别。这不禁让我们思索，孩子的人生起点不同，教育孩子的终极目标在哪里？相信无论父母是严厉的还是幽默的，不论是政治要员还是农民，在这个把孩子看作"经济上一文不值，感情上珍贵无比"的年代里。所有爱孩子的父母都有一个共同的心愿，那就是，希望孩子将来的人生能够快乐和幸福！

当我们走进书店，会看到各种各样、形形色色的育儿类书籍，多到令人惊讶。我本人的书架上也有不下30本这类书籍，有不要让孩子输在起跑线上的、教孩子怎样学英语的、高考状元妈妈传授经验的、教孩子怎样考上剑桥哈佛的、让孩子有个怎样的头脑的、让孩子在上学前掌握几种能力的，看起来似乎应有尽有。看到这些书籍能感受到作者的良苦用心，但是很遗憾，读了这些书后，让人感觉带不来任何帮助，读后反而觉得无所适从。这种现象在网络平台也有显现，育儿类文章和视频，明显点击量很少，尽管这些文章标题取得格外吸引眼球甚至震撼，但已经不能引起我们的阅读兴趣，同前些年的育儿热潮相比，的确冷却了很多。看到的更多是困惑、是焦虑，我们身边焦虑的父母比比皆是，具体原因不同，但都与孩子有关，在教育孩子的问题上聚集了整个社会的恐慌，让人不禁沉思。

教育是什么，就是把一个人的内心引导出来，帮助他成为自己所希望成为的那个样子。幼小时期的教育，就在于打定一个人一生有真实明确人生观的根基。为什么教养孩子会有如此多的苦恼，会让人感到如此困惑。养育孩子这可是一件人类社会已经延续了几千年的事情，为什么今天却让我们摸不着头脑了。那个时候可没有如此多的育儿类书籍，没有专家特意研究这类问题，为什么这么多父母会把养育孩子当作一种困惑？这个问题不在于孩子，而在于养育孩子的父母的理念和方法。

　　"素质教育"一词是在20世纪80年代到90年代被提出来的。作为父母的角色在那时开始发生了明显的变化，孩子的角色也发生了改变，在此之前的年代里，孩子从小就开始看护弟弟妹妹，进行各种劳作。在农村，孩子很小便跟着长辈一起到地里干活，作为创造资源的帮手。在工厂、矿山、牧区、孩子也作为生产资源来使用，作为父母劳动的帮手。几十年前，父母与孩子之间是互惠的。中国传统有句老话至今也很流行，叫作"养儿防老"孩子一直是作为一种经济资产来使用，尽管不太符合伦理道德，但父母与孩子之间有一个可遵循的互惠原则。但是后来，计划生育使大多数家庭只有一个孩子，并且说孩子不仅是属于父母的也是社会的，明令禁止使用童工，不让小孩子参加成人的劳作，并且孩子必须接受教育，将儿童教育放在了首位，学习成了孩子今天的首要任务。教育孩子没有什么标准可遵循，这让很多父母处于迷茫中，父母需要赶紧梳理这种新型的和孩子之间的关系，几十年后的今天，很多问题已经浮出水面呈现在我们眼前。今天的我们已经深刻意识到，想让孩子成功，仅仅依靠学校的教育是不够的，教育分为"学校教育"和"家庭教育"，并且家庭教育应先行于学校教育。

　　随着信息不断地发展，各种传媒不断涌现，人们对于教育的认知开始不断增加，促使相互间的竞争越演越烈。如今，各种才艺特长，培优课程成了孩子们的任务，也成了我们的任务，因为是我们让孩子去学的。堆积如山的作业成了孩子们的任务，也成了我们的任务，因为我们必须检查作业。现在工薪阶层多数家庭将所有时间、精力和资源完全投入到孩子身上。世事难以预料，我们不知道究竟该让孩子学习什么才是适合孩子的。如果我们知道该为孩子在日新月异不断变化的历史大潮中准备些什么，也许就不会这么盲目和紧张，这也是作为父母感到困惑的原因之一。

　　如今行业的改变，更多、更快、更加不可预测。世界500强企业的平均寿命为40年，世界1000强企业的寿命为30年。一个人的职业生涯有多长？如果25岁参加工作，65岁退休，正好40年。这意味着如果一毕业就开始创业，一创业就成为世界500强，那么在退休那一年，公司正好倒闭。一辈子在一个公司，从事一种行业会变得越来越难。这也是作为父母感到困惑的原因。我们无法预知未来，想做一名称职的父母，就必须让孩子学些什么，以备将来的不时之需。希望自己的努力总有一份能有用武之地，我们让孩子学习围棋，培养他们的问题分析能力；我们让孩子学习打篮球，培养他们的团队精神；我们让孩子学习某种特长，希望能被更好的学校录取。我们努力培养想让他们成为素质齐全的孩子。因为我们小时候所经历的教育能给予我们的经验，已经无法适应今天的教育节奏。所以出现了那么多的育儿类书籍，而我们也一窝蜂涌向那些书籍，想找到我们需要的东西，一个能引导我们该怎样做的东西。因为我们觉得如果我们不做点什么，就是没尽到做父母的责任，没有履行对孩子应尽的义务。

　　其实这几十年来，我们的教育一直是在试误中前行，没有哪个孩子生下来，父母就有一条闪闪发光的教育道路可走，没有哪个孩子会在父母一直正确的道路中成长。那些成功者都是在错误和挫败中不断学习、总结和修正自己，走出一条属于自己的道路。我们作为孩子自尊的守护者，凭着自己对孩子的爱，不断学习的能力和坚持的毅力，在不断试错中寻找正确的育儿理念和一个可能达到的目标。我们透过一堵阴霾的墙寻找一个共识，我们发现在这个困惑中，有一个目标是父母都希望孩子达到的，那就是希望孩子将来是快乐幸福。幸福是个很抽象的名词，对于幸福没有具体的定义，是一个人的需求得到满足而产生喜悦快乐与稳定的心理状态，看似普遍又简单的概念，在这个物欲横流而又浮躁的社会，做起来并不容易。它不同于教孩子做功课，不同于教孩子怎样打篮球，不同于教孩子怎样骑自行车。没有任何教程教会我们如何实现它，幸福是随着其他事物产生出来的一种感受，不能强加到孩子身上，因此不能作为一个具体的教育目标来实现。

　　其实我们在育儿的道路上，承担着很多不必要的错误思想和负担。

当孩子出生的那一刻，听到孩子的第一声啼哭，看到一个幼小的生命从此无条件的信赖并爱着我们。那时起我们内心会有一种最朴素的想法："我会努力做到不伤害你，并保护你不受外界伤害，爸爸妈妈希望你的一生是快乐的"。这是个非常清晰的目标，但是作为父母的我们知道，这做起来并不容易，我们都说过很多让人伤心的话，也做过很多让人伤心的事，孩子经常因为我们的训斥而哭泣，我们也时常因为内心的愧疚甚至希望能将说过的话收回。

当我们放低了对孩子的期望，降低了对孩子教育的目标，我们内心似乎不再匆忙和困惑。教育孩子最好的目标就是注重培养有丰富创造力、品德高尚的孩子，培养他们学习的能力，然后祝他们幸福。通过他们的德行善举，勤奋坚持成就他们的才能，并让他们感受到我们对他们的爱。这也是一种最现实的教育目标，孩子的教育和成长从来都没有固定的模式，更没有剧本可提供预演。保护好孩子的创造力、勤奋和坚持的毅力，有修养和礼貌，遵守职业道德、给他们爱，幸福与自尊将自然形成。我想如果我们每一位家长都做到这一点，孩子们就会幸福快乐地成长，我们也会同孩子一起成长。

思考是创造力的摇篮

美国的副总统拜登曾说过一段让中国人听起来非常刺耳的话：中国毕业的科学家和工程师数量大过我们美国6至8倍，但是我敢问，告诉我，有哪一种创新的项目创新的改变或是创新的产品是来自中国的。

当拜登说中国创新能力严重不足，也许我们会提出一个质疑：如果说中国创新能力严重不足，我们是怎么成为世界第二大经济体的？我们的宇宙飞船是怎么上天的？我们的航空母舰是怎么下海的？在30年前有吗？我们怎么能够在短短三十几年时间里面成为世界的大国？其实我们的创新并不是没有，这里要讲的是杰出的创新。我们是把宇宙飞船送上了月球，但是美国前总统候选人罗姆尼也讲过，他说我们即使把宇航员送上月球，也只是看一看44年前美国插在那里的国旗，美国在44年前就把人送上月球了。这不是我们的原创，是踩在别人的肩膀上走的。

朱清时先生曾说过：中国最近几十年经济大发展，是史无前例的，在世界上也是一个重大的事情，农民大量开始进入城市，然后我们有大量的农民劳动力转到工业，这样使得我们的工业制造业迅速发展，这个是过去几十年中国变化的最剧烈的一个方面。所有这些变化都是在追踪或模仿国外的先进技术，比如像我们现在中国也开始生产飞机并且要出口了，但是飞机的发动机还都是外国出的，我们的发动机还没过关。像飞机这个例子，就是典型的说明中国的经济发展实际上是制造业的发展，原始创新的关键的核心的技术我们还有很大差距。

拜登这段话让中国人听了会觉得很不舒服，但是仔细想想比较接近真实，在最近三十几年来，没有出现50年代时期像华罗庚、陈景润、杨乐、张广厚这样的科学大师。可是这三十多年，中国大学生的基数在极大地增加，在三十多年之前，中国受过高等教育的人非常之少，寥若晨星，但是像胡适、马寅初这样的大家却有很多。今天中国受过大学教育的人很多很多，但是大家可能一个也找不到。这个原因出在哪里？

首先是我们缺少独立思考的能力。独立思考是创造力的中心环节，华罗庚曾说："独立思考的能力是科学研究和创造发明的必备才能。在历史上任何一个较为重要的科学创造和发明，都是创造发明者的独立地深入地看问题的方法分不开的。"唯有如此才能超越成规，独辟蹊径，有所创新。

"学会思考"，说起来非常容易，但是你知道那些源于思考的重要发现吗？

我们的思维看不到，听不见，任何人都无法感觉到它，但它们却有意想不到的力量！

艾萨克·牛顿先生在坐在苹果园的椅子上，突然他看到一个苹果从树上掉了下来。于是，他开始思索，想知道苹果为什么会掉下来。终于他发现了地球、太阳、月亮和星星是如何保持相对位置的规律。

一个名叫詹姆斯·瓦特的男孩静静地坐在火炉边，观察着上下跳动的茶壶盖。他开始思考。他想知道为什么水壶可以使沉重的壶盖移动，他从那时起就一直思考着这个问题。长大之后，他改进了蒸汽式发动机，使其轻而易举地完成了多匹马才能做的工作，这在很大程度上减轻了牲畜的负担。

当你看到一艘汽船、一间蒸汽磨坊，一辆蒸汽火车，请记住，如果没有人冥思苦想，它们是绝对不会出现的。

曾经有一个叫伽利略的人在比萨的大教堂内，对往复摆动的吊灯产生了浓厚的兴趣。他从中得到启发，发明了摆钟。

詹姆斯·弗格森是一个贫穷的苏格兰牧羊人。一次，他看过手表的内部构造后，对此产生了浓厚的兴趣。"我为什么不能做手表呢？"他想。但是上哪儿去弄那些造齿轮和发条的材料呢？不久，他发现了得到它们的办法。他用一片鲸骨做了一根发条，最终他制成了一块走得很准的木质手表。

与此同时，他还用钢笔为人拓画，用画油给人画像。几年后，还是个孩子的他就已经能够养活自己的父亲了。

长大后，他去了伦敦。英国一些博学人士包括国王本人都曾听过他的演讲。他的座右铭就是："学会思考"。他向这个世界充分展示了自己的思维。

当我们学习一门很难懂的课程时，千万别灰心。在请教别人之前，先应该自己帮助自己，思考再思考，这样你将学会如何去思考。

如果詹姆斯·弗格森把手表拆坏了，他的父亲大怒之下把詹姆斯·弗格森结结实实地训斥一顿，然后对邻居说："今天我儿子把一只手表拆坏了，让我痛痛快快地骂了一顿。"我们想一下，如果他父亲当初这样做了，还会有后来的詹姆斯·弗格森吗？孩子的头脑需要解放，孩子的双手同样需要自由。我们左顾右看，身边有多少父母对孩子积极的动手行为泼过冷水，中国有多少的小爱迪生是被自己的父母亲手埋没的。想让孩子有出息勤于思考，就要解放孩子被束缚的双手，让孩子有更多的动手机会。

也许有人认为牛顿发现万有引力定律，是由于偶然看见树上一个苹果落地，灵机一动得来的，其实牛顿发现万有引力，不光是因为看到苹果落地，因为苹果落地的事实自从有人类就可以观察到了。而是由于他早就研究了开普勒的天体运行规律和伽利略的物体落地定律，长期地思考这个问题，一旦看到苹果落地的现象，才能悟出万有引力的道理。科学的灵感，绝不是坐等可以等来的。如果说科学上的发现有什么偶然的机遇的话，那么这种"偶然的机遇"只能给那些有科学素养的人，给那些善于独立思考的人，给那些具有锲而不舍精神的人，而不会给懒汉或想不劳而获碰运气的人。

具备思考的能力并不是像说起来那么容易。很多学生在学校中成绩很好，在学校老师的教导下是优等生。可是一旦离开老师，遇到困难就束手无策，停滞不前。这种现象是因为跟老师学到了一些课本知识，但并没有获得独立思考的能力。有一个真实的事例，在德国，一些政治学学生在进行讨论的时候，中国大学的一个政治学毕业的女学生，当大家讨论很热烈的时候，她居然问旁边的同学说我该说些什么，然后旁边同学说你想说什么你就说什么。政治话题大家都开放，她说我真的不知道我该说些什么。一个政治学毕业的学生在政治学的讨论会上居然不知道自己要说什么。这种现象普遍存在我们的学生之中，不能不引起我们关注和思考。

毕加索说："每个孩子都是天生的艺术家，问题是怎么在长大之后仍然保持这种天赋。"现在中国的教育模式，孩子在家要听父母的话，因为父母生养了你，没有父母哪来的你，所以必须听父母的话，父母说什么，你就必须听什么，否则就是大逆不道。有句俗话说"不听老人言，吃亏在眼前"，吃、穿、用、住、不需要你动脑子，父母都给你做主了。到了学校，从小学起就是老师教你学，老师说你听，老师指你做。都是关起门来的，老师教死书，死教书；学生读死书，死读书。学生在学校学习根本不需要带着脑子，只把自己当成一个瓶子，老师讲什么就往瓶子里装什么，只需麻木地接受一切理论被老师牵着走即可。一个根本不动脑的人，怎么能独立思考呢？

丰子恺先生画过一幅漫画，标题为《教育》。他画一个做泥人的师傅，顶着严肃认真的如同阎罗王的面孔把一个个泥团往模子里按，模子里脱出来的泥人个个一模一样。可是学生是有生命的，每个学生都有自己的特征和个性，也就是每个孩子都具有自己的天赋，要让他们的这种天赋在适宜的环境下，发芽，开花，结果。学习的知识不能仅限于传统教育的传道授业解惑，要让学生做一个手脑齐全的人，让他们的脑子开动起来，身体也要行动起来，做到"知是行之始，行是知之成"。学以致用，让课本所学知识应用到实践中去，在实践中得到证实，能够"躬行实践"，将所学东西化为自身知识和创造的养分。爱因斯坦说过："当一个人忘掉了他在学校接受的每一样东西，剩下来的才是教育。"

孩子很小的时候就开始为应试教育做准备，孩子的人生就被填鸭式的教育给填满了，他们根本没有时间去思考。在学校，时间被课本和做不完的题山题海填满；在家里，时间被父母的各种安排填满；节假日，要上没完没了的培优班，特长班。孩子根本没有时间去思考。应该腾出更多孩子自由发展的空间，给孩子思考的时间。

我们可以思考一下，孩子的小脑袋瓜里总会有无数的"为什么"，很多父母都有被孩子问得哑口无言，无可奈何的时候。陶行知先生曾说过"如果能把孩子的问题都解答出来，十个博士也毕业了。""发明千千万，起点是一问。禽兽不如人，过在不会问。智者问得巧，愚者问得笨。人力胜天工，只在每事问。"孔子"入太庙，每事问"，孔子也提倡学生提问。教育的本质就是人跟人的交流，就是老师和学生的交流，思想的碰撞。但是中国孩子上课是不许说话的，一个班级有几十名学生，一节课40分钟，老师的课堂时间均分给学生，每个孩子平均一分钟左右，因此孩子几乎没有问问题的机会。小时候没有机会提问，大了以后，当老师提问的时候，都慌忙低下头去翻书去找标准答案，基本上不再去思考了。

霍金的儿子蒂姆希在12岁时，问了父亲一个问题让他终生难忘，他问："我们生活的宇宙周围，会不会布满了很多星星点点的小宇宙。"问完后蒂姆希觉得超级愚蠢，但是霍金告诉他一句话"问题蠢不蠢并不重要，问才重要"。

1970年的诺贝尔物理学奖得主伊西多·艾萨克·拉比获奖后，有人向他请教说："你是怎么获得诺贝尔物理学奖的呢？"他回答说："我获得诺贝尔物理学奖，全靠我妈妈。""那么，你妈妈是怎样培养你的？"拉比回答："我妈妈没有怎么培养我，每天回家以后就问我一句话，'孩子，今天你在学校提问了吗？你问了一个什么样的好问题？'从此以后，我就养成了提问的习惯，自然而然地就获得了诺贝尔奖。"

我们再做一个思考，当孩子遇到问题时，我们不再说，"你应当这样""遇到种情况的时候，你应该这样做""你做错的原因是没有听我的话"。我们换一种方式，反过来征询孩子的意见："你觉得应该怎样做？能不能说出你的看法。"

以前我们都是喜欢让孩子听我们说，现在我们来听孩子怎样说，听听孩子小脑袋瓜里的想法。当孩子结结巴巴地，睁大眼睛，时断时续努力想把话说地清楚，在向我们倾诉的时候，我们看着孩子认真的表情，悉心倾听，面带慈爱的眼神和微笑，不时附和。孩子可能会在一问一答中，说得更认真，而我们也能听到些触动心底的话。有时，原本我们以为天经地义不可改变的事，经孩子一说，我们可能会不由得苦笑一声"这么简单的道理，为什么我就没想到。"反而让孩子来指点迷津啊，并对孩子说的话再三思索。有时，孩子是我们的老师。

真正的成长往往都是这样，教育从来没有固定的格式，没有几个孩子从生出来就看着像个天才，我们有责任保护好孩子独特的认知。中国的习惯是不许孩子多说话，我们还给孩子说的自由，只有这样才能充分发挥孩子的独立的思考能力和创造力。戴着镣铐的心灵怎能挥舞天才之手，解放孩子的头脑，还给孩子自由思考的能力！

尊重自然规律，摒弃打骂教育

在自然界中，动物都是群体生活。一个动物要想生存下来，必须依靠一个强大、稳定、有组织的群体。在这个群体中，每个成员都知道自己所处的位置，并遵守群体领袖制定的纪律、规定、界限和限制。这种合群的本能对一个动物来说，很可能是生存的最大动力。群体中一旦出现一个没有制定好纪律、规定、界限和不自信、不冷静的"弱势领导者"，整个动物群体都会立即面临被敌人消灭的命运。所以，另一个强势的优秀领导者会立即出来取而代之。这是自然界里生物物竞天择、优胜劣汰、弱肉强食的规律法则。

人类，是喜欢群体生活的生命体。被称为"世界上最好的狗心理治疗师"的恺撒·米兰说：人类是世界上唯一一种能够接受一个心态不平和，不冷静，不自信，不制定规则和界限，不持之以恒的弱势领导者的生物。而这样产生的结果是这个弱势领导者手下的孩子，出现种种心理不平衡的坏行为。我们的每一位父母都是家庭这个小群体的领导者，我们所具有的能力，制定的纪律、规则、界限和限制如果合理，是不会被孩子排斥的。相反孩子乐于遵守并能够尊重这些。这样优秀的父母，明白"爱"的真正含义。

而一个家庭中的弱势父母，会将纪律、规则与暴力惩罚、打骂、残忍混淆在一起，他们不明白"爱"的真正含义。每个孩子都需要一位冷静、沉着、自信的优秀父母。为他们制定好纪律，和各种规则限制，孩子也乐于遵守并尊重这些。每个家庭的领导者——父母，都决定着一个家庭的生存质量和孩子的成长方向。是一个家庭在这个复杂的社会大染缸里得以健康生存的不二法则。

孩子是一面诚实的镜子，从一个孩子的行为中，折射出父母的行为举止、和睦程度、成长环境和教育方式。每个孩子所具有的心理问题和行为问题，往往都是父母的行为造成的。每一个孩子在出生时的心理和行为都是平衡和健康的，没有哪个孩子是天生的顽劣，是作为父母的我们宠坏了他们。或是另一个极端，用暴力对待孩子、父母没有满足孩子的心理需要，没有制定合理的纪律。规则和界限，没有成为家庭优秀的领导者。这样的弱势父母认为，简单的粗暴，打骂就能解决孩子出现的各种问题，其结果往往适得其反。

曾经见到一个只有三四岁的孩子，在餐厅里乱跑，父母大声呵斥，孩子依然没有停下来。但是，突然间停下脚步，满脸恐慌，立刻蹲在地上，小手像出于本能一样遮挡住自己的脸，迅速地把整个头埋在臂弯里。果然，他的父亲冲过来后，扬起大巴掌狠狠地没头没脸地打了他几巴掌。看到这一幕，感觉真让人心痛。这个孩子已经形成了被打的条件反射，没有了自尊，他幼小的心灵受到的创伤该怎样得到弥补呢？孩子摄于父母的暴力，表面上服输怕你，但决不会从内心尊重你。这样成长起来的孩子，就会有见风使舵，巧言令色，自暴自弃，并且越打越逆反。在暴力环境下长大的孩子，一般冷酷，并也会变成一个施暴者。被长期施暴的孩子，将来长大后在面临诱惑，毒品，犯罪这些问题时，往往没有判断能力。

因为他们从小最信任的父母，从来没有帮助过他、教过他，在这些问题前，怎样明智地对待并做出正确的选择。当得到不公正待遇时，有些孩子会表现出愤怒，但他们会因为表达了愤怒而再次受到体罚和责骂。这是一个恶性循环，他就只能学习阻止情感，慢慢地压抑情感，压抑他对生活的要求和热情。在这种环境下成长起来的孩子，长大之后很难变得开朗。很多罪犯都有童年时遭受暴力虐待，从而留下了极端的心理阴影。

我们中国一般家庭，教育孩子大抵有两种方式。一种，任其跋扈，一点也不管不问，孩子骂人即可，打人也行，甚至有的父母面对孩子这种行为时拍手叫好。而这样成长起来的孩子，在家里是霸王，一旦到外面，就如同失了网的蜘蛛一样，立刻毫无能力。这样教养出来的孩子大都带着横暴冥顽的气味，甚至街头混混流氓的样子。另一种是终日给以冷遇、呵斥、打骂。孩子缩手缩脚，像个傀儡，如同父母的奴才。然而父母却美其名曰"听话"。自以为教育的成功，长大后放出笼去，也像暂时被放风的小鸟，绝不会飞鸣，也不会跳跃了。这样教养出来的孩子，就是佝头耸背，低眉顺眼，一副死板板的脸所谓"好孩子"的样了。童年的情形，便是孩子将来的命运。

我们每一位父母是否都应该好好地思考并反省自己，怎样培养一个心理和行为都健康的孩子。我们永远不做违背自然规律的事，才能够拥有一个心理素质和行为都健康的孩子、伴侣和家庭。在孩子面前我们要树立冷静、沉着、自信的形象，对于有些父母来说，可能是一种挑战，但必须那样做，从中我们也能学到一种健康的行为方式。孩子需要父母为他们制定合理的纪律、规定、界限和限制，而这一切不等于暴力惩罚、打骂和残忍。这是孩子以后在社会这个大染缸能够健康生存的不二法则，物竞天择，一如自然界的生存法则。

习惯篇

从领悟到规则到自律

　　狮子故意把自己的孩子推到谷底，这是何等的果敢，何等的严酷啊。小狮子绝不能就此气馁，小狮子不得不努力，不得不认真。哪怕几次三番跌入谷底，它也要坚持一步步往上爬。在爬的过程中，小狮子逐渐领悟到生命需要自立，不能依靠别人，要想爬上去只有依靠自己。这是一个自我领悟的过程，经历了这一过程，狮子的王者天性才能迸发出来。自我领悟需要勇气和磨难。有时你会觉得前方已经穷途末路，你可以哭泣，可以哀叹，但下一个瞬间，你必须重新鼓起勇气。磨难是自我领悟的第一步，是从领悟走向自立的重要指路牌。让孩子做好心理准备，迎接每一个需要自我领悟的严酷日子。

　　每天的每一个时间段都有各自不同的规则。从早上起来，洗脸，刷牙，整理仪容，到晚睡前的问候晚安，都有着相应的规则。无论走到哪，遇到什么人，都有相应的规则。没有规矩，不成方圆。人的一生都必须遵守这样那样的规则，孩子在刚学会说话的时候，只要和人交流，就会听到她说：我爸爸妈妈告诉过我、我爸爸妈妈这样说、我爸爸妈妈说那样不行。孩子的世界还很狭小，我们几乎是他们世界的全部，我们的所作所为所说，对孩子来说，是多么的重要！

　　父母是孩子的第一任老师，孩子从出生起，一切的言行几乎都在模仿父母，父母应注意自己的品行，为孩子做出良好的榜样。言传身教，身教重于言传。孩子对世界的认知，都是从父母开始。我们要教会孩子遵守规则，在孩子幼小的心灵种下遵守规则的种子，为孩子以后的自律打下良好的基础。所有优秀的孩子，所有优秀的人物，都是能够做到严格自律才能成功。

一般来说，让孩子养成遵守规则的习惯，必须身教言传反复多次确立后，才有可能形成习惯。如果我们在以身作则的同时就是反反复复地唠叨，直到孩子记住为止，这样孩子一定很反感。可是，既要言传，又不能反复唠叨，该如何做呢？我们换个方式，将赞扬代替提醒，代替唠叨，请孩子做我们行为的老师。

比如，孩子手中拿着要丢弃的冰糕棒或果壳皮，一时忘记要将垃圾丢进垃圾箱。

我们可以对孩子说："我的孩子真棒，是不是要把手里的垃圾丢进垃圾桶？因为所有好孩子都是将垃圾丢进垃圾桶。"

一般情况，孩子都会高兴地将自己手中的垃圾丢进垃圾箱，所有的孩子都喜欢做好孩子。

有时我和盈盈去游乐场，尽管入口处就摆着鞋架，可孩子们的小鞋子还是胡乱摆放地哪儿都是。这时，我让女儿自己做一下比较，是将鞋子乱七八糟地随便乱放？还是好好摆放到鞋架上。女儿会选择整齐地摆放在鞋架上，看到女儿整齐摆放好后，我在她的小脸上亲一下："我的女儿就是这样遵守规则的好孩子。"

好习惯的养成并不是一蹴而就的事，这需要一个过程。在孩子没有养成遵守规则的良好习惯时，孩子经常会忘记规则，这时，我们可以假装自己忘记了，让孩子来提醒我们。

有一次去图书馆看书，读完的书要整齐地摆放回去。可是盈盈读完后，随便一丢，又去拿其他的书。我借故说："盈盈是不是想提醒妈妈要将看完的书再摆放回去？"女儿听到后，马上意识到了，赶快把没放好的书摆放放整齐。我赞扬说："我的孩子真棒，比爸爸妈妈都遵守规则，怪不得大家都喜欢你。"

抓住一次的好行为，我们可以经常用这件事赞扬孩子，不但自己遵守规则，还知道提醒父母遵守规则，孩子不会对父母由衷的赞扬反感，而是会产生愉悦的心理，孩子的良好习惯会在我们积极肯定下逐渐确立起来，从而愿意做一个遵守规则的人。

盈盈四岁时，每周晚有两节绘画课。我去接她，她看到我后，总是先将自己的小水杯、水彩笔在书包里放好后，再拿好自己的绘画作品递到我手里。然后，去收拾教室里的小椅子，把一个个小椅子整齐地摞起来，摆放在一起。其他小朋友都自顾自跟着爸爸妈妈走了，盈盈就在那收拾教室打扫卫生。有的小朋友家长来晚了，女儿去帮小朋友，把水彩笔整整齐齐地放在笔盒里。然后，环视一下小课桌，确定小课桌都干净了，又检查地面。看到地面上有两张画没有小朋友认领，女儿拿着画逐一去问还没有走的小朋友，是不是他们的画。

女儿把认为是她应该做的事都做好后，小脸上露出纯真满足的笑脸。在女儿做着这一切的时候，其他家长用羡慕的眼光看着她，有的对自己的孩子说：“你看，盈盈每次上课都把教室收拾整齐，你为什么不去做？你快去和盈盈一起做。”只是我从未教给女儿要这样做，这都是她意识里认为应该做的。

回家的路上，我问女儿：“你为什么要帮助老师收拾整理教室，把那些绘画工具都摆放整齐？还要帮助其他小朋友。”

女儿说：“因为他们没想到，可是我想到了，所以我就做了。”

经过这些事，我想，父母应该放低姿态，在孩子面前不要总以父母的身份自居。不要总想用自己的言行去影响孩子，换一个角度和方式，可能会达到更好的效果。也让孩子来教会我们，有时孩子就是我们的老师。将孩子一次的好行为，用赞扬加以肯定，再通过多次的提醒和赞扬变成一种习惯固定下来。没有规矩，不成方圆。一个没有规矩的人是散漫的，千里之堤，溃于蚁穴。要从平时的每一件小事做起，严守规则，为自己，也为他人，为社会养成良好的个人修养。一个人的成败取决于细节，从平凡到非凡，就是生活中这些平凡的小事不断积累的结果！

分享一篇女儿写的短文：

习惯与快乐

多丽是个可爱漂亮的女孩，可是她并不快乐。因为她觉得自己的生活一塌糊涂，似乎什么事都在和她作对，不论她怎样努力，还是什么事都做不好。

多丽：安妮，能把你的钢笔借给我用吗？我的钢笔找不到了。

安妮：多丽，为什么你总是借别人的东西？

多丽：你借不借？不想借给我就算了，我找别人借去。

安妮：并不是我不想借给你，我只是想知道，你为什么总是借别人的东西。

多丽：因为我的东西总是喜欢藏起来，它们喜欢和我作对，不让我找到它们。而你们的东西好像永远放在手边，随时就能拿出来。

安妮：那是因为我放东西的时候，总是把东西放回原来的位置，所以用的时候随时都能拿到。

多丽：那多麻烦，每次把用的东西都放回原处，要占用很多时间，我们好像有很多重要的事情要做，而不是每天做这么多小事。

安妮：这些小事可以给我们带来很多便利，说真的，多丽，如果每次想用什么都不得不到处找或到处借，一定会比把用过的东西放回原处花费更多的时间。

多丽：安妮，谢谢你能告诉我这些，以后我不会再向你借东西了，我会把每件东西都放好，把用过的东西放回原处。

安妮：我真高兴，多丽，你没有为此感到生气，而是接受了我说的话，我相信你以后会做得很好！

多丽还有一个坏习惯，什么事情都不是马上去做，而是把过多的时间用在想上。老师布置了一份作业，每位同学回家都要画一幅画，明天交上，画得好的画，可以贴到学校展厅。多丽非常喜欢这份作业，因为她自信能画出一幅好画。

多丽一回到家就开始盘算，画前还需要些什么样的准备，多丽觉得她应该先买套新画笔。多丽匆匆赶到文具店买了套满意的画笔。

多丽最喜欢画小动物，多丽想，很多同学都说自己要画小动物，我还是不画小动物得好，多丽终于想好该画什么了。

哦，糟糕，颜料弄到衣服上了，我必须马上洗掉，结果又用去了很多时间。就这样，一直到很晚，多丽才不得不在匆忙中勉强完成她的画。

多丽的画没有被贴到展示厅。

多丽感到非常难过，如果再多一点时间，她本来可以画得很好。

这时，多丽想到了老师常说得一句话：做事情要趁早着手，你永远不可能想清楚每个细节，一个实干者顶得上一百个幻想家。

多丽改掉了她的这些坏习惯，现在的多丽做事井井有条，并且，她很快乐！

要孩子优秀只需言传身教

学习是一个自然的过程，每个孩子先天的差异并不大，真正的差异来自后天的成长环境。我们如果自己不学习，一味要求孩子要好好学习，孩子就会产生疑问和逆反心理：你们一再要求我好好学习，可是从来没见过你们看过书，写过字。只知道做着自己喜欢的事，又是上网又是喝酒打牌，整天拿着手机看微信。如果学习是好事，为什么你们自己不做，反来强迫我。一个家庭有没有学习的习惯，对于孩子的影响是非常重要的，我们在要求孩子的同时，最好也要检讨自己，做到知行合一，要检查自己的言行是否一致。身教胜于言传，学习不是说而是做，只有父母真正认识到了学习的意义，给孩子创造一个好的学习环境，才能更好地带动和影响孩子积极地去学习，孩子一旦养成良好的学习习惯，好成绩就会随之而来。

父母从不抱怨的家庭，孩子也不会抱怨；父母遇到事情不相互指责推诿，孩子也不会指责推诿；孩子做错事父母不大发雷霆不问缘由，而是冷静找出事情的原因，寻找处理问题的方法，孩子就不会推卸责任，说谎骗人；家庭稳定的孩子，就不会缺少安全感，做事踏实能够集中精力。家庭是孩子的第一课堂，父母是孩子的第一任老师，孩子就是家长的一面镜子。孩子的任何特点，都能从家长身上找到根源，孩子的错都是大人的错。每一个成功孩子的背后，都有一个成功的家庭。

一个成绩优秀的孩子，必然是一个严格自律，知道自己该做什么的孩子。每个人的时间都是一样的，一寸光阴一寸金，一丝而累，以至于寸，累寸不已，遂成丈匹。学习的过程就是知识积累的过程。聪明来自于勤奋，天才源自积累。学习上的差距主要来自对时间的把握上。孩子的成长时间非常宝贵，很多家长都以自己没有时间作为借口，当家长以"没有时间"作为对孩子无所作为的借口时，那也应该接受孩子不理想的状态。没有谁总是有一整块的时间去做成一件事，就像海边的沙子，一粒一粒的，但是多了，就显示出它有的分量。时间也是这样，抓住别人不屑一顾的小块时间，可以成就一个孩子的大未来。培养孩子不是一时冲动，不是三分钟热度，更不是叶公好龙，而是多年如一日的坚持和恪守。父母要珍惜并让孩子也要珍惜宝贵的时间，尽可能在孩子童年养成受益终生的好习惯，好好把握孩子不可逆转的宝贵童年。

　　给孩子一个成长的过程。每一个成绩不理想的学生，都有过偶尔取得好成绩的经历，能取得好成绩，说明有取得好成绩的潜力。可是孩子在成绩上会有反复，就像人在跳着攀登台阶，想跳起来先要蹲下来，蹲下来时看起来好像比别人低，再跳高，就会上一个台阶。不断下蹲，再跳高，不断上新的台阶，慢慢才能够占有优势。在占有优势后，无论怎样下蹲，高度也会超越别人。可是这需要过程，很多父母不给孩子成长的过程。一次好成绩后就期待下一次好成绩，如果孩子没有满足父母对好成绩的虚荣心，就迁怒于孩子。开始给孩子贴上各种消极的标签，孩子也因此一蹶不振。当孩子出现问题时，我们应该及时发现问题，并首先从自己身上找出问题的原因。可惜，很多时候我们不知道从自身找原因。即使别人提醒，也要百般找出理由推卸责任，只是这种推卸付出的代价太惨重了。是啊，哪有比把责任推给孩子再容易的事。很多父母用自己被唤醒的虚荣心，折断孩子正在准备飞翔的翅膀，再企盼孩子还能凌空翱翔。

　　每个孩子都有所不同，找到自己孩子的特点，因人而异，多赞扬鼓励，少指责批评。一个成绩平平的孩子更需要自信心的确立，自尊心的培养。家长以身作则，言传身教，无论是好的习惯还是坏习惯，都是在自己父母身上看得多了，自然就学到了。

书山有路勤为径，学海无涯乐作舟！学习如果只是孩子的事情，它可能就是一种被迫的劳役；学习如果是孩子和父母共同的事情，它会变成一种乐趣；当学习成为一个家庭每个人，每天都要做的正常的事情，它就是一种幸福的生活。

让孩子有一个快乐平和的性格

安东尼还是个孩子的时候，要种一个大西瓜，从邻居玛丽姑姑家要来了五粒黑色的西瓜籽，还借来了一把锄头。在一棵大橡树下，爷爷教他翻松了泥土，然后把西瓜籽撒下去。忙完这一切，爷爷说："工作完成了，接下来就让我们一起等待吧。"

当时安东尼还不懂得"等待"是怎么回事。那天下午，他一直朝西瓜地里跑，不知跑了多少趟。也不知为它浇了多少次水，简直把西瓜地变成了一片泥浆。谁知，直到今晚，却连西瓜苗的影子也没有看见。晚餐旧上，安东尼问爷爷："我都等了整整一个下午，还浇了那么多水，可是西瓜还没长出来。我们还得等多久啊？"

爷爷听了，忍不住哈哈大笑起来："你这么专心地等待，也许瓜苗会早一点长出来的。无论什么事，只要你有信心，它就会实现。"

第二天早晨，安东尼一觉醒来就往瓜地里跑。咦，一个大大的、滚圆滚圆的西瓜正躺在那里，还有一根长长绿绿的藤子连着它！他兴奋极了："嗨！我种出世界上最大的西瓜了！"那几天，别提安东尼有多长高兴，他逢人便说："告诉你，我种出了世界上最大的西瓜！"

长大以后，安东尼才知道，这个西瓜是爷爷从远处瓜地移到橡树脚下的。尽管这样，他不认为那是一种游戏，也不认为是慈爱的爷爷哄骗孙子的把戏，而是一个智慧的老人在一个不懂事的孩子心中适时地播下了一粒希望的种子。

孩子都喜欢缠着父母，缠得我们不耐烦，受不了。即便如此，我们还是觉得很开心，很快乐。孩子还会让我们牵肠挂肚，时时刻刻让我们挂怀。也许还不只是牵挂，无论他们走到哪里，我们都想永远地追随着。孩子出外玩耍，我们追到外面；孩子学会骑自行车，我们追在后面；孩子去外面求学，我们也想跟在身边；无论孩子到哪里，我们都一门心思要追到底。有时也许会感到疲惫，但还是满怀快乐和感激，感谢孩子给我们做父母的机会。

盈盈还没从幼儿园毕业，已经听到很多父母说，孩子越来越不听话，越来越叛逆，说孩子是叛逆期提前。女儿是个非常有主见有个性的孩子，可是我们很少出现争执，因此，孩子的性格比较平和，因为我们有快乐天使的陪伴。

盈盈在幼儿园很容易午睡，可是在家里，从来不睡午觉，这样不到晚上就困了，如果让睡，晚上一定不好好睡觉，如果不让睡，看孩子困的样子，实在不忍心。

于是我对女儿说："每个孩子的身边，都有一个快乐天使，快乐天使只有爸爸妈妈才能看得到。如果你有合理的愿望，快乐天使就能实现你的愿望，并且，只有好孩子身边才有快乐天使。"

女儿感到很惊奇，但是她相信了。

女儿问："快乐天使真的可以实现我的愿望吗？"

我说，"当然可以，只要你的愿望是合理的，做到睡午觉，只是不不知道我的女儿能不能做到。"

女儿听后，赶快上床，钻进被窝。

紧接着又确认一下："妈妈，快乐天使真的能实现我的愿望吗？"

我说："当然，快乐天使是个守信用的好天使。"

女儿很快就睡着了。

从那以后，我会经常请快乐天使帮忙，女儿也习惯了让我问问快乐天使的意见。而快乐天使也总是能够满足女儿的愿望，女儿有什么愿望，会对快乐天使说，我在旁边听着，孩子的愿望一般都是很容易满足。女儿想要个什么礼物，我出去买回来，包上漂亮的包装，再以快乐天使的名义，写上一张卡片。然后在女儿熟睡后，悄悄地放在她枕边，等她醒后就能看到礼物。从那以后接近三年时间，快乐天使陪伴着女儿长大。

直到上小学一年级。

一天，女儿突然对我说："妈妈，其实，根本没有快乐天使，是吗？"

我被问得很惊讶，但是，面对女儿的成长，快乐天使的任务已经圆满地完成了。

我说："是的，宝贝，没有快乐天使。"

女儿说："我早就知道了，妈妈。"

我说："其实，每个孩子身边都有两个天使，快乐天使和守护天使。妈妈是孩子的快乐天使，爸爸是孩子的守护天使。"

女儿抬头看着我："妈妈，谢谢你。"

我情不自禁地拥抱了女儿，女儿真的长大了。

只要一小片土地，就可以为孩子播种一个很大的希望。很多事物都会受到客观条件的限制，然而，孩子的快乐、期望却不受任何事物的羁绊。因而我们对孩子的爱和想象也不会受到任何的约束。这样，孩子童年的原野会变得宽广辽阔，我们最终极的目标就是，让孩子快乐地成长！

陪孩子走出网瘾

人经常会吃过头，喝过头或是做过头，不知不觉中忘记了长远的打算和目标，只顾眼前的利益或享受。这是人性的一面，也是社会的缩影。成年人尚且如此，何况是自制力尚在完善中的孩子。我们经常为孩子的不足而苦恼，也会为孩子的过头而焦虑不安。不加节制犯下的错误不仅让孩子自己欲罢不能，痛苦不堪，也让我们感到无尽的烦恼。

不可能每个孩子都能做到严格自律，自律习惯的养成也需要过程和环境。也许正因为此，父母有时借助外力来抑制孩子"过头"的欲望。

运用语言、权利、法律等手段，有时甚至诉诸武力。在人一生的成长过程中，很多人从童年时期就这样沿着成长的道路一步一步痛苦地延展着。在抑制"过头"的过程中，不缺乏这样那样的悲剧产生。因为借助外力，有时也会"过头"。

随着时代的进步，网络高科技的发展。很多成人迷恋上网络，迷恋网络游戏。现在更甚，当手机的功能逐渐强大，手机成了可随身携带的小型电脑。更让很多成人沉迷其中，还有越来越多的孩子也加入到手机低头族。

为给孩子戒除网瘾，很多时候我们会使用各种手段，可以说无所不用其极。有的甚至送到戒除网瘾学校，学校铁网重重，形如牢笼。更甚者，活生生的孩子送进去，等待孩子回归正常，回归自然。可等来的是孩子冰凉的身体，只剩下无尽的懊悔和哀怨。说到这里，感觉到了沉重，眼前浮现出鲜活的所谓误入歧途的小小生命，还有多少挣扎在"过头"的漩涡，不被理解，不能自拔，自暴自弃。还有父母一双双痛苦绝望的、恨铁不成钢无奈的眼神。

其实要改变这一切真的没那么难。父母用心，用爱，用坚守，用信任，用温暖的语言，给孩子树立良好的榜样。树立孩子正确的人生观，价值观，培养孩子健康的兴趣爱好，良好的行为习惯，正视自身所具有的价值，给孩子一个方向和梦想。一个人从人到鬼绝不是偶然的，一个孩子从单纯懵懂无知到横暴冥顽，不可救药，是多种因素的不足和弱点日积月累的结果。是罪恶之苗、悲剧之根。这些潜在因素主要表现在以下几个方面：少文化、缺知识、不知礼、不懂法；贪吃好玩，奢侈为荣，怕苦怕累，不学无术；交友不慎；自作聪明，我行我素；显赫逞能，亡命称霸；伦理错位，黑白不分；是非颠倒，荣辱不清。一切都是从童年开始的，从家庭开始，从父母开始。科学大师爱因斯坦曾引用过这样一句话："如果人已经忘记了他在学校里所学的一切，那么所留下的就是教育。"换句话说"忘不掉的才是素质"。而习惯正是忘不掉的最重要的素质之一。

我们生而为人，生而为人父母，我们要以身作则，用健康的行动和观念影响孩子。我们教给孩子多少忘不掉的道德财富？多少受益一生的情操观念？如果通过反思，在这方面我们欠缺了孩子，在那方面开始弥补吧，什么时间开始弥补都不晚，总比永远都不做要好。给孩子走出迷茫的自信，让孩子知道他有多棒，给孩子一个成长自信盒。让孩子知道，他不只是个让人头痛的孩子，他还具有这样那样的优点。他并不是只会做让人头痛的事，世上有太多有价值的事他都可以做，而且都能做得很好。我们帮助孩子找到他具有的优势，找到其他健康的、感兴趣的事，给孩子改变的时间，不要急于求成，陪着孩子一步一步走出漩涡。

我们要忘记孩子曾经走过的弯路，轻描淡写，云淡风轻，看淡孩子曾经的"过头"和迷茫。不要经常提醒正襟危坐地让孩子总结经验教训，这个经验教训实在应该由我们来总结。让孩子知道，这只是个小错误，让孩子有改正错误的勇气，只要把错改了就是好孩子。从而树立孩子的自信，让孩子坚信自己不但可以摆脱这样那样的"瘾"，而且还可以做一个让人喜爱和尊重的孩子。培养孩子健康的兴趣，给孩子爱和自信，做一个遵守承诺、让孩子信任的朋友一样的父母。天下之大，孩子只信任父母。如果父母不爱他们，不信任他们，他们还有什么希望和勇气面对自己并改正错误呢？

改掉一个顽症要循序渐进，有网瘾不怕。昨天上网5个小时，今天上网时间4小时50分钟。这就是进步，少玩10分钟，就值得赞扬。每天少玩10分钟，用不了多久，孩子就能从漩涡中走了出来。父母千万在孩子改错上不能贪婪，给孩子改错的时间，给孩子进步的过程。毕竟冰冻三尺非一日之寒，要想让冰融化也要一点一点地来。用赞扬代替斥责，即使孩子今天没有值得赞扬突出的表现，父母也要创造一个赞扬孩子的机会。因为这时正是孩子树立自信，需要勇气做一个不一样的"我"的时候。当孩子听惯了赞扬和认同，他自然找到自尊。任何人都愿意做被人尊重的人，孩子也是一样。在这个过程中，让孩子看清楚自己到底是谁，找到自己真正健康的兴趣爱好，做一个有价值的人。

有人悲观地说："中国孩子的坏习惯都是跟大人学的，没有人能教孩子好习惯，教了也没用。"我却充满自信，因为中国的绝大多数父母是对孩子充满爱心的，一旦明白了良好行为习惯可以决定孩子的命运，相信大多数父母自会为孩子改造自己的世界。父母不可能也不必人人成为教育家或心理学家，甚至不必成为教师或教师的助教。但是，父母必须承担起最基本也是最重要的责任——培养孩子的良好习惯，而良好的习惯的核心是学会做人。

俗话说，多高的墙多深的基。根基不牢，地动山摇。搞建筑如此，做人更是如此。成功是一种与生俱来的品质。随着时间的流逝，那种天才的光辉在某些人身上会愈发亮丽，而在另一些人身上则会逐渐黯淡。中国俗语中有"三岁看大，七岁看老"的说法。其含义之一就是从儿时的习惯可以推测一个孩子的未来。总而言之，自律是唯一的出路。生而为人，生而为人父母，只有"严格自律"这一条真正的正道，这是一条王者之路。虽然路途艰辛，我们依然要带着孩子走下去，这样才能让孩子实现真正的进步。

电子鸦片时代，历史总是惊人的相似

很多父母与孩子的冲突，都与电子产品有关。有时和孩子说好的外出游玩，当孩子一拿起手机或打开电脑，马上变成苦瓜脸，再不愿跟父母出去了。我们最爱的孩子不是人品不端，不是见利忘义，不是性情乖张，不是言而无信，不是不明事理，不是不可救药，他们只是中了电子产品的毒。

回眸1840年，与那个时代隔空相望，那时的人们为了赶时髦，以吸食鸦片为荣。"鸦烟流毒，为中国三千年未有之祸"。从王公大臣到平民百姓，吸毒者日众，为害中国国人身心健康，军队也吸食鸦片，身体变得虚弱，失去作战能力。烟毒泛滥不仅给中国人在精神上、肉体上带来损害，同时也破坏了社会生产力，造成东南沿海地区的工商业萧条和衰落。也许我们会疑惑，鸦片毒害之深为什么还有这么多人以它为荣，为它上瘾？

鸦片战争后，二战时期，人们逐渐把香烟当成宝贝。总算还有领先于时代的智者——蒙哥马利将军，他憎恶烟酒。蒙哥马利将军碰到丘吉尔的时候曾说：我不喝酒，不吸烟，睡眠充足，这就是我为什么能保持百分之百完美体形的秘诀。丘吉尔反驳道：我喝酒很多，睡眠很少，不停地抽烟，这就是我为什么能保持百分之两百超完美体形的秘诀。迷恋烟酒的丘吉尔攻击他不正常。而后者是首相。

现在，人们普遍认为手机、电视机、电脑、游戏机是好东西。以拥有为荣，以佩戴和使用为赶时髦。

面对今天全民疯狂追求电子毒品时代，本质上人还是1840年的那些人，没有变。只不过今天人们中的毒是一种变形的毒。1840年看上去是鸦片，如今看上去是手机电脑游戏机。回望1840年，历史总是惊人的相似！

电子鸦片使青少年人格发生明显变化，他们沉湎于虚拟的网络游戏中，对现实生活中的一切事物都不感兴趣，每天长时间接触电视及电脑，脑部过度刺激，注意力很难集中。严重影响正常的学习生活，甚至上瘾成癖，丧失理性，失去生活的方向。甚至有些自控力差的花季少年因此走上犯罪的道路，不禁让人扼腕叹息。

电子鸦片还造就了这个时代独特的"低头族"。当手机的功能逐渐强大，手机成了可随身携带的小型电脑。更让很多成人沉迷其中，还有越来越多的孩子也加入到手机低头族。无论何时何地，个个都作"低头看屏幕"状，有的看手机，有的掏出平板电脑或笔记本电脑上网、玩游戏、看视频，想通过盯住屏幕的方式，把零碎的时间填满。低着头是一种共同的特征，视线和智能手机，相互交感直至难分难解。聚会时离不开数字终端，一个人时更是如此。日常生活的每一个缝隙，都有被数字产品"侵蚀"之势，人与人之间的自然交流显得日渐缺失。人坐在一起，心却各在他处，平心而论，这些网上即时信息，真正蕴含重要内容的少之又少，也没有"十万火急"的事情需要马上处理，但就是有那么多人对此欲罢不能爱不释手。数字终端，让我们渐渐远离了生活真正的品质和人与人交流的温暖。

俗话说，多高的墙多深的基。否则，根基不牢，地动山摇。搞建筑如此，做人更是如此。被人疯狂追求的不一定是好的事物，流行的不一定是值得赞赏的。成功是一种与生俱来的品质。随着时间的流逝，那种天才的光辉在某些人身上会愈发亮丽，而在另一些人身上则会逐渐黯淡。面对当下，我们有时感到是那么的无能为力。总而言之，自律才是唯一的出路。只有"严格自律"这一条王者之路。

品德篇

常怀一颗感恩之心

一个女孩得了一种病：失去了痛觉，她的父母为她四处求医，为她日夜祷告。终于有一天，她知道了疼痛，她痛得是那样厉害，以至于牙齿都快咬碎了，但她仍露出了笑脸。她说："妈妈，感谢上帝，感谢你，我痛了！"

即使一个苦难深重的人，也有值得感激的东西。即使疼痛，它也是上帝的馈赠，也需要我们深深感激。

因为有缘，我们得以生活在这个世上，缘分将我们彼此相连。"感恩"这个词，听起来老套又平凡，却蕴含着耐人寻味的意义。感恩是一种处世哲学，也是生活中的一大智慧。一个智慧的人，不应该为自己没有或失去的东西斤斤计较，也不应该一味索取和使自己的私欲膨胀，变得贪婪。学会感恩，为自己已经拥有的而感恩，感谢生活给予的一切，这样才会有一个积极的人生观，才会有一种健康的心态，面对生活中的每一天。

有些人以为，你我之间的关系是由你我决定的，甚至有人简单地认为，凭一己之念便可斩断人与人之间的联系，实则不然，我们之间的关系是由某种深层次的力量黏合在一起，它超越了个人的力量。它是由一种爱将我们紧密联系在一起，爱通常以各种面貌呈现，感恩也是一种爱。常怀感恩之心，这是我们每个人生活中不可缺少的阳光雨露。无论你是何等的尊贵，或是怎样地看待卑微，无论你生活在何地何处，以什么样的状态存在，只要心中常怀有一颗感恩的心，无论何时何地，都会不断地涌动着温暖、自信、坚定、善良等这些美好的处世品格。自然而然地，我们的生活中便有了一处处美丽动人的风景。常怀有感恩之心的人是幸福的。

人生的道路，曲折而漫长。孩子在我们的怀抱只有短短十几年，便要走向社会这个人生的大舞台，也许要经历艰难险阻，甚至挫折失败。我们无法永远跟随在孩子身边，即使跟随在身边，有时在孩子需要时，我们都无能为力。在这个时刻，有人能向我们的孩子伸出温暖的手，帮助他解除生活的困顿，为他指点迷津，让他明确前进的方向。甚至有人用肩膀、身躯将他擎起来，让他攀上人生的高峰。我们的孩子最终战胜了苦难，扬帆远航，驶向光明幸福的彼岸。如此这般，我们怎能不心存感恩呢？怎能不思回报？我想，我们都想通过自己十倍、百倍的付出，用实际行动予以报答，会把同样的温暖和帮助给别人的孩子。每个人都怀有一颗感恩之心，这是一种多么快乐的生活，能让我们人生的道路充满花的芬芳。

生活如歌，情深意浓，生活如美酒，越久越香醇。我们享受着彼此间相互给予的温暖。我们走出家门，走向自然，放眼花红柳绿，莺歌燕舞。我们怎能不感恩？感谢大自然的无私馈赠，感谢大自然的宽容博大，感谢大自然给予我们的无限美好。我们在接受馈赠的同时，要学会付出，懂得回报，懂得感恩。这样会使我们已有的人生资源变得更加深厚，使我们的心胸更加宽阔，能让我们微笑着去面对人生的每一天，微笑着去对待世界，对待生活，对待朋友，对待困难。宽容和感恩可以化腐朽为神奇，化冰峰为春暖，化干戈为玉帛。

让我们的孩子都有一颗感恩的心。懂得感恩，就不会有太多的抱怨；懂得感恩，就会坦然接受人生的不完美；懂得感恩，就会少了一份挑剔，多了一份满足。"飨赐之日，可人人别进，问其燥湿，加以密意，诱谕使言，察其志趣，令皆感恩戴义，怀欲报之心。"

懂得感恩，可以让我们用善良的方式思考问题。有这样一个小故事：

有一位单身女子刚搬了家，她发现隔壁住了一户穷人家，一个寡妇与两个小孩子。

有天晚上，那一带忽然停了电，那位女子只好自己点起了蜡烛。没一会儿，忽然听到有人敲门。原来是隔壁邻居的小孩子，只见他紧张地问："阿姨，请问你家有蜡烛吗？"女子心想："他们家竟穷到连蜡烛都没有吗？千万别借他们，免得被他们依赖了！"

于是，对孩子吼了一声说："没有！"正当她准备关上门时，那穷小孩展开关爱的笑容说："我就知道你家一定没有！"说完，竟从怀里拿出两根蜡烛，说："妈妈和我怕你一个人住又没有蜡烛，所以我带两根来送给你。"

此刻女子自责、感动得热泪盈眶，将那小孩子紧紧地拥抱在怀里。

相逢一笑泯恩仇，常怀一颗感恩之心，足以稀释我们心中的狭隘和蛮横，还可以帮助我们度过人生中最大的痛苦和磨难。常怀感恩之心，我们就可以逐渐原谅那些曾和你有过过节的人，甚至触及你心灵痛处的人，常怀一颗感恩之心，是人生高贵所在，是成就阳光人生的支点，是升华我们的性格，从而收获更加美丽的人生。感恩能产生化黑暗为光明的力量！常怀一颗感恩的心，我们的孩子才能在人生的道路上走得稳，走得深，走得远……

关于感恩，分享一篇女儿写的短文：

谁才是真正地爱妈妈

周末阳光洒满大地，小鸟在树枝上叽叽喳喳的唱着歌。花朵开满山野，小河静静地流淌，河面反射着点点银光，又是充满希望的一天。

明明一早起来，："早上好，妈妈，今天早餐吃什么？"

"宝贝，妈妈做的都是你爱吃的。"

明明坐下来，痛快地享用着妈妈为他精心准备的早餐："真是太美味了，妈妈，我爱你。"妈妈幸福地看着明明大口大口吃着美味的食物。

明明把餐具往前一推，"我吃饱了，妈妈。"明明走出餐厅，胡乱穿上一双鞋，沙发上堆着刚换下来的睡衣。说了声："我爱你，妈妈。"头也不回地跑出去玩了。

妈妈看着这一切，摇头叹息，不得不把明明的鞋摆放好，把沙发上的衣服叠整齐，放到明明的卧室，又去厨房打扫收拾。

强强一早睁开双眼，伸了个懒腰，打开窗帘："真是个好天气，我可以和小伙伴去钓鱼。"强强洗漱完，看到妈妈准备好的早餐，快乐地吃了起来。

强强把餐具往前一推："妈妈，我吃饱了，谢谢你妈妈，为我准备了这么好的早餐，我爱你！"

妈妈说："收拾好餐具再离开。"

强强搂着妈妈撒娇地说："妈妈，我的好妈妈，我是那么爱你，我知道你能帮我收拾好餐具。"

妈妈被强强的话说得忍不住笑了。

强强一看妈妈笑了，赶快换好衣服，拿起鱼竿，找小伙伴钓鱼去了。妈妈看着随处堆放的强强的衣物，无奈地摇了摇头，收拾起来。

外面清脆的鸟叫声，把文文从睡梦中叫了起来。文文打开窗帘，让灿烂的阳光把七彩的光线照射进来。

"小鸟，早上好！"文文叠好被子，收拾好卧室，来到餐厅，"早上好，妈妈。"

"早上好，文文。"

文文坐在餐桌前等待着妈妈坐下来一起用餐。"谢谢你为我做了这么美味的早餐，妈妈，我爱你！"文文吃完早餐，站起身来，把餐具收拾好，并清洗干净。

"今天是周末，我可以帮妈妈做家务了。"文文边说边拿起笤帚开始打扫地板。

"今天天气这么好，难道你不想和伙伴们出去玩吗？"

"不用了，妈妈，平时我们在学校里都玩得很好，这么好的天气，洗的衣服很容易晒干，我和妈妈一起洗衣服。我还有一本书没有读完，今天正好有时间，我可以读完了，我迫不及待地想知道结局是怎样呢。"

文文一边说，一边打扫着房间。每个房间都认真地打扫得非常干净。最后，文文在晒着衣服的院子里，晒着暖暖的太阳，打开他心爱的书，快活地读起来。整个周末，文文就是这样愉快地度过。

明明、强强和文文，都对妈妈说了"我爱你"，可谁才是真正地爱妈妈呢？

品德篇

怀有一颗谦卑的心

　　小溪总是发出"哗哗"的声音，而大海却很宁静，因为博大，不需要喧哗。一个人所具有的智慧，不可能是无限的。而整个人类所具有的智慧，却是无穷无尽的。当遇到不懂的时候，谦虚地向别人请教，学习融合别人的智慧，就无异于延展了自己的智慧。因此，让我们的孩子都要有一颗勇于向别人学习谦卑的心。谦虚地，不拘成见地倾听别人的意见。一个人的才智才有可能充分展现出来。

　　巨人不需要仰头，还是很高；狮子何须证明，他依然是狮子；大地不说话，万物都匍匐于它的怀抱；成熟的果实都低着头，因缀满了收获；很小的声音，一样可以如雷贯耳；很少的文字，一样能让人刻骨铭心。我们所拥有的一切，不管拥有的是什么，拥有了多少，能够拥有多久。与广阔博大的田地穹苍相比，与浩瀚苍茫的宇宙相比，都不过是沧海一粟，实在微不足道。在浩瀚的时间长河中，都不过是短暂的一瞬。因此，没有什么值得夸耀的，没有比夸耀更能表现一个人的无知。在世间万物面前，常怀一颗谦卑的心。

　　有时，我们觉得这个世界上有太多无知的人，他们总是那么自以为是，而且骄横傲慢。胸中没有多少知识涵养，却总是口若悬河，滔滔不绝喜欢粗暴地打断别人，或者目空一切，肆意贬损别人。而那些真正有修养，有见识的人，却从来不自夸炫耀，总是悉心倾听点头应和。人不难学会善辩，却难学会沉默。就像一辆空空的马车，马车越空，噪声越大。在这个世界上，我们所不知道的事远远多于我们已经知道的事，而尚不明白的道理也远远多于我们已经明白的。在人类生命延续的历史长河中，人类的智慧也在无限地发展，而浩渺的宇宙真理之深，之广阔也是不可估量的。在这样浩瀚的宇宙中，只有常怀一颗谦卑的心，才能认识自己的渺小，才不会在不可估量的真理之海中，认为自己捧起的那一掬水，就断定它是全部，才不会在广阔无限的知识面前驻足不前。

世间万物都是值得我们学习的。当我们面对一个手脚粗糙的农民时；面对一个在街头叫卖的小贩时；当面对一个站在风雨尘埃中的保安时；当面对在扬起的灰尘手握扫帚的清洁工时，有没有产生过蔑视，鄙夷和厌恶呢？可是，如果我们的生活中，没这些人的存在，那我们的生活还存在吗？人经常藐视对自己重要的东西，比如水、粮食、空气、自然。而总是重视对自己并无用处的东西，比如财富、金钱、名誉地位。让孩子拥有一颗谦卑的心，去尊敬世间万物，尊重真正重要的东西。尊重所有从事正当职业的人，以诚相待，彼此尊重。怀有一颗谦卑的心，就不会一叶障目，不见泰山，胸襟也会豁达，态度也会谦虚。

让孩子学会倾听，用谦虚的心去聆听。将别人的一言一语铭记心中，也许还会听出对方的言外之意。去虚心听取别人给我们的意见，只有这样，心灵才能不断涌现新的智慧。无论对方是谁，无论想法是否高明，只要他是真诚的，就应该探出身子，侧耳倾听。听取一个人的意见，听取两个人的意见，听取三个人的意见。让孩子从越来越多的人那里听取越来越多的意见，滋养他们的内心，引导并丰富他们的智慧。让我们都谦虚一些吧！至少，对那些超越自己目力和触及范围的世界，谦虚地倾听，以宽容的态度接纳，打开自己的心门。

让孩子拥有责任心，是父母对孩子一生最负责的表现

让孩子从小学会有责任心，这是父母对孩子一生最负责的表现。有责任心的人，才能自立自强，才能够以天下为己任。生活不是童话，没有付出，没有耕耘，就不会有收获，更不会结出果实，当然也不配享受收获的果实。人的一生不能依靠别人的仁慈和施舍，如果那样，就等于

把自己变成了乞丐。

在加拿大一个普通家庭的一个普通男孩，他叫瑞恩。小瑞恩6岁读小学一年级时，老师给他们讲述了非洲人的生活状况：很多孩子没有玩具，没有足够的食物和药品，许多人甚至喝不上水，成千上万的人因为喝了不洁净的水而患病死去。

老师说："我们的每一分钱都可以帮助他们：1分钱可以买一支铅笔，60分就够一个孩子两个月的药费开销，2元钱能买一条毯子，70元就可以帮他们挖一口井……"

瑞恩深感震惊，他想为非洲的孩子挖一口井。瑞恩的妈妈十分赞同他的想法，但他没有直接给儿子这笔钱。妈妈对瑞恩说："我们不能直接给你70元钱，你需要付出劳动，自己挣够这些钱。"妈妈告诉他，只要多干一些活，多承担一些家务，慢慢地积攒，到一定时候，就能够有这么多钱了。妈妈说："你必须用自己挣的钱帮助别人，否则就没有意义。"

于是，瑞恩开始承担正常家务之外的更多事情。哥哥和弟弟出去玩的时候，他在家打扫地毯，挣两块钱；全家人都去看电影，他留在家里擦玻璃，赚到第二个两块钱；他还要一大早爬起来帮爷爷捡松果；帮邻居收拾风雪后折断的树枝……

瑞恩坚持了4个月，终于攒够了70元，将它交给了相关的国际慈善组织。然而，工作人员告诉他："70元只够买一个水泵，挖一口井要2000元。"原来是老师弄错了。

小小年纪的瑞恩没有放弃，他仍旧继续努力。一年后，通过家人和朋友的帮助，他终于筹集了足够的钱，为乌干达的安格鲁小学捐建了一口水井。

事情至此并没有结束，因为还有更多的人喝不上干净的水，瑞恩决定攒钱买一台钻井机，以便更快地挖出更多的水井，让每一个非洲人都能喝上洁净的水。这个想法成了瑞恩的一个梦想，并且他真的坚持了下去。

瑞恩的故事被登在了报纸上。5年后，当初一个6岁孩子的梦想竟变成了千百人的一项共同事业。2001年3月，一个名为"瑞恩井"的基金会正式成立。如今，基金会已筹款近百万加元，为非洲国家建造了300多口井。这个普通的男孩，也被评为"北美洲十佳少年英雄"，被人称为"加拿大的灵魂"。他的行为将影响着越来越多的人去爱和帮助他人。

我们在生活中也许没有那么多让孩子成为瑞恩的机会，让孩子从小学会对自己做的事负责，就是父母对孩子最负责的表现。能够负责的人，在以后成长的道路上才能自立自强，才能为自己和他人的生命负责。每一位成功人士，都是父母在他们小时候用责任精心雕琢出来的。细节决定成败，孩子每一个成长中的细节，我们都应该认真对待。

责任心的培养，从培养孩子做家务开始。曾要求孩子做家务的父母，大概都有过这样的感受，当孩子去收拾玩具或收拾桌子，这绝对是一场艰苦卓绝的斗争。让我们觉得与其让孩子去做，还不如我们自己做来得容易，培养孩子自己做家务，刚开始与其说是让孩子帮忙，不如说是帮倒忙，可这是培养孩子的责任感和乐于助人的大好时机。孩子在四五岁的时候，身体已经具备了完成简单家务的协调性和灵敏性。适当的培养，即使不能完全理解父母的意图，对孩子来说适当参与家务劳动也是益处多多。我们要充分信任孩子，让他们发挥能力，自信独立完成某件工作。同时也要让孩子知道，帮助他人是每个人应尽的责任和义务。

女儿盈盈从小很勤劳，每次看到我做家务，几乎都会来帮忙。有过经验的父母都知道，这个时候不能叫帮忙，更像是"帮倒忙"。可是喜爱劳动是孩子的一种积极表现，正是树立孩子责任心的大好时候。并且，这种积极性一不小心就会被扼杀。所以每当孩子积极地要求和我一起做家务时，我都尽量耐心地和她一起做。看到孩子那么努力那么认真地做着家务，尽管做得一团糟，心里还是感到欣喜和欣慰。因为可以幸福地看到，孩子正在茁壮的长大！

在孩子做完家务后，我对她说："宝贝真厉害，和妈妈一起完成了家务。我的女儿已经能够和妈妈分担家务，真是个有责任心的孩子。"女儿经常会很自豪地说："今天我和妈妈做家务了。"让孩子这种参与劳动的积极性，得到充分的体现和保护。

女儿在上幼儿园大班的时候，参加一个小活动，送了一盆绿萝。女儿很高兴，我对她说："花和人一样，想拥有它的美丽，就要付出劳动精心照料要对它负责，你能做到吗？"

女儿肯定地回答："是的，妈妈，我当然可以把它照顾好。"

开始的几天，女儿回到家，走到哪儿要把花盆端到哪儿。可是没过多久，女儿看望绿萝的次数慢慢减少了。有时几天都不给花浇水，女儿把那盆绿萝给忘了。我没帮女儿去照顾那盆绿萝。看着花叶发黄好像要枯死的时候，我让女儿去看她负责照顾的绿萝。

问她："绿萝几天没有浇过水了。"

女儿说："我忘了。"

我说："你看看你照顾的绿萝，再看看妈妈照顾的花，你觉得它想对你说什么？"

女儿不再说话了。赶快去接水来浇花，浇完后安慰绿萝："小花，你别难过，以后我再也不会把你忘记了。"那盆绿萝至今在阳台上郁郁葱葱地生长着，并分出了几盆送给同事朋友，花枝生长的接近两米长。

衡量一个人的价值，并不是为自己做了多少，做了什么，而是为别人做了什么。所有成就伟大事业的人，都有一个非常淳朴的起点，就是为这个世界做了什么？做了多少？责任心使我们能够忠于职守，短时间内的忠于职守并不是难事。难的是面对各种诱惑，各种挑战，面对权威，还能够坚定不移地忠于职守，这才是难能可贵的。一个人昂首挺立并不是难事，难的是当面对各种压力，面临泰山压顶还能够昂首挺立，才是难能可贵的。一个人拥有责任心，即是一种道德的体现，也是一种品格的体现。想让我们的孩子能够自律并敢于担当，先从拥有责任心开始吧。

心灵美才是真的美

用手推开盆中的水，水很快又从左右两侧涌了过来。就算推开千千万万次，手边的水也不会消失。就算故意用力拍打，水还是会回到手的周围。一旦停止动作，盆里的水又恢复了平静。这个社会上有许多你不喜欢的人和事，你总想推开他们，远离他们，但即使可以暂时如愿，不喜欢的事也还是会时有发生。甚至有时，那些你以为已经远离自己的人，又会在不知不觉中回到你身边。无论怎么挣扎，也不能改变这一现实。人生不是一条排除异己的路，就像一个盆中的水，我们需要相互依靠，不可能推开所有不喜欢的东西。因此，与其徒劳地挣扎，不如承认现状，接受现实，相互接纳，认定彼此间的缘分，这样才能让你我的共生之路畅通无阻。

有这样一个故事：

一天，老师讲完圣诞老人的故事后，问学生："如果圣诞老人在圣诞夜给大家送礼物，你们希望得到什么？"

教室里的气氛一下子活跃起来，孩子们一个个争先恐后抢着回答。有要芭比娃娃的，有要一个小妹妹的，有要一个史努比的，还有的学生想要一片花园……

只有一个男孩子，静静地坐在座位上一句话都不说，这种热闹的场面好像与他无关。

他叫韦德，出生不久便没了母亲，父亲在他3岁时也不幸病逝，它是靠奶奶一手养大的。韦德家很穷，但他很懂事，在班里不仅人缘好，成绩也总是排在前列。

老师见韦德不吭声，就走到他跟前，说："韦德，你呢？你最希望得到什么礼物？"韦德慢慢站起来，低着头说："老师，我家的房子没烟囱，圣诞老人能从哪儿进去啊？"他低低的语调含着忧伤。

老师一怔，没想到是这样的问题困住了韦德。老师想了想，微笑着告诉他："圣诞老人无所不能，自会有办法把礼物送到每个人的手里。"

韦德抬起头，眼神显得明亮起来，他抑制不住兴奋地说："要是那样的话，我想要一双棉手套和一双棉鞋！"

孩子们"哄"的一声笑了，这个愿望太微不足道了。韦德也笑了，笑得真挚、纯洁。

"为什么？"老师突然觉得，这个矮小又穷困的孩子，一定有他自己的愿望，绝对不会像听起来那样简单。

"老师的手要写字，一定很冷，有了棉手套就暖和了；奶奶的脚被冻坏了，我希望她能穿上棉鞋。"韦德稚嫩的声音在教室上空盘旋着，学生们顿时安静了下来，一个个若有所思地抿紧嘴唇，似乎有什么东西敲击着他们的心灵。

"老师，我的袜子是补过的，很旧，圣诞老人会往里面放礼物吗？"

忽然，韦德又想起什么似的沮丧地问道。老师还没有来得及回答，孩子们已经纷纷站起来，自告奋勇地说过年时要把自己的新袜子送给韦德，平时最调皮的几个学生这时也认真起来。

看着这些可爱天真的孩子，老师的泪水止不住流下来……模糊的泪光中，她看到有一双温暖的小手正拿起她冰冷的双手贴在他暖暖的小脸上。

即使再贫困的生活，也夺不走一个孩子要奉献爱的心灵。爱其实和富有或是贫穷没有关系。爱是一粒奇特的种子，只要把它种在心里，它就能生长。

人，是善还是恶，是好的念头还是坏的念头，都是无法隐藏的。有时，我们以为它们被层层包裹在内心。其实，它们不仅写在我们的脸上，写在我们的语言里，而且还写在我们的声音里，写在我们的举手投足中。如果想做一个善良的好人，必须从内心开始。用善良的方式去思考，因为善良就像一朵美丽的花，花朵固然美丽，若没人懂她，她就如同不存在。我们用善良的眼睛发现美丽的心灵之花，让美丽的花在每个人的心灵上次第开放。

日本的中小学明文规定：禁止学生穿名牌衣服或名牌运动鞋来学校上课，并对何为"名牌"做了具体的限定。据调查，此举得到了占九成富裕家庭父母的认同。

在美国，对学生是否该着校服上学一直存有争议，但绝大多数州的中小学依然坚持"校服制"，而且赢得了八成以上父母的支持。支持者们并非认为身穿校服能强化集体主义精神或爱惜学校荣誉，而是认定"千篇一律"的校服尽管从表面上看限制了孩子的个性发展，但却成功地避免了贫富孩子在服装上的优劣差别，避免了对穷孩子自尊心损伤的可能。从这一点看，利大于弊。

在加拿大，中小学大多向孩子们提供免费午餐，当然午餐的档次完全一样，因而孩子无论贫富，吃的完全相同。

即便在贫穷的肯尼亚，有幸收到救助的小学，也会给每个孩子发放一份救济品（如寒衣或食品）——不论孩子是贫是富。有人有疑问：富家子弟也许并不缺这份救济品，"照发"是否意味着一种浪费？而学校坚持认为，让大家都能领到一份救济品，穷孩子便会大大减轻心理上的压力和负担。

在澳大利亚，午餐一般由学生自带，但学校规定，所带食品需"统一"为一个汉堡，一瓶可乐，外加一个苹果。这几乎是刻意地模糊贫富概念的做法，在孩子们的心中唤起的是一种极为宝贵的平等意识！

在波兰，当政府实行穷困学生救助时，一律不公布受惠人的姓名、地址。原因很简单：免使穷孩子产生过分的自卑感。对于孩子来说，这种淡化贫富意识的做法，无疑会使他们在涉世之初便学会一视同仁地接人待物，从而形成健康的心理和完全的人格。

孩子本有自己的财富，可是这些天然的财富，却被世俗层层遮挡住了我们成人的眼睛，使我们看不见每个孩子都拥有的梦想，童趣，纯真，无邪和善良。却只看见少数人拥有的锦衣玉食，豪车名宅。我们可以尽情地炫耀孩子身上具有的天赋珍宝，让我们保护好孩子美丽纯净的心灵，和他们纤尘不染的眼睛吧！

要心怀敬意，尊师重教

如果学生藐视课堂，不敬师长，老师就没有好好教书的动力，学生就不可能学到知识。对社会来说，这是一种莫大的损失。把教书育人当成一项神圣的职业，谦虚地向老师学习知识，请教问题，我们的孩子才能真正成长起来。

我们要发自内心地尊敬所有从事正当职业的人，尊敬每一个为社会做出贡献的人。在大千世界里，只要心怀敬意，值得尊敬的事物不计其数。我们每一个人都被赋予了尊重他人的天性，能够发现各种人和事物的可敬之处。这是人类独有的天赋秉性。只有人类才会去尊敬值得尊敬的人，从而丰富自己的内心，提高自身的修养。我们让孩子将这一天性发挥出来，学会尊重他人。

尊重师长，这是个非常朴素的问题。尊师重教，似乎离我们越来越远。孩子要上学，要从老师那儿获取知识。只有当学生尊敬老师的情况下，才有可能从老师那儿学到知识。可是我们很多父母在言行上不注意，将对老师的不满当着孩子的面不加遮拦地说出来。孩子太小，不能站在一个客观的角度上去衡量父母亲说的话是对还是错。

在孩子的世界里，父母就是全部，父母的话他们从来没有怀疑过。孩子是那么单纯，带着对老师的意见和反感去上学，怎么能学习好呢？我们做父母的都知道，孩子喜欢哪位老师，这门功课就学得格外好。如果遇到不喜欢的老师，哪怕以前再感兴趣，功课学得再好，也会走下坡路。因此，父母在孩子面前千万管好嘴巴，不要随意在孩子面前评价老师。即使孩子在学校出现问题，毕竟一个班级有很多名学生，老师不可能将每个学生顾及地面面俱到。在这种情况下，让孩子用善良的方式思考，来理解，体谅老师的难处。这对孩子以后独自走向社会，习惯用善良的方式思考问题，养成理解体谅他人的良好思维习惯大有裨益。一般来说，人都喜欢和一个通情达理的人交往。

知识，是最宝贵的财富。而老师教给我们知识。接受了别人的馈赠，要让孩子懂得感谢，一般出家人都是双手合十表示感激。感谢不是什么大道理，是人类最自然的一种情感表达。在日常交往中，感激的话，只言片语就能给人带来满足，能给生活带来很多的感动和喜悦。让孩子学会尊敬吧，并真诚地去道谢。表达出内心的喜悦，并将这份真诚和悦传递给更多的人！

灵魂最美的音乐是善良

台湾作家林清玄年轻的时候做过记者，他曾报道过一个小偷，这个小偷作案手法非常细腻，犯案上千起。林清玄在报道的最后写道："像心思如此细密，手法这么灵巧，风格这样突出的小偷，又是这么斯文有气魄，如果不做小偷，做任何一行都会有成就吧！"

20年后，林清玄路过一家羊肉炉店的门口，突然被一个中年人叫住。中年人拉着林清玄的手臂说："林先生一定不记得我了。"他就是林清玄当年报道过的那个小偷。中年人很诚挚地对林清玄说："林先生写的那篇特稿，打破了我的盲点，使我想：为什么除了做小偷，我没有想过做正当的事呢？在监狱蹲了几年，出来开了羊肉炉的小店，现在已经有几家分店！林先生，哪一天来，我请客吃羊肉呀！"

《哈佛通识教育红皮书》里有一句话："大学应该只提供正确的辨别价值的能力，并且相信苏格拉底的名言：关于善的知识将引人向善。"这是教育者们坚信的，关于善的知识将引人向善。

孩子的心灵是一张纯洁的白纸，任何一丝污浊都能在上面留下痕迹。所以，在孩子成长的天空，不要乌云，不要尘嚣，让孩子在干干净净的环境长大，这个世界太需要至纯的美和善的装点。善，不只是说，更是行动，从身边最细微的行为做起，真正宝贵的善，是根本不知道自己在做善事。

有一天，你在路边栽下一棵小树，多少年后，你经过这里。正好累了，需要休息一下，这棵树正好给你一片阴凉。也或许，栽下小树后，你永远不会再经过这里，可是这棵树照样给别的人带来阴凉。虽然，你没有享受这棵小树带来的阴凉，可是，你在别处享受过同样的凉爽。让至纯的美和善在人与人之间相互传递吧。

在女儿盈盈小时候，临近夏天，发现家里粮食生了虫子，看着一大袋扔掉觉得可惜，突发奇想放在阳台窗外，看会不会有鸟儿来吃。开始几天，静悄悄的，以为鸟儿根本不会知道这里有可吃的粮食。心想，扔了也是扔了，再等等吧。突然有一天，鸟儿清脆的鸣叫伴随着朝阳迎面扑来。

盈盈高兴地喊着："小鸟，小鸟，妈妈，小鸟来吃食了。"从那以后，阳台上再没有间断过来吃食的鸟儿。生虫的粮食早已经没有了，这一喂，就是六个年头。有时喂给小鸟煮熟的米饭，女儿发现有的鸟儿叼着一团米饭飞走。问我："妈妈，小鸟是回家喂宝宝吗？"

尤其在夏季，每天早上都是听着清脆的鸟叫声起床，天刚刚放亮，鸟儿就成群地来吃食，有时一次来20多只。夏季雨水多，粮食被雨水浇得鸟儿没法吃，我和女儿想出办法，找来一把雨伞撑在那儿，不但可以遮挡风雨，也可以遮挡烈日。

有一天，女儿在卧室叫我："妈妈，你看，小鸟在做什么？"从卧室的窗子正好看到阳台的侧面，那儿站着一排休息的鸟儿。在阳台和墙壁的拐弯处，居然有一个小小的鸟窝，鸟儿在那儿梳理着羽毛，小鸟在这里安家了。一年四季，我家都能听到清脆的鸟叫声，有时小狗朵朵会对着成群结队来吃食的小鸟叫，好像和鸟儿在打招呼。

和女儿一起去超市买菜，我问女儿："我们买只鸡，妈妈给你做着吃。"

女儿说："可是妈妈，小鸡是活的，不可以吃。"

我说："小鸡是别人已经收拾好的，不是活的。"

女儿说："那也不可以，小鸡多可爱，不能吃。妈妈，我不吃肉，一样可以长得壮。我只吃蔬菜，多吃蔬菜，身体能健康，多吃菠菜，还可以变成大力水手。妈妈，我不吃小鸡。"

听了女儿的话，我没买肉，女儿的善良，似乎要照出一个渺小的我来。

当给孩子讲述一座山，不但要让孩子理解这座山，还要让他的人格像山一样挺拔俊朗；当给孩子介绍一条河时，不但要让孩子知道这条河，还要让他的性情像水一样清澈流畅。别说我们身无长物，至少我们还有微笑。面对世界，我们给个善意的微笑吧！面对身处困境的人，我们给一个善意的微笑吧！面对一个伤心的人，我们给一个善意的微笑吧！面对一只小狗，我们给一个善意的微笑吧！面对一朵花儿，我们给一个善意的微笑吧！善良不但给别人带来幸福，还能给自己带来快乐，善良是擦亮世界那双温暖的手。

分享一篇女儿写的文字作品：

善良的托尼

托尼是个善良的小男孩，他从不给别人添麻烦，他的爸爸过早地去世了，留下了贫困的妈妈和一个很小的妹妹。

托尼的妈妈每天都在干活，可还是很难养家糊口。看着劳累的妈妈和渴望有个布娃娃的妹妹，托尼很想帮助他的妈妈。

托尼放学要经过一个花店，看到每束花都能卖几块钱，托尼一下想到了，几公里外的林地里有很多漂亮的野花，如果把那些野花采来卖，一定会有人买的。然后，每天放学后，托尼便骑上他的自行车到几公里外的林地采漂亮的野花。托尼把采好的野花一束束地捆起来，在黄昏的时候就能赶到夜市卖。

"先生，您看，这花多美，只要两块钱，您不买一束送给您身边这位迷人的女士吗？"托尼那么有礼貌，很少有人能拒绝他，都十分乐意买托尼的花。第一天托尼就挣了10块钱，托尼非常高兴，用这些钱都为妈妈买了食物。

第二天，托尼挣得更多，他花了八块钱为妹妹买了布娃娃，剩下的钱托尼都拿给了妈妈。妈妈高兴的眼睛里含着泪水："托尼，你真是好孩子，妈妈不知道怎样赚更多的钱为妹妹买玩具，可是你做到了，我能看到我们的家会越来越好。"就这样，托尼每天的收入可以帮助妈妈买够每天需要的食物。

林地里的花一过夏天就没有了，以后该怎么办呢？妈妈又要干很多的活，才能勉强得养家糊口。托尼想，我还要想个其他能挣钱的方法。这样，即到了秋天，林地里没有花我还能挣到钱，为妈妈买食物。

托尼用卖花的钱，买了鞋油和鞋刷，他从家里拿了一个板凳，放在街角。对每位鞋不太干净的人说："请让我给您的鞋擦擦油吧。"托尼总是那么有礼貌，说话那么有修养，很少有人拒绝他，都十分乐意让托尼给自己的鞋擦油。

这样，托尼在放学后和周末，都能赚到钱，帮助妈妈买足够家里吃的食物，明媚的阳光照射着大地，树上的小鸟在清脆的歌唱，好像都在为托尼喝彩呢。

孩子凭什么优秀

方法篇

宝贝成长自信盒

　　成功可以走向大的辉煌，成功也让很多人走向衰落。成功让一些人更加严谨慎重，一丝不苟。也会使一些人失去理性，忘乎所以。能保持本性的人，任何时候都能处之不惊，淡定从容，如同以往。本性，就是原来的自己，天生具有的性情，一个没有经过荣辱粉饰过的自己，那个最真实的自己。可是人在成长的过程中，往往会迷失自己，尤其是孩子，更需要父母告诉她究竟是谁，你是怎样的出类拔萃，又怎样的别具一格，谦虚谨慎。

　　女儿上学后，老师很快就找到我。

　　一见到我，第一句话就说："你别再教孩子了。"

　　我一愣，问老师："为什么？"

　　老师说："她总是拿起题就做，我觉得好奇。让她把书后面的题做做看，结果她还是拿起来就做，并且都会。"

　　我奇怪地问："老师，这样不好吗？"

　　老师说："有太多孩子，家里教的多点，自己觉得特别能，上课都不好好听讲。抢着回答问题，耍小聪明，慢慢成绩就下来了，本来好好的孩子就这么毁了。"

　　我问老师："盈盈出现这样的情况吗？"

　　老师说："这倒是没有，一出现不就晚了吗？你别在家教她了。"

　　我对老师说："老师放心吧，以后也不会出现您刚才担心的那种问题。"

　　老师用一种狐疑的目光看着我……

　　为什么我敢说那样的"大话"？因为在孩子成长的过程中，我教给她知识的同时，还教给她要谦虚，要脚踏实地。一个人所拥有的成就往往和她谦虚的程度成正比。即使拥有再好的天分，如果不去努力也会始终站在原地，永远无法达到一定的高度。

一年级的孩子，开始差距都不大。有的孩子能言善辩，反而更加让人喜欢。盈盈不是能言善辩的孩子，甚至都不会主动张口说句话，更别说像其他孩子那样，见了老师能表达出对老师的喜爱。女儿一直默默无闻，幸亏老师都能从她认真听课的小脸上，看出这是个懂事上进的孩子。

女儿一年级时的学习成绩并不理想，甚至没有进过前十名。我从来没想过让孩子考试必须考多少分，我的要求是，考试只要考A就行。家中有小孩上学的父母都知道，一年级的小孩一般都考A。借用老师的一句话："现在的孩子都是高分段，考B的都是倒数了。"我不想让孩子为争得第一名，用数小时的额外学习，换取两三分的成绩，这个时间我宁愿让孩子痛快去玩。

可是在一天晚上睡觉前，我和女儿谈心，女儿突然哭了起来，止不住的眼泪。

我搂着女儿问她为什么哭得这么伤心。

女儿说："妈妈，如果我不粗心，可以像考100分的同学那样该多好。"

我问："为什么要像其他同学？"

女儿说："那样我就可以得100分了。"

我说："可是你有着其他孩子不具备的优势，你是独一无二的。妈妈从来不把你和任何人比较，你更不要拿自己和别人比较。"

女儿疑惑地问我："可是妈妈，我有什么独一无二的？"

我说："看你自己叠的小衣服，铺的被子，多整齐。你对朵朵那么善良，朵朵多幸福。每天自己洗刷从来不要爸爸妈妈督促，同学们那么喜欢你，玩的时候都想加入你的队伍。你学习总是很认真，从来不要爸爸妈妈费心。你才这么小已经能自主阅读而且还坚持写日记。尽管试卷没得100分，可是你试卷上的小短文，写得那么好，妈妈看都看不够。你还很谦虚，从不张扬。"我滔滔不绝地说了很多。女儿疑惑地看看我，似乎很奇怪为什么在妈妈眼中，她会有这么多的优点。

女儿睡后，我想，纵然女儿有一万个优点，我不可能每天像晨祷一样，醒来就告诉她的优点是什么，我希望女儿每天都充满快乐自信地度过。可是，有什么好办法让女儿知道自己有如此多的优点？让她的每一天都过得快乐自信呢。

第二天，我去时尚用品店，买了一个漂亮的包装盒。回到家，我把女儿的优点一一写在小纸片上，放在盒子里。

纸片上写着："2011年3月20日，女儿把自己的书桌收拾得干净整洁。"

"昨天，盈盈数学考试只差一分就满分。并且自己说，如果不粗心，这一分也不会丢。"

"我的女儿是个虚心的孩子。"等等。

女儿放学回家后，我把这个漂亮的盒子拿给她。女儿高兴地打开，看到里面装着大半盒小纸片，每个纸片上都写着她的一个优点，很惊讶自己为什么有这么多的优点。

我告诉女儿，每天把自己认为做得满意的事写在纸片上放在盒子里。我们给盒子取了个名字"宝贝的成长自信盒"。每当自己迷茫，不自信的时候，随时打开，看看自己是个有着无数优点的好孩子。女儿非常开心，从那以后，每天盒子里都会多出两三个写着优点的小纸片。

一个小小的"宝贝成长自信盒"让女儿不断找到自信，从那以后，一百分与女儿结了缘。尽管小学时的一百分不代表什么，可是女儿从中感受到自信和快乐。女儿依然保持着谦虚的学习态度，因为自信盒里的优点纸片上写着"我是个谦虚的好孩子"。

任何一个人都具有别人所不具备的优势。我可能不擅长踢球，可是我擅长跑步；我可能没有靓丽的容颜，可是，我善良热情；我不能言善辩，可是我擅长写作。总会有一件让我显得出类拔萃的事情，总会有一个别人不具备的别具一格的特色。可是，我们常常看不到它们，所以，也感觉不到它们存在的力量。因此容易气馁，容易失望，感到困难，便容易自轻自贱，容易轻易放弃。给孩子一个"成长自信盒"，当孩子在成长的过程中出现消沉的时候，让孩子用心灵去打开它。

哭永远解决不了任何问题

孩子告诉父母的话

★我的手很小,无论在什么时候,请别要求我把什么都抓住。我的腿很短,请慢些走,以便能跟上你。

★我的眼睛并不像你那样见过世面。请让我自己慢慢地观察一切,并希望你不要对我加以过分的限制。

★家务总是繁多的,我的童年却很短暂。请花一些时间给我讲一点有关世界的奇闻,不要仅把我当作取乐的玩具。

★我的感情是脆弱的。请对我的反应要敏感点,我的哭闹和不高兴的情绪背后,都有你需要关注的原因。

★我是上帝赐给你的一件特别的礼物,请爱护我。不要让我的身体和心灵受任何伤害。

★你不能一辈子在我身边,所以请你告诉我将来靠什么生活,请你从现在起就开始训练我的各种技能。

★我需要不断的鼓励,不要经常严肃地批评和威吓我。要记住,你可以批评我做错的事情,但不要批评我本人。

★请给我一些自由,让我自己决定有关的事情,允许我做错事或不成功,以便从错误中吸取教训。总有一天,我会随心所欲地、正确地决定自己的生活。

★不要试图把我同别的孩子作比较。我是独一无二的,我有我的方式,我有自己的行动准则。

★不要怕我同你一起去度周末。小孩需要从父母那里得到愉快,像父母从小孩子那里得到喜悦一样。

一颗温暖的心比一双暴力的手更容易让人折服。如果方法错了，我们越努力，失败就来得越快。孩子是父母手心里的宝贝，养育他们不像养育一株草那么简单，呵护、陪伴、保护、指引、欣赏……无论哪一种都不可或缺。我们应该感谢孩子，他们教会了我们像一个父亲或一个母亲那样生活。和他们成为朋友，共同成长，这是人生多么大的快乐事。

孩子上学后，女儿的一个小同学因为经常哭，被父母惩罚不让上学。并且对任何人都说："我这个孩子就胆子小，喜欢哭，让她哭，让她一次哭个够。"我听到后，真觉得心疼那个孩子。如果父母不了解自己的孩子，孩子早上醒来要哭，饿了要哭，找人抱要哭，见到陌生人要哭，吓着了要哭，跌倒了要哭，生病了要哭，被冤枉了要哭，做错事了要哭，想睡觉要哭，一天平均怎么也要哭上十几回。可是现在孩子已经上学，可以表达自己，为什么还哭？父母真应该好好检讨一下自己。

首先从父母的语言中，已经对孩子做了肯定的评价，孩子胆子小，喜欢哭。父母如果经常这样暗示孩子，孩子会觉得，如果不胆子小，不喜欢哭，那一定是不正常的，那就不是我了。这是一种消极的语言暗示，而且是很多父母经常使用的一种消极语言暗示。没有哪个孩子天生就特别爱哭，孩子从出生起，所有知道的东西都是通过向父母和接近的人学习模仿得来的，有些显而易见的，孩子易于模仿和学习，但有些道理只能通过父母对孩子的理解来告知孩子。很多情况下，孩子哭是因为不知道还有比哭更好的处理问题的方法，父母应该告诉孩子，哭解决不了任何问题，有比哭更好的处理问题的方法。

当孩子遇到问题时，自己不知道如何处理，习惯性地用哭来表达。此时，父母应该理解体谅孩子，设身处地为孩子着想。告诉孩子，有比哭更好的处理问题的方法。等孩子停止哭泣的时候，和孩子一起找清楚问题的原因，并和孩子一起动脑筋想办法，找出解决问题的方法。以后孩子再遇到这种情况，就知道，冷静地面对问题，找出解决问题的方法，因为他知道，哭，永远解决不了任何问题。

当我们童年时，我们会拿一个贝壳当礼物，没准还说"这是一只会走路的贝壳"。当我们成为少年，我们的礼物会变成玫瑰，再加上海誓山盟；当我们成年的时候，我们的礼物已经变成金钱和财宝；等我们年老后，也许我们想得到的最好的礼物就是回忆和一声真挚的问候——那时候，我们最想得到的，就是童年时的那一枚小小的"会走路的贝壳"。让我们永葆童心，真正设身处地为孩子去着想，我们童年的遗憾不要翻版在孩子身上再现，想想我们在年幼的时候希望有什么样的父母，我就做那样的父母吧。

提高孩子的观察力和专注力

专注力，又称为"注意力"，是指我们的视觉、听觉或者其他心理活动集中于某一种特定事物和活动的能力。良好的注意力和观察力，这是优秀的孩子必须具备的素质。可是怎样提高孩子的观察力和注意力呢?

女儿两岁时，我为她买了一本大搜索的书，没想到女儿一下子喜欢上了，每天晚上都要和我在书里找啊找。根据里面的提示找出有几个圣诞节彩蛋、几个南瓜、几辆马车等。女儿很爱惜书籍，从不用笔在上面画。每天晚上除了讲故事外，我们都要大搜索，无意中学会了数数。

小孩子都喜欢做赢家，刚在书中搜索时，开始女儿的速度并不快，我刻意放慢速度，有时用手指给她一点提示，让女儿找到，每次找到女儿都会高兴地欢呼雀跃，后来找的速度越来越快，那本书来来回回找了几十遍。于是，我为女儿又买了全套《视觉大发现》。这套书来回来后，带给我惊喜，它让孩子观察地更细致性、反应更敏捷。书中的照片上看似杂乱无章的物品陈设，但都是经过精心设计和摆放，能够让孩子突破心理定式、驾驭丰富联想、躲避视觉圈套，在完成各种找寻任务中体验发现的乐趣和顿悟的喜悦。这些搜寻游戏可以让女儿一个人自得其乐，有时我们全家也一起互相比赛，看谁能用更短的时间，找到的更多。这时女儿查找能力已经非常快，能够实实在在赢到我。

两套《视觉大发现》，反反复复查找几十遍后，我们又买了《威利在哪里？》，这套书籍比《视觉大发现》难度上又要大很多，此时我根本无法达到女儿的查找速度，每每都会败下阵来。上面密密麻麻，眼花缭乱，女儿总能准确快速地找到要查找的物品在哪，无论多么细微的差别，也逃不过她的眼睛。

在女儿幼儿园小班的时候，我买了一张中国地图、一张世界地图，贴在我们床头。我经常和女儿在地图上玩大搜索的游戏，我说个地名，然后和她一起在地图上找。小孩子喜欢做赢家，我就装傻充愣，有时用手指给孩子做个提示，每每找到，孩子都高兴地欢呼雀跃。

在女儿还在幼儿园的时候，有一次听到女儿叫我："妈妈，我找到雅鲁藏布大峡谷了。"我就赶紧跑来看，惊讶又喜悦地说，"这么难的字我女儿都能认识？中国的雅鲁藏布江大峡谷可是世界上最深的峡谷。就这样被你轻松找到了。"

然后对女儿说："看看能不能找到青藏高原，这个可不容易找到，如果找不到，你就要输了。"我装作很得意地等待女儿输。

结果女儿很快就找到了，我又惊讶地说："世界海拔最高的青藏高原又被我的宝贝轻松找到，真是太没有面子了。"

当女儿对我说："妈妈，我总结了一下，感到很多国家的国旗都和英国国旗很相似。"

我听到的时候感到很惊讶，对女儿说："那些都是英国的殖民地或前殖民地，这都被我的女儿发现了，如果不说，妈妈还以为是你在书里看到的呢。"女儿成长的这些年，很感谢大搜索类的书籍，让女儿在惊喜中不断有一些意想不到的新灵感、新发现。

我们经常会说："机会都没有了。"飞机让莱特兄弟发明了；相对论已经让爱因斯坦发现了；小说让海明威给写了；歌剧都让莎士比亚抢先了；互联网让比尔·盖茨给做了。其实我们身边每时每刻都充满了创造奇迹的机会。哥伦布把发现美洲的机会抢走了，当大家都愤愤不平时，哥伦布没有恼怒，对那些有意见的人说："如果你们有兴趣，我想提议在座的每一位做一个小小的游戏。很简单，看谁能把一个鸡蛋竖立起来。"

每个人都尝试着把鸡蛋竖立起来，结果都失败了。最后大家一直认为，这是不可能办到的事。这时，哥伦布顺手拿起一个鸡蛋，把尖端往桌面上轻轻一磕，鸡蛋就稳稳地立住了。哥伦布表情严肃地说："各位，你们都说这件事情不可能办到，但是我做到了。这是世界上最简单的事情，但等你们知道应该怎样做之后，谁都能做到了——关键在于谁先想到。"

每个人都拥有世间万物，但常常听到有人说自己一无所有。我们没有成功，是因为没有思考，更没有行动。每个人都有过许多机遇，只有一直坚持到最后的人才知道，世界上没有"不可能"。伟人和凡人的差别，主要在于，是否坚持到了最后。其实，成功就站在失败者的后面，朝前走几步，你就能看得清楚。每一本书，都蕴涵真知和真理，我们去读懂它，掌握它的精髓，并学会在生活中怎样有效地运用，这难道不是一笔巨大的财富吗？

提高孩子的学习效率

一位赛车手一赛完车，就回来向妈妈报告比赛的结果。他冲进家门叫道："妈妈，有35辆车参加比赛，我得了第二名！"

"这值得高兴吗？要我说——你输了！"妈妈回答道。

"妈妈，你不认为第一次就跑第二是很了不起的事情吗？而且有这么多辆车参加比赛。"他抗议着。

"你用不着跑在任何人后面。如果别人能跑第一，你也能！"妈妈严厉地说。

这句话深深刻进儿子的脑海。

接下来的20年中，他称霸赛车界，成为运动史上赢的奖牌最多的赛车选手。他就是理查·派迪。

他的许多项纪录到今天还保持着，没人能打破。二十多年来，他一直未忘记妈妈的责备——你用不着跑在任何人后面。

不论任何比赛，一定有第二名。看清楚自己的实力，只要参加比赛，就要争取拿到第一名。我们可以心平气和坦然地接受第二名的成绩，但决不能心安理得地满足第二名，"取法乎上而得乎中"。

理查·派迪的妈妈正因为此而责备他。如果这一次因为得到第二名而沾沾自喜，那么下一次比赛，一定会比第二名还不如。我们绝不目中无人自高自大，但也要认清楚自己不甘为人后。每个人的每一天都有同样的时间，为什么在同样的时间做相同的事情创造出的价值不同，其根本在于做事的效率。

盈盈学习效率很高，在英语上，连带听力部分，7分钟做完一份英语试卷。20分钟做完一份数学试卷，基本看过写过，因此，总感觉女儿有很多时间做她喜欢的事。学习效率高，就好比别的同学每天24个小时而效率高的孩子每天有30个小时一样，这也是保证学习质量的一个重要因素。每位父母都希望自己的孩子学习效率高，这是个非常好的学习习惯。学就心无旁骛痛快地学，玩就淋漓尽致地玩，这样的孩子想不优秀都难。

女儿有个比较要好的同学，父母总是抱怨孩子学习效率太低。写作业很慢，作业有时写到夜里11点。睡眠根本不够，白天上课疲惫打盹，形成恶性循环。正值暑假，孩子的父母拜托我帮助她的孩子提高一下学习效率。

当孩子把假期作业拿来后，我问她，作业上的题都会做吗？孩子的答案是肯定的。

我继续问："每天这三样功课，完成自己制定的学习任务，大概需要多长时间？"

孩子说，大概两个半小时。

我说："那我们就预计两个半小时，只要提前完成学习任务，剩余时间都由你们自己来支配。在这个时间内，阿姨不会干涉你们任何事情。玩也好，读书也好，玩电脑，看电视，任由你们做，那是对你们高效率学习的奖励。"

然后盈盈和她的小同学，书桌一边一个，头不抬眼不睁地写了起来。我不去打扰孩子们，只是偶尔用相机记录下来孩子们专心致志的样子。什么时候当孩子需要自信的时候，我可以找出照片对孩子说"看，你曾经有怎样的学习劲头，你一定还会做得更好。"

很快，孩子们把学习任务都完成了，共用时27分钟。孩子不敢相信自己，但是她的确做到了。然后我兑现承诺，剩余的时间由孩子们自己支配掌握。孩子们快乐地像小鸟一样，去安排自己高效率学习获得的奖励时间。

在那几天里，女儿的那位小同学每天都精神饱满地面对自己的学习，真为这个孩子取得的进步感到高兴。可是，教育孩子是父母的事情，依靠任何人都不行，谁都无法像父母一样每天都有机会陪伴在孩子身边。

不久后，这个孩子的妈妈见到我又开始牢骚满腹抱怨自己的孩子写作业太慢。很多时候我们又想让孩子好，自己又不肯反思，不肯用心付出，孩子怎么能好起来呢？教育孩子是个长期坚持的过程，不是只"想"就能实现的事，要依靠脚踏实地地"做"，是既要劳力又要劳心地做。

这个孩子又开始萎靡不振闷闷不乐的状态，见到我都要很快低下头去，怯生生地叫"阿姨"。大概觉得自己现在的状态辜负了我曾经对她的赞扬和信任。孩子的错都是大人的错，直到现在，只要有机会见到这个孩子，我都会拥抱她一下。告诉她："你在阿姨心里一直都是那么棒！"

人们经常说，两军交战要知己知彼，方能百战不殆。我们为人父母，是不是要经常反观自己——做到"知己"了吗？做到了解自己的孩子吗？我们了解自己不容易。对孩子的了解，总不会如此难吧？即使连自己的孩子都不了解，我们总应该懂得欣赏自己的孩子吧。如果没做到"知彼"不能定胜负，那么没有做到"知己"势必会失败。孩子的一生不如意的原因就在于我们做父母的自身。万般世事皆是如此。希望每位父母都能知道"知己"的重要性，不要因为自身的缘故，耽误孩子的一生，从而留下终身的遗憾。

方法篇

怎样才能“坐得住”

一位母亲写给世界的信：

亲爱的世界，我的儿子今天开始上学。在一段时间内，他可能会感到既陌生又新鲜，我希望你能对他温和一点。

你知道，直到现在，他一直是家里最受宠的人，我从没有离开过他的身边。

可是现在，他将走下屋前的台阶，挥挥手，踏上他伟大的冒险征途，途中也许会有失败、泪水和伤痛，但我告诉他，必须面对。他要在他必须生存的世界中生活，他需要信念、爱心和勇气。

所以，世界，我希望你握住他稚嫩的手，教他知道一些事情。教他——但如果可能的话，请温柔一点。

教他知道，世界上有一个恶棍，就有一个英雄；有一个奸诈的政客，就有一个富于奉献精神的领袖；有一个敌人，就有一个朋友。

教他感受书本的魅力，给他时间，去安静地思索自然界中永恒的神秘：空中的小鸟，阳光下的蜜蜂，青山上的花朵。

教他知道，失败比欺骗要光荣得多；教他要坚信自己的思想，哪怕别人都予以否定；教他可以把自己的体力和脑力以最高价出售，但绝不要出卖自己的爱和灵魂；教他对暴徒的嚎叫不屑一顾……并且在认为是对的时候冲上去战斗。

以温柔的方式教导他，世界，但不要溺爱他，因为只有烈火才能炼出真钢。

这是个很高的要求，世界，请你尽力而为。他是一个多么可爱的小伙子。

这是一位母亲的嘱托，她只是在对世界耳语吗？不，她是在对每一个人说话。对于你自己的孩子，对于你看见的每个孩子，你发誓，你都会如此对待吗？面对着我们连生命都能毫不犹豫给予的孩子，当他呱呱坠地来到这个世界，无条件地信任和依赖我们，我们为孩子的一生做好打算了吗？每年春节我们都会收到很多祝福，也会送出很多祝福，是因为每个人都希望今年在去年的基础上有所提高，明年在今年的基础上有所收获。一日之计在于晨，一年之计在于春，一生之计在于童。世上的人形形色色，但是每个人都有自己的打算，口袋里装200块钱还要计划着怎么花呢，孩子宝贵的一生我们是否给做好规划？

一个优秀的孩子，一定是能坐得住的孩子，我希望盈盈是这样的孩子。女儿两岁多上幼儿园托班，两岁多的孩子一般只能安静地坐10分钟左右，也就是说注意力只有10分钟。一个坐不住的孩子，注意力无论如何也不会长久。我希望孩子现在开始自主学习的练习，该如何延长孩子安静的时间呢？

我把盈盈五颜六色的书籍摆放在写字台上，女儿每天下午从幼儿园出来，一般先去广场玩，玩完后回家吃晚饭，晚饭后突然发现写字台上五颜六色的书，爬到椅子上，在写字台上翻看她的书。我走过来，带着惊讶地说："这是谁啊？我真不敢相信，我的女儿正在做着大孩子才能做到的事，居然主动到书桌前学习了。"我捧起女儿的小脸，带着喜悦和真诚看着女儿清澈的眼睛，使劲地亲了亲女儿的额头，女儿更认真地看书了。

接下来的时间，每天我都把五颜六色的书籍摆在书桌上。有时，女儿在晚饭前就迫不及待在书桌前看书。

我会真诚赞扬她："我的女儿每天都在进步，能像大孩子一样主动学习。"

女儿更加充满自信认真地看书。在女儿很有读书兴致的时候说："累了就休息，不看了。"

女儿往往会坚持读下去。我会在女儿面前，用积极暗示对其他人说："盈盈学习主动认真，我让她停下来休息她都不愿意，她就是这样一个爱学习的孩子。"这在女儿心里形成一个印象，她就是一个积极主动学习的孩子。

方法篇

偶尔盈盈也有贪玩的时候，忘记去书桌看书。

我会在书桌前，假装和书桌说话："书桌啊书桌，你在说什么？不让我坐在你的面前，只让那个最好的孩子坐。你可不能这么偏心眼，现在她没看到，就让我坐一会儿吧。"

女儿会用最快的速度跑过来坐好，这个方法屡试不爽，有时，我和女儿抢着坐。

在陪同女儿成长的过程中，我体会到无数的快乐和幸福。

这样，我们为最初的学习做好了准备。当我希望女儿读哪本书，或做某本题。但是根据我对女儿的了解，这本不是女儿喜欢的。

我会在女儿面前对着书说话："你在说什么？只有最好的孩子才能把你打开。我还是不让女儿看你了，万一她打不开，该有多伤心啊。"

这时，女儿一定会过来拿这本书："妈妈，我行的，我能打开它。"

我把书递给女儿，女儿接着就把书打开了。

我继续说："这可是好孩子才有资格读的书啊，这说明盈盈是好孩子。谢谢你了，可爱的书，愿意让盈盈读你。"

接下来，女儿会津津有味地做题，或让我把故事读给她听。

就这样，循序渐进，孩子在书桌前的时间越来越长，学习兴趣越来越浓厚。她知道，只有好孩子才有这样的学习机会。

亲爱的孩子，无论遇到风吹雨淋，你的信念里，都要有足够的耐心牢牢扎下自己的根。在世间万物最钟爱的时间里，你没有白白耽误和失去时间，而是无时无刻都将饥渴的根深深扎入知识的大地，那扎入大地最深处的根须，在暗中为你选择肥力，让它们如千万细流不停汇集，汇入那不竭的智慧深泉，并将知识向绝顶传递，开出更绚丽昂扬的花。

用积极语言暗示为孩子上幼儿园做准备

小蜗牛问妈妈："为什么我们从生下来，就要背负这个又硬又重的壳呢？"

妈妈："因为我们的身体没有骨骼的支撑，只能爬，又爬不快。所以要这个壳的保护！"

小蜗牛："毛虫姊姊没有骨头，也爬不快，为什么她却不用背这个又硬又重的壳呢？"

妈妈："因为毛虫姊姊能变成蝴蝶，天空会保护她啊。"

小蜗牛："可是蚯蚓弟弟也没骨头爬不快，也不会变成蝴蝶他什么不背这个又硬又重的壳呢？"

妈妈："因为蚯蚓弟弟会钻土，大地会保护他啊。"

小蜗牛哭了起来："我们好可怜，天空不保护，大地也不保护。"

蜗牛妈妈安慰他："所以我们有壳啊！我们不靠天，也不靠地，我们靠自己。"

女儿两岁多了，春天就要告别亲子班准备上幼儿园的正式班。上幼儿园是成长的必经阶段，孩子初步离开熟悉的家去感受集体生活，可是这个阶段孩子接受起来并不容易。

第一次离开日夜相伴的亲人，到一个陌生的环境，孩子幼小的心灵是否能够适应，这需要一个过程。所以每天早上幼儿园门口都能听到孩子不舍的哭声和父母亲人不忍离去无奈的背影。其实，孩子开始上幼儿园是好事，说明孩子在长大。孩子是雏鹰，应该让他们变得坚强，为以后凌空翱翔做好准备。看到幼儿园门口每天早上，孩子与家人不舍痛哭的小模样。我想，如果我的女儿这样，我会因不舍而再把她抱回家的。

我想一定要为女儿上幼儿园做好准备。幼儿园离家很近，我们经常带着她去幼儿园附近玩，告诉她："这就是幼儿园，长大的孩子每天都到这里学习生活，一起吃饭，一起做游戏，还有老师教给很多知识。"

有意让女儿和幼儿园里的阿姨接触。对她说，"这就是幼儿园老师，像妈妈一样，等你上幼儿园的时候，就由这些阿姨代替妈妈照顾你，还会教给你很多很宝贵的知识。"

然后我故作感叹："我的孩子什么时候能像这些哥哥姐姐一样，到这里上幼儿园呢？"

就这样，女儿慢慢熟悉了幼儿园的环境。幼儿园开学第一天，场面非常热闹，孩子有哭的、有闹的、有坐在地上不起来的，还有挣脱爸爸妈妈的手拼命向外跑的。女儿很安静，拉着我的手，看着这一切，老师把女儿接过去，女儿懂事地和我再见，便被老师抱进教室。我心里很不舍，可是孩子早晚都要离开父母离开家，好在女儿被抱过去的时候是快乐的，这让我的内心稍许有些安慰。

以后，每天送女儿去幼儿园，总能听到其他父母对自己的孩子说："你看看人家比你还小，上幼儿园都不哭。"其实，孩子哭与不哭很简单，只是提前一步想到和做到而已。

女儿幼儿园后，每次接她回家的路上，我都要问："今天玩得开心吗？老师教儿歌了吗？可以说给妈妈听吗？"女儿那时的发音不准确，但还是会"呀呀"地说给我听。我认真听完后，故作惊讶地说："我的宝贝真神气，会说这么多的儿歌了，妈妈好羡慕你！"

女儿听到我的赞扬后，都会表现出很神气的样子。其实孩子上幼儿园我也担心，每天把她送到幼儿园，如果开心地和我再见，我心里还会感觉轻松。如果她有一点为难或不高兴，我的心就会紧张起来，一天也放不下。哪个爱孩子的父母不希望自己的孩子每天都是快乐的呢？想想孩子在家时，一家人围着一个孩子转，还有照顾不周全的地方。幼儿园3位老师要照顾20多个那么小的孩子，哪有多余的精力去格外照顾我的孩子。并且，如果对我的孩子格外照顾，对别人的孩子也是不公平的。

有时，看到孩子从幼儿园回来，直到睡觉都不去一次卫生间，我知道在幼儿园水喝得太少。有一次，从幼儿园接回来，看到厨房里有个前一天晚上剩的包子，皮都有点硬了，是准备和她一起喂鱼的。女儿看见后，拿起来就吃，等我发现时，吃的只剩下一点皮了。我心疼得真是无以复加，我知道孩子在幼儿园没吃好午饭。所以每天送去幼儿园，我都要叮嘱：要多喝水，要好好吃饭，不要和小朋友吵闹，要谦让小朋友，有自己解决不了的事就去找老师。像复读机一样每天早上说一遍。

尽管每天去幼儿园千叮咛万嘱咐，送完后还是不停地牵挂着。只是，我们的担忧不能让孩子觉察到，孩子幼小的心灵非常敏感，能从我们说话的语气和表情中读出我们的心思。因此，不能让孩子感觉到我们内心的这种担忧。如果那样，孩子就会对幼儿园产生抵触，会讨厌上幼儿园。因此，我总是快乐地对女儿说："你看幼儿园多好，有那么多小朋友和你玩，还有老师教给你宝贵的知识，能上幼儿园的小朋友真幸福"。

这是对孩子一种积极的语言暗示。我们经常听到父母抱怨：幼儿园的老师不管孩子，孩子没吃完饭就领走了，在幼儿园哪能和家里比，在家里照顾的多舒服，等等。这些消极的话被孩子听见，孩子怎会不讨厌上幼儿园？没准孩子在心里感到莫名其妙，这么不好的地方，为什么要让我去？上幼儿园又怎会不哭？因此，我们在孩子面前多用积极语言，少说消极的话，长此以往对孩子的性格也是一种积极影响，孩子思考问题也会较通达和乐观。同样的半杯水，积极乐观的人会说："我的被子还有一半是满的。"消极悲观的人会说："我的杯子已经有一半空了。"生活给了我们同样的东西，可我们却用两种心情去领悟。于是，就有了两种人生，两种命运。

当孩子说我不想上幼儿园时

一只小猪、一只绵羊和一头乳牛，被关在同一个畜栏里。有一次，牧人捉住小猪，它大声号叫，猛烈地抗拒。绵羊和乳牛讨厌它的号叫，便说："他常常捉我们，我们并不大呼小叫。"小猪听了回答道："捉你们和捉我完全是两回事，他捉你们，只是要你们的毛和乳汁，但是捉住我，却是要我的命呢！"

立场不同、所处环境不同的人，很难了解对方的感受，孩子的内心更是如此。当孩子认同了你，可能会拿出珍藏的巧克力和你分享，你千万不能小看和你分享的这块巧克力，对于孩子来说，可能像巴菲特捐出的350亿美金一样的慷慨。父母和孩子成为朋友，和孩子一起成长，快乐着他的快乐，忧伤着他的忧伤，把心贴紧孩子的心灵。只有这样，才能真正站在孩子的内心，切实地感受孩子，了解孩子的所思所想，所求所需。

盈盈在幼儿园顺利升到大班，孩子比较幸运，遇到的老师都很好，感谢这些老师们，给了盈盈这么多美好的感受。在刚上大班的时候，女儿说新换了一位老师，我想，孩子这次像往常一样也能很快适应新老师。并且看女儿的日记中写道，她的新老师表扬了她，这让我很放心，孩子喜欢她的老师对孩子上幼儿园的积极性也是一种促进。毕竟，孩子每天和老师有8个小时在一起。

可是，没过多久，盈盈突然对我说："妈妈，我不喜欢上幼儿园。"

这让我很奇怪，以前幼儿园放假，孩子都问："妈妈幼儿园怎么还不开学呀？我都想幼儿园了。"从没听女儿说不喜欢上幼儿园。

我问盈盈："为什么不喜欢上幼儿园？你一向很喜欢幼儿园的。"

盈盈说："妈妈，新来的老师很坏。"

盈盈从来没说过任何老师不好，更没有用过"坏"这个字来形容。之前我问孩子你喜欢幼儿园的老师吗？她都用很夸张的口气告诉我"很喜欢"。我想，孩子说出这样的话，一定有原因。但是新来的老师我没接触过，我也不能随意回答女儿。

于是我对盈盈说："新来的老师曾经表扬过你，你不喜欢她吗？"

孩子摇了摇头，我感到有些不放心了。对她说："你和新老师接触的时间短，对她还不了解，要多用脑子思考，也许你会发现，她是位不错的好老师，我的孩子是个喜欢用脑筋解决问题的人，对吗？"

我用了米奇妙妙屋里的一句话，想让女儿开心起来。可是，她看起来还是心事重重。

那天晚上给盈盈讲完故事睡觉。她有个习惯，每次睡觉前总要说："妈妈，我不敢睡觉，我怕噩梦和大灰狼。"通常女儿说完这句话是要等着我说："宝贝，有爸爸妈妈在呢，什么都不怕，爸爸妈妈会保护你"。

可是这一天盈盈说："妈妈，我不敢睡觉，我怕噩梦，大灰狼和马老师。"

我感到非常惊讶。

盈盈说："马老师很凶，哪个小朋友她都批评。今天中午吃饭的时候，批评我吃得慢，我哭了。"

我问："老师安慰你了吗？"

盈盈说："安慰了，两个老师都安慰我了。"

我对女儿说："马老师也没想到你会哭，对吗？后来又去安慰你。"

盈盈说："妈妈，我不喜欢新老师，真希望原来的老师没走，走的是她。我一看到马老师就想哭，看到其他老师就喜笑颜开。"

女儿从来没有这样说过，看来问题比较严重。

第二天，盈盈第一次哭闹着不肯去幼儿园，从上幼儿园起就没发生过这样的事。幼儿园总是要去的，不能让孩子遇到问题就逃避。我强迫着孩子走出家门，一路抱着她，对她说："孩子，判断一个人的好坏不能只看是否批评或表扬了你。妈妈认为马老师是一位直率的老师，好就直接说好，不好就直接说不好的一位老师。如果老师说了你，说得对我们就听，说得不对，那又能怎样呢？有则改之无则加勉。并且你也可以直接指出来'老师你说得不对'。良药苦口利于病，忠言逆耳利于行。有的人说的话你喜欢听，不见得是对你好的人。有的人说的话你不喜欢听，也不见得是对你坏的人。要用自己的脑子去思考，什么才是好的，什么是不好的。我们要去了解新来的马老师，也许了解后，就会喜欢马老师了。"

盈盈问："妈妈，什么是良药苦口利于病，忠言逆耳利于行？"

我对她说："意思是说，好的药虽然有些苦，但可以治好你的病。

对你有好处的话，可能不是你喜欢听的，但对你的行为会有好处。"

女儿问，"妈妈，为什么说我喜欢听的话，不一定是对我好的人？"

我解释说："打个比方，你吃了很多糖，已经有蛀牙了。"有人对你说："你不能吃糖，会吃坏你的牙齿，蛀牙会很疼。这是对你有好处的话，可是却不让你吃喜欢吃的糖。还有的人说：'没关系，吃吧，喜欢吃就吃吧，吃坏了再长出新的牙。'尽管这个人是说了你喜欢听的话，并让你吃你喜欢吃的糖，实际上对你一点好处都没有。我们都知道吃糖多了对牙齿有害。所以，什么话是对你有好处的，什么话是对你没好处的，要动脑筋思考。有则改之无则加勉。就像新来的马老师，也许她说话的方式不是你喜欢的。但是，你了解她以后，也许就会喜欢上她。"宝贝似懂非懂地点了点头。

对孩子说话真是需要动脑筋，又想让孩子听得懂，又要尽量把道理讲得明白。女儿搂着我的脖子，把小脸贴在我的脸上，我一路抱着走到幼儿园。幼儿园的老师看到女儿好像哭了，很多老师都过来问，安慰她，这让我感到很温暖。我把女儿哭的原因告诉了原来班里的那位王老师。

王老师说："新来的老师比较严肃，我给她说说，让她注意一下。"

我说："换新老师很正常，每个老师的性情都不一样，只是孩子太小，一时适应不过来，让老师费心了。"当天下午接女儿回家，她已经欢快得像小鹿一样。

直到现在，每到教师节，女儿还是要看望这几位老师。其中就包括这位曾经在女儿心中比大灰狼还可怕的马老师。

孩子的事无小事，认真面对孩子成长中出现的每一个问题，我们做父母的要及时发现问题，了解问题出现的原因，及时地解决问题。每个孩子的性情都不一样，每位父母都要找到适合自己孩子的教育方法，让孩子幼小的心灵始终保持一片晴朗的天。孩子的成长过程中，有很多事等着我们去做。有大事，也有小事。只要对孩子的成长有益的事，我们就要努力去完成。

如何面对孩子的被惊吓

炙热的太阳烧烤着大地，这片没有水分的土地变得干巴巴的，有的已经干裂成无数碎片。放眼往别处望去，眼前飞扬着风吹起的尘土，这些尘土也曾是被水分滋养的泥土。因为失去了水分，便如同沙漠里的沙子一样四处飞扬，这片干巴巴的土地得不到水分的滋养，也难逃变成四处飞扬的尘土的厄运。黏合着坚实大地的是水分，黏合着你我的是相互间的善良和关爱。人与人之间不是单独存在，如果人与人之间少了善良和关爱，就会如同这到处飞扬的尘土，变成一群毫无生气，各不相干的乌合之众，经不住风吹草动就各自飞扬。

在女儿小时候，我会经常带她到大自然中去。去看、去听、去感受大自然发出的各种信息。女儿也乐在其中，每次准备出门都快乐地像出笼的小鸟，好奇地去发现自己没见过的东西，然后惊喜地拿给我看，我也感受着孩子的快乐，并陶醉其中。

女儿看到一丛野草莓，蹲下身来仔细欣赏着，突然，一只绿色毛毛虫神气活现地出现在这从野草莓上。女儿被这突然出现的小家伙吓得"哇哇"哭着扑到我怀里。此时我想，我该怎样面对孩子的这种被惊吓。

如果我抱着孩子："别怕，别怕，看妈妈怎样给你报仇。"然后，把小毛毛虫从草丛里拨拉下来，一脚踩死，嘴里恨恨地说："让你再吓我宝贝，看我不踩死你。"孩子说不定会积极参与进来，在已经踩死的毛毛虫身上再踩上一脚解解气。

可是，我这种做法的后果会让孩子失去可贵的善良，将来她长大后，如果遇到不满意的人和事，也会去憎恨，并采用极端的不善良的方式来对待她不满意的人和事。在这个社会上生存，言行必须被大多数人认同和接受，路才能走得长远。谁都不会喜欢和一个内心狭隘，自私，冷酷的人相处。

　　我看看女儿吓哭的小脸，又看看到处找出路的毛毛虫，随手拿起一截小棍。拉着被吓坏的女儿，戳了戳那只小毛毛虫："你看它那么小，而你比它大很多倍，也许它也正因怕你而哭。你看它尽管现在的样子可能不让你喜欢，但是美丽的蝴蝶就是它变成的。"

　　女儿停止了哭泣，好奇地问："是飞的这种蝴蝶吗？"女儿顿时有了兴趣，对小毛毛虫左看右看，仔细观察。仿佛要从这个丑陋的小家伙身体里，看出一只美丽的蝴蝶。

　　回家后，我找出相关书籍，让女儿了解毛毛虫是如何变成美丽的蝴蝶。看完后，女儿对那只毛毛虫充满了敬佩，要蜕那么多次皮，忍受多次的痛苦，才能从丑陋的毛毛虫变成美丽的蝴蝶。女儿从此对大自然的生物充满敬畏，因了解而敬畏。

　　从那以后，女儿不管到哪里，再也不会被吓哭。女儿都是用探寻好奇的眼光，观察突然出现的各种小生物。即使雨后，我们走在上学或放学的路上，看到被雨水冲出来的蚯蚓，女儿也会把每一条看到的离开泥土的蚯蚓，找块土地把它放回去。如果在以前，女儿万万不敢去拿那黑黢黢的蚯蚓。现在即使有的蚯蚓有筷子那么粗大，女儿也不会害怕，而是充满担心的，赶快想办法让它们回到自己的家园。

　　每到雷电交加的夜晚，一般这种情况孩子都会感到害怕，我的女儿也不例外。当雷雨天气闪电出现的时候，我陪着孩子一起在室内，女儿站在窗台上，我揽着她，透过窗子观察外面天空的变化。一道道闪电撕破夜空，把夜空撕成两半，从远处高空传来隆隆的雷声。我告诉她，这只是一种常见的自然现象。然后我们找到相关书籍，借此机会女儿知道了雷电是怎样形成的？为什么会出现这样的天气现象。从那以后女儿再遇到这样的情况，不但没有再感到过惊慌害怕，反而来安慰我不要害怕，像个小老师一样，对我讲述这是怎么回事，能用一种科学的角度来理解出现的这种自然现象。

　　人生的道路漫长而多变，必须用正确的眼光理解和对待，才能充满信心地行走在人生的道路上。人与人之间需要彼此间的善良和关爱，哪怕一件点滴的小事，也会让人从心底涌出清澈的甘泉，将人们泥土般牢牢黏合在一起，支撑着人们坚守生活的这片大地。无论世事如何变迁，保护好孩子那颗求知的心，和内心那眼清澈的甘泉永不干涸。

从孩子的专注力谈起

> 草是大地的诗句
>
> 孩子是妈妈的诗句
>
> 还有比这更美的吗
>
> 自然之法
>
> 自然之妙
>
> 简单朴素
>
> 神秘深刻

穿着夏装在寒风里冻，人就会感冒。不想感冒，就要加衣，寒风没有罪过，感冒归咎于不加衣服的人。有因必有果，没做好准备，在孩子的成长中没有预见，不够谨慎，才导致孩子在成长的过程中出现这样那样的问题，如果想改变就要反思自己。趁着现在还来得及，父母好好思考，做一个彻底的反思。

盈盈上幼儿园后，幼儿园一般不让父母进园接孩子，但是有时也可以进园去接，进园接的时候老师还在给孩子们上课。孩子们一看到爸爸妈妈来接，无所不用其极的想尽办法让父母看到自己。跑到窗前的，挥着手打招呼的，吃着手指头站起来看的，在座位上伸长脖子找的。形形色色，各式各样，唯一一个一动不动继续听老师讲课的，就是盈盈。

一直希望女儿有个平和的性格，平和的表现就是能静下来。可是女儿从小就表现出超强的好奇心和胆量。当时家里电视橱很结实，两边带着两个抽拉门。我一直对家里的这套家具很满意，沉重结实又耐用。突然有一天，我看到刚学会走路的女儿蹒跚着走过来，手里拿着一根棕色扁条，当时感到很奇怪，家里怎么会有这个？也没太在意。

又过了几天，发现女儿正在拆电视橱的抽拉门，门是由扁条拼成的。看着女儿那么用心，努力地拆着抽拉门上的扁条，我没忍心打扰她。眼看着电视橱上的门被一根一根地拆下来，丢在地板上。最后，估计女儿拆累了，回头看见我，灿烂地笑着，露着长出来的几颗小奶牙。手里抓着自己拆下来的扁条，朝我蹒跚走来，估计女儿一定觉得自己做了什么了不起的事。

我问："盈盈，你还拆吗？如果还想拆，那边还有个门。"几天后，那个门也成了一堆扁条。又过了些日子，女儿又特别用心地把茶几给拆了。用钱可以买来家具，买不来孩子的兴趣和专注力，女儿用心做任何事，我都不曾打扰过她。

在盈盈刚学会拿画笔的时候，大概一岁，画笔是在手里攥着的。我拿出白纸，让她随便画，女儿尽情画着，具体画的什么，直到现在也是个谜。画着画着，小脸成了小花猫，又画着画着，到衣服上去了。我在旁边，看着女儿专心致志的样子，实在不忍打扰她。画吧，尽情地画吧，大不了把衣服小脸都洗干净，这所有的一切，怎能抵得上孩子的专注力重要。

当孩子专注于某一件事情的时候，有时我们会不停地叫着孩子，还要指责他："叫了你这么多遍，怎么叫你都不听。"我们对孩子的叫声，哪里抵得上孩子的兴致和专注力重要，那是将来无论做任何事情的根本。我们每天都在为孩子做着各种各样的事，有没有想过，这件事对孩子有什么样的影响？还有比这更好的方法吗？这样做会存在哪些弊端？如果换一种做法会有什么样的效果？方法不需要成本。可是，如果找对了适合孩子的方法，就等于找到了一本万利的资源。

女儿的成长日记

冬天里的一天，我一睁开眼睛，妈妈就告诉我外面下雪了。我不敢相信是真的，于是，我问妈妈："外面真的下雪了吗？"妈妈对我一拍手说："快来，妈妈抱你到阳台看雪。"我从被窝里出来，妈妈麻利地给我穿上袜子，拿自己的羽绒服往我身上一裹。

我问妈妈："妈妈，你知道我最喜欢什么季节吗？"

妈妈说："是冬天，对吗？妈妈记得你说过喜欢冬天。"妈妈边说边抱起裹好衣服的我到阳台。

我太高兴了，从来没见过这么大的雪，我说："我好想摸摸雪。"妈妈把羽绒服帽子戴到我的脑袋上，给我裹紧羽绒服。妈妈有点吃力地打开窗子。一股冷风伴着雪吹进来，我和妈妈都打了个哆嗦。我把手尽力伸出窗外，试图接住飘下来的雪，有片大大松松的雪花落在我的手上，我一边端详一边问妈妈："妈妈，现在我们可以去外面玩吗？"妈妈说："好啊，一会儿我们吃完早饭就出去玩。"

我喜欢冬天，因为冬天会下雪，看到电视剧里都会下鹅毛大雪，我非常羡慕，为什么我没遇到呢？当然我还小，没遇到的事情有很多。我喜欢脚踩在雪上"咯吱""咯吱"的声音。喜欢那种冰凉凉的感觉，喜欢爸爸妈妈陪我去玩雪。吃完早饭，穿戴好后，我兴奋地跑下楼梯。

我站在楼洞前，看着白茫茫的地面，抬头看不断飘落的大片大片的雪花，一脚踩进一片白茫茫里。我快乐地像小鸟，在雪地里跑着向前，偶尔停下来在雪上踩个脚印。所有的雪我都想摸一摸，抓起来，再扬出去。

爸爸跟在我后面，看到我到处抓雪。大声喊："盈盈，不要玩那里的雪，你忘了下面都是很脏的泥土。"我正想再抓一把雪，突然听到爸爸的话，伸在雪地的手不舍地收了回来。路两边绿化带里的冬青都落满了积雪，一簇一簇的，被雪包裹着。我什么都不顾地走着，看到冬青上厚厚的雪，情不自禁捧起上面的雪。爸爸又大声喊："盈盈，这样会弄湿你的手套。"我抬头看看爸爸，不舍地缩回抓雪的手，悄悄把一个小雪团攥在手里。

广场上，遍地白雪积了厚厚一层。我兴奋地看着遍地白雪，忘记爸爸的约束带来的不快。快乐地跑起来，兴奋地叫着，在雪地里留下脚印，蹲下来用手捧起雪再扬出去。爸爸又大声喊："盈盈，那样会弄脏衣服，不要那样做。"我抬起头望向爸爸，欢乐在脸上凝固下来，一脸茫然地站在那儿，看着白茫茫的雪，有些手足无措，我眼里满是对雪的渴望。

方法篇

妈妈一直跟在后面，一路听着爸爸喊着我：这不能，那不行。现在看着我手足无措地站在那儿，估计实在看不下去了。我听见妈妈走到爸爸身边，对爸爸说："孩子的手弄脏了，告诉孩子不要把弄脏的手放到嘴里就行，弄脏的手回家洗洗就干净；手套湿了，我随身给孩子带了备用手套，换上干爽的就行；衣服脏了，回家可以洗。这所有的一切，哪能比得上孩子快乐重要，孩子那么专注地玩，我们只需要在旁边安静地看着，在孩子需要的时候，我们伸出手帮孩子就行了。"

妈妈对我说："宝贝儿，你尽情地玩吧，只要注意安全，怎么玩都行。"

我的快乐又回来了，我跑着，叫着。和爸爸妈妈打雪仗。

我站着不动对爸爸妈妈说："爸爸妈妈，你们用雪打我，往我脖子里打。"

妈妈问："为什么？"

我大声说："我喜欢被雪打的感觉"。

爸爸转移话题说："咱们堆个雪人吧。"

我说："好啊。"

亲爱的爸爸妈妈，我们小孩儿对世界总是充满好奇，我们做自己喜欢的事总是过于专注，会忽视很多细节。亲爱的爸爸妈妈，在我们小孩儿充满好奇专注做事的时候，请不要打扰我们。因为有好奇心和专注力的孩子，在未来的人生中才会有好的成绩哦！

孩子跌倒后，究竟该怎样做？

一只雏鹰，从温暖惯居的父母的巢飞出去，挥动着稚嫩的翅膀，朝着未知的世界，跌跌撞撞，努力地开始旅程。老鹰边注视着，边为雏鹰捏一把汗，并想起自己筑巢自立的情景，内心无限感慨，默默为飞去的雏鹰祝福。巢外的世界无限广阔，充满自由。雏鹰在广阔的天地间努力振翅，发出"吱吱"的叫声，她感到那么无助和不安，拼命振翅向更高更远飞去。雏鹰坚信，无论遇到什么样的困难和风暴，她都能应对，为以后的锻炼和成长，她已经做好准备。我们几乎是在不知不觉地爱自己的孩子，因为这种爱像人活着一样自然，只有到了最后分别的时刻才能看到这种感情的根扎得多深，无论未来怎样，父母在孩子的生活中终将要退场。

盈盈慢慢长大后，会走路了，这是她跌倒最多的阶段。盈盈胆子较大，哪都敢去，只要一跌倒我赶快跑去把她抱起来。后来我慢慢地发现，她再跌倒后就坐在那儿哭着等我抱。我想，从小跌倒父母赶快就去扶，长大后自己走向社会，如果跌倒我怎么去扶她呢？难道也是这样，坐在原地，无能为力地哭，这样就会走投无路啊。但是我如果就这么看着不扶她，孩子会不会觉得自己最信任的妈妈太冷漠，以后是否在别人需要帮助的时候，也不愿伸手相助，内心变得冷漠呢？很多孩子都是一跌倒就坐那儿哭，是不是就像老人常说的，等大了就好了。可是，孩子长大后，性情基本定型，想改都难。我思索了很久，必须抓住孩子的每一个点滴，告诉她一些道理，一些事情如果从小父母不告诉她，等她长大后谁会告诉她这些道理呢，那时候的跌倒可不像现在这么简单。

当女儿在广场蹒跚着到处追着大孩子，不小心再次跌倒，又坐在那儿哭。我没有像以前那样惊慌失措地跑过去，而是走过去，蹲下来，伸出一只手扶着女儿的胳膊。

我对女儿说："没关系，每个人都有跌倒的时候，跌倒了不怕，只要能勇敢地站起来，你是勇敢的孩子，你一定能够自己站起来。"

女儿居然真的不哭了，用小手扶着我的胳膊站了起来。

我拥抱着女儿说："你真棒！妈妈就知道你能行，不论遇到什么困难，总能勇敢地站起来。"

女儿清澈的眼睛看着我，听到我对她的赞扬，眼睛里充满喜悦，接着推开我，转身又蹒跚地玩去了。

从那以后，一般情况下女儿跌倒都不会哭，不会坐在那等儿着我去抱，而是跌倒后接着自己爬起来，该做什么继续做，跟什么事都没有发生过一样。

每个人的一生都不可能一马平川，遇到困难，一个人的思考方式，处理方式，决定此后的命运。如果遇到困难，满脑子都是无能为力，自怜自哀，就会越发感到走投无路。内心也会变得狭隘退缩，甚至会将责任归于他人，怨恨别人，满腹牢骚。

如果遇到困难，有面对困难的勇气。不把困难当回事，怎么跌倒就怎么爬起来，这条路走不通，我换一条路。没什么大不了的，意志坚定，勇敢前行，坚韧不拔，无惧困难。有颗坚定豁达的心，什么也阻挡不了孩子踏出一条属于自己的理想之路。

不要让孩子掌控父母的软肋

孩子天生以自我为中心，这是孩子自我意识觉醒保护自己的一种方法。孩子天生懂得怎样测试父母的容忍底线，喜欢得到关注。对于孩子来说，他无法确认什么是正确的方法还是错误的方法，只要能得到关注就是好的。如果孩子一哭闹任性父母就屈从，孩子就掌控了父母的软肋。屡试不爽会更加得寸进尺，期望得到更多关注。这个时候，父母处理问题的方法和理智程度，对孩子的性情和心理健康成长都起着关键的作用。

当孩子脾气差，哭闹大叫，妈妈可以把孩子想要的东西拿给他，蹲下来，看着孩子，拥抱安慰一下。这时，孩子也会相对安静一些，妈妈平静地告诉孩子："妈妈喜欢不发脾气的宝宝，喜欢能冷静处理问题的宝宝，喜欢能用语言表达的宝宝，以后不要再这样大声哭闹了，好吗？"如果下次孩子再哭闹着要达到目的，再这样告诉他一遍。把孩子当成独立完整的人来看待，对他说："妈妈知道，你本来不想哭闹，知道这样做不好，很快就停了下来。妈妈相信你，下次能更好地控制自己的情绪，我相信我的孩子从来不犯相同的错误。"

如果孩子无理取闹，父母不妨从孩子身边走开。但是不要离开太远，在孩子有安全感的距离内，任由他哭闹。对孩子说："你哭吧，无论怎样哭闹，我都不会答应你这个过分的要求，除非你能用道理说服我。当你不准备哭闹的时候，来找妈妈讲清楚道理，妈妈再考虑是不是能满足你这个要求。"小孩子是很聪明的，他会一边哭，一边观察爸爸妈妈的反应。一旦发现这个办法没用，就会停止哭闹，去做自己的事，或去用道理说服父母。一般来说，孩子以后是不会再把哭闹作为要父母屈从的手段了。

有时面对孩子的哭闹，父母也会有情绪失控的时候。父母在有压力的情况下，孩子如果哭闹任性，就会发起脾气。一旦平静下来，要勇于向孩子道歉，对孩子说："妈妈没有管理好自己的情绪，下次我会更有耐心，如果再有控制不好情绪的时候，你能提醒我吗？只要你对妈妈说'发脾气不好'，妈妈就会改正。"一般情况下，孩子都会说"好"。父母勇于承认错误，让孩子知道，爸爸妈妈偶尔也会有情绪失控的时候，有错不怕，改正就是好样的。让孩子正视错误，管理好自己的情绪。不固执，不推诿，有错不怕，知错能改就是好孩子。

当然，父母在情绪失控的情况下，最好不要管教孩子。可以对孩子说："你这样做让妈妈很生气，我需要冷静下来，你最好先离开一会儿。"这样就避免了因发脾气可能对孩子口出恶言，甚至对孩子打骂的现象。等心情平复下来，再同孩子好好交流。在孩子面前，父母任何一方如果出现情绪失控，就立刻离开，尽量不要在孩子面前失态。这样，孩子会慢慢学会管理和控制自己的情绪，脾气也会越来越平和。我们还可以用讲故事的方式，让孩子明白一些做人处事的道理。

孩子的错都是大人的错。孩子天性是敏感的，父母脾气暴躁，非打即骂，或性情软弱，对孩子百依百顺，无原则地溺爱孩子，这两者孩子的心理都极易出现问题。在民主温和的家庭中成长的孩子，心理承受能力较强，心理健康，平和善良较有包容心。能够管理好自己的情绪，在以后的人生道路上也能够正视自己和他人犯的错，能够用正确的方法处理出现的冲突和遇到的挫折。

如何让孩子落笔成文

书写第一篇日记

　　学习始于模仿，每个孩子都是不平凡的，可是如果闪光点没有得到发掘，孩子的非凡就无从显现。人都贪爱安逸，日复一日的懒散，只能让一个人越来越平庸无知。有句古话："学而不厌，诲人不倦"。这真是千古不灭的格言，并且是两句不能分开的话，因为只有"学而不厌"才能做到"诲人不倦"。

　　父母要爱学，为教孩子而学，就必须设身处地地为孩子着想，所教的东西努力使孩子明白，既然想让孩子明白，父母更要格外明白。这个年龄的孩子就像一头白纸，白纸尚且可以随意涂画，涂错还可以修改，但对于白纸一样的孩子，画上的每一笔就要慎之又慎。人所有的思维方式和知识智慧都是通过学习得来的，一个富有才智的人一定是善于学习的人，父母应抱有一颗谦虚好学之心，向万物学习，无论任何事情，任何人，都有值得我们虚心学习的地方。

　　大凡生而好学为最上，熏染而学次之，督促而学又次之，最下者虽督促不学。生而好学和虽督促不学的孩子毕竟是少数，大多数孩子只要得到相应的熏陶和督促就肯学了。很多孩子上学时不愿努力学习，一般都是在家庭里缺少熏陶和督促的力量，熏陶和督促，尤其是熏陶最为重要。

　　人生易老学难成，

　　一寸光阴不可轻。

　　未觉池塘春草梦，

　　阶前梧叶已秋声。

　　这首诗告诉我们要珍惜时间，不可虚度光阴，茫茫宇宙数亿载，而人生存的时间不过百十年，这短短的时光，在浩瀚的宇宙中如电光火石，一闪即逝。一日之计在于晨，一年之计在于春，一生之计在于童。孩子童年最好的黄金期只有短短几年时间，一旦过去，再也无法逆转，因此要珍惜孩子宝贵的成长时间。

几乎每天在女儿盈盈睡觉以后，我都要写育儿日记。在她四岁上幼儿园中班的时候，已经非常喜欢读书，只是还没有写过字。孩子早一点练习书写，对上学有好处，写得多了字记得也扎实。我国儒家一种古老相传的启蒙习俗叫"开笔破蒙"，通常是指给那些进入学习年龄的孩子通过"点破朦胧，笔画朱砂"来对自己的入学老师行礼纪念自己的入学仪式。另外来说，一个人如果有书写的兴趣，无论在自己烦闷还是快乐的时候，都提笔写在纸上，能直抒胸臆，也可以释怀自己。我希望女儿早早养成书写的习惯，对以后的作文也会有好处。尽管我每天都写，可是都在孩子睡觉后，于是我把写的时间调整到女儿睡觉前。

女儿四岁时，我把自己每天书写的时间从女儿睡觉后，调整到女儿睡觉前，我想通过自己影响女儿养成书写的习惯。

这天晚上，我对女盈盈说："妈妈写10分钟字，然后和你一起读故事睡觉。"

我刚坐下提笔开始写，盈盈便跑到我旁边，并趴在书桌上拿起一个田字格本和铅笔跟着我写起来。这时女儿还不会写字，她是把田字格每个格子工工整整画满符号，我称为"宝宝语"。从那以后，上床睡觉前，女儿总要打开台灯，爬到高高的椅子上，或蹲或跪在上面写"宝宝语"，女儿每天晚上在田字格上画两页"宝宝语"。我对盈盈说："如果想写真正的字，妈妈可以教你。"

于是，女儿开始书写她的第一篇日记，尽管字写得歪歪扭扭，每个字看起来都像是拼凑起来的，句子也不通顺。可是，在我眼里却像朵朵小花开放在田字格里，像翩翩飞舞的小蝴蝶跃然纸上。家里恰巧有个崭新的米妮笔记本，我把女儿写的第一篇日记贴了上去，这可是女儿生涯里的第一篇日记，是学习生涯中的第一块基石，我用心记下了这个伟大的日子，妈妈会陪着你坚韧不拔，坚持不懈地走下去。

女儿刚开始练习书写，一篇50字的日记，要写接近一小时。我先把字完整地写下来，女儿看好，再一笔一笔地慢慢写几遍，让女儿看清楚笔画顺序。女儿也跟着一笔一笔地写下来，我再完整地写一遍，女儿验看一下自己的笔画和字是否写得正确。每天一篇日记，从不间断。尽管有时一篇日记只写10个字，也比间断或不写的要好。

有时，我对女儿说："今天太晚了，我们不写了。"

女儿会说："不嘛，妈妈，我不会间断写日记的，我不会落下一天的。"

我会抱着她使劲亲一下："我的女儿就是这样自律，知道自己应该做什么。"

开始，每个字都必须我先写下来，盈盈再一笔一画跟着写，逐渐把一些常用字就记住了。

过一段时间后，女儿就对我说："妈妈，你去忙吧，我有不会写的字再叫你。"

女儿写字的速度越来越快，并且每天从幼儿园回到家，第一件事就是拿出本子和笔，告诉我："妈妈，我会写新的字了。"然后写在本子上给我看。女儿随时随地学习着写字，她认识的字，只要不是笔画太多，她都自己学着写，从幼儿园班级标牌上学会了写星星、月亮、太阳。其实我们的孩子都是用心的孩子，无时无刻不在观察着，学习着，关键是父母有没有想到培养。后来，盈盈不会写的字，只需写一遍她就能跟着写下来。当时我的内心真是充满幸福和喜悦。

每个人对孩子的要求不同，比如孩子一起跑马拉松。有的孩子得了第二名，他也许不满意这个成绩，因为他有跑第一名的实力。但有的孩子只要把马拉松跑下来，就会感到满足，个人的能力不同，对自己的定位不一样，但是都必须正视自己。功到自然成，字的书写也是一个熟练的过程。无他，唯手熟耳。只要有毅力和耐心就会有所收获。

每天晚上，看着孩子认真学习，练习写字，聚精会神地绘画，那小小的身影，或跪或蹲在椅子上，才刚刚达到写字台的高度。书写那样认真，仔细计算数学。作为妈妈我很感动，也很骄傲。看到一把被用成铅笔头的铅笔，那是女儿这一年来写字算数用短的。每一只用短的铅笔，都记录着女儿学习的历程，每一只铅笔头都能看到那小小的身影，或跪或蹲在椅子上趴在写字台上用心学习的小小身影。我的孩子，无论你将来的道路是否撒满鲜花，你的一生都是值得骄傲的！妈妈会和你一起，怀着谦虚谨慎的心，反思着一步一个脚印地前行。

女儿的成长记录：

小时候，我经常看到妈妈在我睡觉后坐在书桌前写字，我很羡慕妈妈是个大人，可以有很多特权。比如我即使不想睡觉也必须躺在床上，可是妈妈就可以不睡觉坐在书桌前。后来我实在没忍住对妈妈说："妈妈，可不可以给我个笔和本子，我也想写字。"妈妈给我拿了本子和笔，我趴在被窝里，在每个小格子里都工工整整地画满了小符号，我觉得那样写的就是"字"，至少和妈妈写得很像。

后来我在睡觉前学妈妈，坐在书桌前写"字"，我觉得我像个大人了。其实我不是坐着，是跪在椅子上，跪累了我再蹲着，因为那时候我个头太矮，坐在椅子上根本够不到桌面。妈妈看我每天"写"一两页工工整整的"字"，决定教给我写真正的字。妈妈为我买了漂亮的米妮日记本，我开始写真正的日记了。

现在我已经养成了习惯，每天晚上和爸爸玩回来后，我不是做数学就是写日记，有时候妈妈说今天时间来不及，我们不写了。

我可不愿意，我对妈妈说："我说过，我是不会落下一天的。"妈妈经常夸我是有始有终，坚持不懈的孩子，妈妈说她要向我学习呢。

"可是今天我写什么呢？"在我不知道写什么的时候。

妈妈会说："想想今天你一进家门，就跑到厨房告诉妈妈什么了，那可是今天你主动学习的收获啊。"

我灵机一动，马上抬笔写：爸爸妈妈，我爱你们！今天我会写"星"字和"月"字了。妈妈还……我不会写"奖励"两个字。

我问妈妈，"奖励"怎么写？

妈妈随手拿起字典查了起来，找到后指着字典里的字对我说"奖励"两个字是长这个样的。妈妈在田字格本上写下完整的"奖励"。

我趴过来看妈妈写。

妈妈说："来跟妈妈一起写。"妈妈边写边说："奖字是上下结构，先写一点，一提，再一个小竖。"

我从妈妈面前拿过田字格："不用了妈妈，我不是刚写日记时候的奶娃娃，我自己看着写就行。"

妈妈说："妈妈再写一遍，你看看笔画，笔画不对字写不好看。"

我趴在本子旁，看妈妈写完后，拿过本子照样写在我的日记本上。

我刚开始写日记的时候，还不会写这么多字。除了"一"不用问妈妈，其他都不会写，妈妈一笔一笔地教我，有一次我写40个字的日记，妈妈和我用了40多分钟。写着写着，妈妈为我攒了一盒用过的铅笔头。妈妈把这些铅笔头都保留起来，当看到这些铅笔头，很奇怪妈妈为什么保留这些铅笔头，妈妈说这些铅笔头记录了我学习的历程，每个铅笔头上都能看到我学习的身影。

刚开始写日记，我总是用"爸爸妈妈我爱你们"开头，如果这天我觉得妈妈比爸爸好，我就把妈妈写在前面。如果哪天爸爸让我不高兴，我就会在日记上写"妈妈我爱你，爸爸我不爱你"，如果妈妈做了让我不高兴的事，我就会在日记里写"爸爸我爱你，妈妈我不爱你"。

自从不再需要妈妈陪着我写日记，我就不写"爸爸妈妈我爱你们"这句话了。我开始知道日记是让我自己做主，表达我的真实感受。我再也没问过妈妈："妈妈，今天我该写什么？"因为每天都有新奇的事让我去写。

好学是传染的，家庭内有一人好学，可以带动全家人学习。换句话说，要有好学的孩子，必须父母先好学，只有学而不厌的父母，才能有学而不厌的孩子。在一个家庭内，如果学习只是孩子自己的事，它可能是一种劳役；如果是孩子和父母共同的事，它就会变成一种乐趣；当学习成为一个家庭每个人的事情时，它就成了一种甜蜜的生活。

父母应当反思自己，是不是一个能坚持学习的人，如果对孩子生而不教，再好的种子落入贫瘠的土壤，无论如何也是不能长出茁壮的苗来，不要让孩子因我们而泯然于众，埋没终生。世上该学的东西实在太多了，虽然每个人出生的时候都是一无所知，只有最愚蠢的人才会永远如此。学而不厌的精神，是任何事情成功都需要的。

看似苛刻的严谨，会收获一整个春天

有时候人走着走着，似乎觉得脚下的路变窄了，似乎到了岔路口，在没有可借鉴的道路上摸索着前行，似乎不容易。无论继续前行也好，停下来思考也罢，重要的是要做出个决断。也许你做的决断不一定是最好的出路，即便前方吉凶未卜，也要做出个决断。毕竟我们都是人不是神，无法看破红尘，不能预知对与错，但是原地踏步和犹豫不决对任何人都没有好处。教育孩子同样如此，从最初迷茫不知道该如何下手开始孩子的学习，到现在孩子每天快乐地学习，真有拨云见日的感觉。

女儿盈盈一直做事很认真，但是有一次写日记，被我严厉批评到哭。每次孩子写日记，我都会坐在旁边陪着，准备好田字格本，女儿不会写的字，我都先在田字格上写出完整的这个字，再分开笔画一笔一笔写出来，女儿再照样写下来。那时女儿还不知道字要写的标准，就要按照正确的笔画顺序写，如果现在养成不良的书写习惯，将来上学想改都难。

盈盈是个非常有主见又自信的孩子。她认为只要把字写得像就行。我一遍一遍地写着女儿要写的字，口中说着笔画，可是女儿依旧按照她的写法把字"拼"出来，全然不听不看我是怎样写的。几遍过后，我失去了耐心。严厉地对女儿说："写字必须认真，要严格按照正确的笔画顺序书写，只有这样，才能写出标准的字。不要以为自己写字早就可以随便乱写，如果那样我宁可你没有开始。如果想继续写下去，就必须按照笔画顺序，否则就放下，不要再写了。"

女儿哭了，但还是按照我说的做了，因为她知道，如果不按照妈妈说的做，就真的不让她写了。那天的日记，是她写日记以来最长的一篇，也是书写最漂亮的一篇。写完后，我对女儿说："妈妈为什么用严厉的态度对待你学习上出现的问题，你能理解吗？因为学习上必须认真对待，容不得半点马虎。"女儿认真点了点头，懂事地说："妈妈，我知道，幼儿园老师说过，爸爸妈妈有时候会说我们，但都是为我们好。"我的孩子，妈妈怎能不爱你，妈妈如此严厉，是希望你养成一个良好的学习习惯，这会让你受益终生。妈妈说过的话不一定全对，但在学习上严格要求是不会错的。等有一天你长大了，我扪心自问，我的内心会告诉我，没有因为妈妈的原因耽误了你的成长。今天看似苛刻的严谨，未来会收获一整个春天。

女儿写的成长记录：

妈妈再也不管我的学习了，只要我认真写，不拖拖拉拉，妈妈是不会说我的。但是有一次例外，我想在我的小帐篷里写日记，朵朵（我的吉娃娃狗狗）也喜欢小帐篷，我们俩可以靠在一起写。

但是妈妈说："趴在帐篷里怎么能写工整。"

我待在小帐篷里不出去："又不是老师布置的作业，写不工整也没关系。"

妈妈突然变得很生气："不要以为比别人多做了什么，就可以不认真做好，如果不想把事做好，就宁可不做。日记是写给自己的，没有任何人为你批改，自己不坚持自律，妈妈宁可你没有开始。"

我一看妈妈变成母暴龙的脸，只好从小帐篷里出来。写完日记后，我写了两封信给妈妈：妈妈，我很爱你，你知道吗？妈妈。

另一封是：可是妈妈，我真的很爱你，你生气我也很爱你。

写完后我拿给妈妈看，妈妈看完后把我抱起来亲了一下，说："我的孩子真懂事。"

晚上刷牙的时候，我问："妈妈，你看到我给你写的信有什么感觉？"

妈妈说："妈妈很幸福，我的女儿这样懂事，通情达理。"

妈妈可能觉得自己回答得很好，可是我不觉得满意。

上床讲故事的时候，我又问妈妈："妈妈，看完我给你写的信，你有什么感觉？"妈妈把之前对我说的话又说了一遍。大人真是太死板，难道不知道检讨自己吗？却总是让小孩做检讨。

我对妈妈说："妈妈，看完后难道你没感觉到你不应该说我吗？难道没觉得应该向我道歉吗？"

妈妈看着我，什么也没说，就那样没表情地看着我。

我到洗漱间关上门，假装上厕所，悄悄地笑了一会儿，然后装着若无其事地走出来。我胜利了，我能用道理说服妈妈了。

妈妈保留着我写过画过的每一张小纸片，装了满满几箱子。妈妈找出当时我写给她的那两封信，我一看，我觉得我大概脸红了，但是我知道我现在进步了，那根本就是两张纸片，妈妈还当成宝贝一样收着，现在我可不会写出那么幼稚的东西。

让文字在笔尖下活起来

书里的每一个文字，都像一朵朵小花，书就像是春天，一花一木不成春，无论什么花，都要和其他花儿一起绽放。神奇的笔尖，让这些五颜六色的小花，开放在任何想要它们开放的地方，让它们五彩缤纷，竞相斗艳。当春风拂过，朵朵小花开放在人的心灵，五彩缤纷的心灵之花次第开放。

神奇的笔尖

那只
神奇的笔尖
多么幸运地
被她稚嫩的小手
轻轻握在掌心
在白色的天空上
轻轻地一勾
一只可爱的小蜜蜂

就从画里变出来

轻轻地再勾

一只动情的小蜜蜂

就从诗里唱出来

轻轻地三勾

辛勤的小蜜蜂就携着花朵跑过来

啊

神奇的小笔尖

纯净的小心灵

孩

子

凭

什

么

优

秀

　　如何让蝌蚪一样的文字变成五彩缤纷的花朵，在神奇的笔尖下次第开放呢？幼儿园大班的时候，每天我们除了写日记，又多了一个游戏，"编故事"。盈盈说："妈妈，我真希望像鸟一样拥有翅膀。"我对她说："当然可以，在你的故事里，能实现任何愿望，可以成为任何一个你希望成为的人。"

　　盈盈迷上了编故事，每天晚上睡觉前，总有一段女儿的独处时间，她和她的玩具一起，在自己的房间里尽情地编故事。那时女儿还没上学，会写的字有限，无法用文字将自己编的故事记录下来。我们想了个办法，盈盈把故事说出来，我用录音机给她录下来，一有时间，盈盈就来来回回播放，听她讲的故事。

　　只要一有时间，我都会和孩子一起到外面去，到大自然中去。我们相互说着任何一个看到的东西，比如看到一只蝴蝶，我们各自用自己的语言描述出来，再做一下比较，看谁描述得更好，好在哪里？这时候，我经常会表现出不怕输的精神，因为最初阶段，孩子需要认同，需要鼓励。回想那段岁月，充实又快乐，这些游戏无形中锻炼了孩子的思维能力和语言文字的组合能力。

　　上学后，盈盈会写的字越来越多，终于可以自己创作文字作品了。可是由于思维速度比手写速度快，写的时候难免出现丢句，落句，甚至语句不通顺的现象。我建议女儿还像以前那样，先把自己想写的东西用录音机录下来，然后不慌不乱地整理到纸上。从那以后，女儿在睡前都是编着故事，编着编着就睡着了，我建议女儿把自己编的故事在有时间的时候记录下来。现在，已经有相当可观的文字作品了。

从最初只会写"一"到现在，6年过去了，女儿已经有不少作品跃然纸上。这两首诗歌和歌谣是女儿七岁时的作品。

如果，我有了翅膀

如果，我有了翅膀，
我会先飞在空中，
想象我是地球的国王，
管理一整个世界，
月亮，太阳，人类，
动物，植物，海洋，
都归我管。

如果，我有了翅膀，
我会飞到空中，
和小鸟一起玩耍，
小鸟一定很高兴。
我还会给小鸟带点零食，
让它们也吃一吃，
我们的东西多好吃。

如果，我有了翅膀，
我会做一件，
给小鸟的衣服，
让小鸟穿穿看，
衣服到底好不好，
我们人类有多聪明。

如果，我有了翅膀，
我会不让小鸟冻着，

给它们一件被子，

让它们更加暖和，

它们的妈妈也少担一下心。

如果，我有了翅膀，

我会让所有人都有翅膀，

自己飞到空中探索。

小学生精神面貌歌谣

丁零零，闹钟叫，小朋友，起得早。

爸爸妈妈早上好，新的一天开始了。

洗洗涮涮完毕了，吃好早餐精神好。

背起书包上学校，抓紧时间不迟到。

太阳照，花儿笑，路上小鸟喳喳叫。

交通安全很重要，红灯绿灯要看好。

有句话儿要记牢，红灯停，绿灯行。

黄灯你就等一等，来到学校放书包。

课本文具摆放好，丁零零，丁零零。

上课铃声催着跑，老师走进教室了。

全体起立问声好，教室里面静悄悄。

身坐端正手放好，认真听讲不溜号。

上课重点要记牢，写好笔记是诀窍。

丁零零，丁零零，下课铃声响起了。

老师讲课辛苦了，课间您要休息好。

排队整齐去做操，认真锻炼身体好。

同学游戏守规则，团结友爱不打闹。

同学们，请听好，学习纪律要做到。

文明礼貌很重要，人人争做小"三好"。

我们帮助孩子确立第一自我印象，让孩子知道将来他可能成为什么样的人。这是我们一点一点通过精神传递，孩子通过日常行为向我们的学习模仿，通过语言一点一点地确立。一个孩子的人生目标就是这样确立起来的，第一自我形象设计得越好，人的一生就会有成就，越快乐，越幸福。第一自我形象设计得渺小，人的一生就会趋于平庸。一个孩子的一生，通常就是这样通过我们的双手，一点一点雕琢出来的。

笔尖开出美丽的花

女儿写下的每一句话，每一篇文字，都是在为她成长的道路上铺设基石。用自己的头脑，自己的思想，自己储备的知识力量，用小小而勤奋的手，在洁白的纸张上，铺设坚固的通往未来的基石。当女儿告诉我，要做一名作家，而且是一名绘本作家的时，我对女儿说，这条路并不好走。每日伏案，要多写多练，要有独特的视角和观点，博览群书，还要行万里路，吃得了苦，耐得住寂寞。"志高则言洁，志大则辞宏，志远则旨永"，这是个漫长的过程，并且要做就要做最好的。只有当死文字都聚于脑中，灵词妙语汇成泉水一样，笔下才能生风。

女儿扬起小脸对我说："妈妈，漫长、辛苦我不怕，我觉得把我想的每一篇都写好，才是我努力的成果。"

女儿的话让我感到羞愧难当，在孩子幼小纯洁的心灵，通往愿望的道路就是踏实地走好每一步。

大人们时常被不安和不信任的气氛包围着，在生活中，每个人的心情都很难平和。孩子们却总是友善地手牵手，高高兴兴地走在上学的路上。在成人的世界里，总是会出现许多情况，发生各种事情。有时会让人急躁，惊慌，还有时会被突如其来的不幸所笼罩，或许直到现在仍泪痕未干。但在孩子的世界里，只有放声歌唱，开怀大笑。社会变得越来越纷乱复杂，孩子们的面孔却依然纯净无邪。在这张脸上，你看不到不安和不信任，也没有悲伤和泪痕。为了无邪的孩子，让孩子的纯真的笑脸同时荡涤他们的内心，做父母的希望孩子每天都是快乐的。这个年代的人一般家里只有一个孩子，有时感到孩子有些孤单，想让孩子养小动物给她做个陪伴。

　　盈盈非常喜欢小动物，每次经过宠物商店，都要停下来看上一会儿。后来，给她买了两只小兔子，女儿非常喜欢这两只小白兔，分别给取了名字，叫"白白"和"灰灰"。灰灰是因为耳朵、鼻尖和尾巴有点灰，因此而得名。女儿把小兔子从箱子里拿出来，让小兔子在房间里跑着玩。小兔子也熟悉了环境，不再表现出恐惧和紧张。女儿抱一只小兔在腿上，小兔子舒服地闭着眼睛。女儿的小手抚摸着小兔，小兔倒背着耳朵，没有丝毫警惕，对女儿有了完全的信任。小兔眯着红宝石一样的眼睛，安详地享受这女儿对它的爱抚。

　　小兔明显长大了一些，也格外活泼。盈盈在地板上坐着，小兔居然爬到她的腿上，还立起两只前腿去嗅她的手。女儿开心地说："妈妈，你看，小兔多喜欢我。"盈盈开心的笑声像裹了蜜糖的银铃一样，撒满整个房间。女儿不停抚摸着小兔，回应小兔对她的友好。看到这，真为孩子感到高兴，多了两个小玩伴。

　　后来，女儿非常想要一只小狗，我决定给她养只吉娃娃。于是给即将到来的小狗缝了个漂亮的窝，盈盈看了很喜欢，经常跑到窝里坐着。后来小狗到了家，女儿给取名叫朵朵，女儿说："我们叫它朵朵，我希望所有女狗狗都像花朵一样快乐。"

　　幼儿园大班的时候养的小狗朵朵，开始我担心，盈盈很快就要上小学，养小狗会不会耽误她学习。后来发现我的担心是多余的，有时，盈盈和朵朵闹，朵朵不小心弄疼了她，我会有意去训朵朵，女儿会护着朵朵，说是她的责任，不该冤枉朵朵。我让女儿惩罚朵朵，女儿会轻言细语地对朵朵说："知道你不是故意的，心里早已经原谅你了。"这时，我会对女儿说："我的女儿真是个宽容的好孩子，有颗善良的心，原谅朵朵不小心造成的过错。"

　　上学后，朵朵每天在家等着盈盈回来，像时钟一样准时，一到时间，就在门口等着。盈盈回家之后，朵朵才开始愿意玩，愿意吃东西，每天如此。女儿说："朵朵是我最好的伙伴，从现在开始，朵朵是狗人了，享受做人的一切权利，再不能说朵朵是我的宠物，她是狗人。"两个在一起闹，无论女儿怎样，朵朵从来没弄伤过她一点儿。

在盈盈眼中，小狗朵朵永远都是最贴心的玩伴。在小狗眼中，盈盈也是最可爱的天使。这个世上最好的一对小伙伴，在一起能碰撞出什么样的火花呢？孩子的想象力是无穷的，从最初的我读故事女儿听；到她自己读故事；到每晚睡觉前，满床摆上心爱的玩具女儿自己编故事；最后养的小狗朵朵成了女儿笔下的主角，整个过程用了7年时间。

上学后，朵朵成了女儿笔下的主角，很长一段时间，女儿睡前故事都是自编关于朵朵的故事。

朵小胖的故事

朵朵失而复得记
——送给我的朵小胖，感谢你给我的陪伴

我多希望能把那只小狗抱回家，妈妈看着哭得满脸泪痕的我，决定给我养一只小狗。妈妈把我抱在怀里，悄悄地说："宝贝，不哭，妈妈给你买只属于你的小狗。"我立刻停止哭泣，惊讶又有点怀疑地看着妈妈。

那天晚上，我和妈妈一起搜索有关卖狗的信息。我家没有院子，不能养大狗。最后我们一商量，养只吉娃娃最合适，可是从哪儿买呢？天无绝人之路，突然看到网上有条卖吉娃娃狗的信息，在看过狗爸狗妈的照片后，决定就买这位叔叔家的吉娃娃。可是小狗刚刚出生，要等到满月才能抱来。

从那天起，妈妈开始做小狗用的被子，和我一起去超市买小狗用的奶瓶，妈妈用一个装礼品的藤筐，周围包上漂亮的棉被，为狗狗缝了一个漂亮的窝，当窝缝好后，我立刻坐了进去，我好想做一只狗狗，能拥有漂亮的窝。

妈妈向卖狗的叔叔订了一只黄白花的吉娃娃，但是小狗狗满月后，叔叔说狗妈和小狗都被养在院子里，冬天天气太冷，冻死了两只，包括那只订好的黄白花的吉娃娃。我既生气又难过，吉娃娃的毛那么短，这么冷的冬天，怎么能养在院子里。卖狗的叔叔说，还有3只，一起带过来，让我们自己选。

妈妈拿了个缝好的小被子，我和妈妈一起去选狗。三只绒球一样的小狗，一只女狗狗，两只男狗狗，我毫不犹豫地选了那只唯一的黄色绒球的女狗狗。小狗大大圆圆的眼睛，无辜的眼神，不知道发生了什么，就被妈妈包在小被子里。卖狗的叔叔收好钱，说："跟着享福去吧。"便开着车走了。我多希望把那两只小狗也一起买下来，不要再让它们回到冰冷的院子里，可是不行，家里只能养一只小狗。

妈妈抱着这个小黄绒球，闻到小狗身上一股怪味，估计从出生到现在小狗都没洗过澡。回到家烧好水，先把小黄绒球放在水盆里洗了个热水澡。洗干净吹干后，用准备好的小奶瓶喂了点奶，小黄绒球很喜欢喝牛奶，一直到现在都喜欢喝牛奶。喝够后放在缝好的窝里，还放进去两个小玩具，一只我小时候玩的玩具狗，一只黄色的海绵宝宝，那个玩具狗只有巴掌一点大，可是在小黄绒球的眼里，它就是个庞然大物。看得出来小黄绒球很舒适很满意，它在自己的小窝里这闻闻，那闻闻，然后在窝里尿了鸡蛋大的一点尿，我知道小狗的天性是想占地盘。

妈妈赶快换了个干净的垫子，小黄绒球满意地靠在它的玩具狗躺下来，我给小黄绒球盖上被子。也许是对新家的第一印象，小黄绒球最爱护的就是属于它的被子、毯子和玩具。只要是它用过的，一定属于它，谁都不让动。后来，小黄绒球成了一个在5月天气还要盖被子的狗，并且它会自己盖被子。

爸爸下班回来，一进门就听到一声奶声奶气，小小的狗叫声，爸爸一下就找到了小狗，蹲下身，把小黄绒球捧在手里，本来还不认同养狗的爸爸，一下被这个小黄绒球打败了，并且喜欢上了这个小黄绒球。

我说："我们叫它朵朵吧，因为我希望每一只女狗狗都像花朵一样快乐！"就这样，朵朵在这里安了家，成为家庭中的一员。

朵朵一天天地长大了，从巴掌大的一点小狗，长成一只漂亮的小狗女孩儿，身材匀称，毛色光亮。朵朵是只很爱干净的狗，在家里想坐着或趴着的时候，都要在垫子上，没有垫子自己就从窝里拽个被子铺上，然后再趴在被子上。带朵朵出去玩，即使朵朵再累也是一直站着，决不直接坐在地上，所以当妈妈看到朵朵累了，都是把它抱起来。我说："朵朵真是只有个性的狗。"

出门时，朵朵总是寸步不离跟在我身边，还会经常抬起身体，用两只小前爪扑一下我的腿，好像在对我说："我在这里，我在这里。"

新年到了，到处都是一派热闹的景象，这是朵朵度过的第二个春节，朵朵一岁了。全家一起出去玩，街上的人很多，朵朵寸步不离跟在脚边，我们也经常唤一声"朵朵"。

我尽情地玩耍，爸爸妈妈看着我，朵朵看着我和爸爸妈妈。我突然看到有个卖花灯的，跑过去看，爸爸妈妈赶紧跟上，我看好一个月兔彩灯，买好后非常开心。突然想起朵朵在哪儿？朵朵没跟在身边，通常朵朵都跟在我身边寸步不离。

全家都着急起来，叫着朵朵的名字，猜想可能刚才买花灯朵朵没跟上，赶快跑回去找，还是没有看到朵朵的身影。这么密集的人群，朵朵会到哪儿去呢？天色渐渐暗下来，依旧没有朵朵的身影。一家人非常难过，可是必须回家了，我又冷又饿，妈妈和我都难过地哭了，爸爸一声不吭。我哭着说："爸爸，朵朵是只好狗，可是你有时还说它。"回家后，我站在窗前向楼下看，希望能看到朵朵回来的小小身影。

妈妈答应我一定把朵朵找回来，晚上睡觉我躺在床上，妈妈穿上外套出去找朵朵。妈妈告诉我，觉得朵朵没有走远，朵朵不会丢，一定要找到朵朵。这个从巴掌大养起来的狗丫头，早已经是家中不能缺少的一员。妈妈出去找朵朵了。我多希望朵朵向妈妈跑过来啊！即使朵朵真的丢了，也希望收留它的新家能好好对待它。失望继续蔓延着，路灯熄灭了，妈妈回到家，没带回朵朵。我想着朵朵，今夜你在哪儿？

那天晚上，我做了一个梦……

朵朵随着人群拼命地找啊："我的主人在哪儿？主人，难道你不要朵朵了吗？你们的朵朵在这儿。"

朵朵发出难过的呜咽声。偶尔有人想伸手摸摸它，都被朵朵灵敏地躲开了。人群慢慢散去，夜色越来越重，这是到了哪里？朵朵又冷又饿，又恐惧，从刚满月到主人家，从来没和主人分开过。

朵朵夹着小尾巴，在慢慢散去的人群中搜索主人的身影。可是朵朵太小了，只有20厘米高，不能看得太远。朵朵没有目的地寻找着，朵朵感到害怕，藏在有一堆植物的地方。等街头变得安静，朵朵又出来寻找，这时，突然有一块石头砸过来，幸亏朵朵机敏，没有被石头打到，朵朵又躲回那堆植物中。

寒冷的夜，朵朵的毛很短，冷得不停发抖，朵朵望着闪着点点灯光的夜空，难过地蜷缩着被冻得发抖的身体。疲惫的朵朵趴在冰冷潮湿的地面，又冷又饿。朵朵想着它温暖的家中温暖的被窝，想着主人总会在睡觉前给它盖好被子。想着它三个食碗一个水碗，一个食碗里经常放着牛奶，一个食碗里放着狗粮，一个食碗里放着菜和肉，还有永远不间断美味的骨头……难道我真的要变成一只在街头流浪的狗吗？每夜只能睡在冰冷的地面，到垃圾箱去觅食，还会被坏人和大狗欺负。难道我的好狗命就这样结束了？朵朵想着想着，慢慢地闭上了疲惫又伤心的眼睛……

第二天一早，爸爸5点就起床了，又走到朵朵走丢的地方，一边吹着朵朵熟悉的口哨，一边呼唤朵朵的名字，沿着朵朵走丢的路一直向前走着。爸爸执着的口哨声还是没有召唤出朵朵的身影，爸爸想，超出这个范围，朵朵可能真的回不来了。

天快蒙蒙亮了，爸爸转身向家的方向走，想怎样才能找到朵朵。做广告，贴寻狗启事，总要做些什么，一定要找回朵朵，否则怎么向盈盈交代。爸爸依旧吹着朵朵熟悉的口哨声，尽管口哨声越来越小，爸爸内心的失望与希望交织着，这样找不回来就用别的方法找。爸爸不停地左右看着，不时转身看看后面，就要到十字路口的红绿灯，再过几分钟就到家了，爸爸已经不抱什么希望。

爸爸左右看着，寻找着。突然，爸爸猛地转向右边，爸爸似乎看到了熟悉的黄色小小身影向这边跑来，那是我家的朵朵吗？爸爸睁大眼睛仔细看，真的是朵朵向这边跑来，爸爸赶紧跑过去。朵朵在爸爸身边停下来，将耳朵紧紧贴在脑后，使劲摇着小尾巴，发出欢快的"呜呜"

声。爸爸一下把朵朵抱起来，看着失而复得的狗丫头，朵朵兴奋地不停在爸爸怀里扭动着身体，耳朵紧贴在脑后，爸爸看着朵朵眼角脏脏的眼屎，说："小臭狗，这一晚你是怎么过的，你只在离家不到200米的地方，难道就找不到回家的路？"

爸爸将朵朵抱回家，先把朵朵泡在温水中洗个澡。我被外面的声音吵醒了，走出卧室，看到亮着灯的洗漱间里朵朵高高地站在澡盆里，一看到我出现，朵朵不顾一切地跳下来，向我扑来。我不顾朵朵全身湿漉漉的水，半跪在地板上拥着朵朵，朵朵用力摇着身体舔着我的手，我对朵朵说："朵朵，你是我的好伙伴，没有你的日子，我该有多孤单。"

朵朵挣脱我的怀抱，欢快地在房间里跑了起来，小爪子敲在地板上发出"踏踏"的声音，我对妈妈说："妈妈，你看，朵朵又以为自己是一匹马，朵朵永远都不会离开我。"

会说话的小狗朵朵（童话故事）
——送给我的朵小胖，感谢你给我的陪伴

只要天气好，我经常让爸爸妈妈带着去游乐场玩。游乐场离家很近，500米都不到，这短短的距离，是我每个暑假最盼望的时刻。爸爸非常疼爱我，只要我喜欢，爸爸会带着我玩遍整个游乐场。激战鲨鱼岛、丛林飞鼠、空中飞椅、水上冒险、旋转木马……一到游乐场，我就欢快地玩这玩那，就像《查理与寇弟》里的London。而爸爸妈妈给我拿这拿那，就像保姆和保镖。

朵朵成了我的小尾巴，看到我玩得兴高采烈，朵朵觉得那是个神奇的地方。只要是我喜欢的，朵朵也一定喜欢，我喜欢做什么，朵朵都喜欢和我一起做。哪怕我上厕所，朵朵也会配合地跑到自己的狗尿盘里挤出核桃大一点点尿。我坐在椅子上，朵朵总要跳上去和我挤在一起，哪怕挤得坐不开，朵朵也会心安理得占据一大块地盘。就算给朵朵再舒服的椅子，朵朵还是喜欢和我挤在一起，朵朵成了名副其实的小尾巴。我说："朵朵不会照镜子，以为自己就是个人，没准还觉得人是没长毛的怪家伙呢，现在我正式封朵朵为狗人，享受人的一切待遇。"

开始不想带朵朵去娱乐场，每次我穿戴整齐一开门，朵朵就第一个跑出门，在门外等着。爸爸妈妈狠心让朵朵回家，朵朵就坐在门口，伸长脖子，发出像狼一样的"呜……呜……"声，听起来朵朵很难过。只好给朵朵准备好水杯、垫子，带着朵朵一起去。我忙着玩的时候，朵朵就在一旁忙着找我的身影。每次看到我出现，都是朵朵最高兴的时候。所以，我认为，每个小孩子都应该有一只属于自己的狗狗。

可是，最近儿童游乐场出现了非常糟糕的事，各种游戏设备遭到了人为的破坏。水上冒险桥面上的木板被拆掉了很多块，大人还能从没有木板的地方跨过去，可是小孩子就做不到了，比如我，如果我长着一双长长的腿，就像踩着高跷一样的腿该有多好，那是我非常喜欢的水上木桥。可是我转念一想，还是现在正常的我最好，如果我有那么一双长腿，要引来多少好奇的目光，大家会觉得我像个怪物。

游戏城堡里被恶意扔进很多垃圾，简直臭不可闻。欢乐谷被人扎了个大洞，根本没法再充气了。旋转木马也停止了转动，负责维修的叔叔说，线路被人剪断了。这可是最快乐的暑假，很多小孩儿每天都要到这里来玩。负责维修的叔叔阿姨说，一定在最短的时间内修好这些娱乐设备，让小朋友尽快享受游乐场的快乐。

我闷闷不乐待在家里，暑假作业已经完成，该预习的功课也差不多都学完了。这么炎热的夏天，如果能到水上乐园去冲浪游泳，该有多么畅快。两天后，游乐场终于开放了，我赶快约了小伙伴迫不及待要去享受快乐时光。

可是，快乐总是很短暂，游乐场又被破坏了，比上一次更加严重。这次要更多时间才能修好，很多小孩和他们的爸爸妈妈都感到非常气愤，孩子有个快乐暑假，也要经历那么多的坎坷吗？什么人晚上跑来破坏娱乐场，一定是憎恨小孩儿快乐的人，否则怎么会连续破坏一个带给孩子快乐的游乐场呢。娱乐场的叔叔阿姨加班加点修理被损坏的设备。

晚上，我趴在床上，想着自己设计的完美假期，有可能就这样糟糕地结束。想到我要参加的各种比赛，我还想拿第一名呢，游乐场的奖励是可以实现我一个愿望。可是这一切很可能就这样泡汤了。

"小主人，你不要难过。"

我听到了朵朵说话的声音，我抬起头看朵朵，没错，是朵朵在和我说话。朵朵说过，当我遇到麻烦的时候，它就会开口说话，帮助我想办法渡过难关。

"我亲爱的朵朵，你又和我说话了，现在所发生的一切你都知道，是吗？"我问朵朵。

朵朵点了点头，"小主人，等游乐场再次修好后，我会和我的狗伙伴想办法，保护游乐场，你只要耐心等待一下。"

我看着朵朵，朵朵的嘴角好像在微笑着安慰我。我有这么好的朵朵，还有什么不满足呢，我不再感到沮丧。

几天后，游乐场终于再次修理好了，我们又可以尽情享受快乐了。

晚上，朵朵神秘地对我说："今天晚上那些坏人可能又要破坏游乐场，我们正好把这些人抓住。小主人，你要叫上几个强壮的大人和我们一起去。"

我赶紧跑出房间叫来爸爸妈妈，我们小区很多人都知道朵朵的机智勇敢，很多有小孩儿的家长都憎恨破坏游乐场的坏人。开始我还有点儿担心大人不肯相信我一个小孩儿的话，因为我不能说出朵朵会说话这个秘密。可是当我对爸爸妈妈说叫几个强壮的大人，一起抓破坏游乐场的坏人时，他们居然都相信我，并且很快叫来了几个强壮的大人。看来平时做一个守信用的小孩是很重要的。

朵朵在小区广场上"汪汪"地叫了几声。奇迹出现了，小区里很多狗狗很快从不同方向聚了过来，其中还有被朵朵救过的那条看门狗。就这样，十几只狗狗，还有一些大人，在朵朵的带领下，来到夜色笼罩只有几个彩灯闪烁的游乐场。

狗狗和人一起躲在一个黑暗的地方等待坏人出现。很快，几个鬼鬼祟祟的家伙，用一个大铁棍撬开刚修好的围栏，钻进游乐场，手里都拿着各种破坏工具。在他们正准备再次破坏的时候，朵朵带着狗狗们冲了出来，对着坏人露出锋利的牙齿使劲叫起来。这些坏人根本没想到会一下冒出这么多厉害的狗，吓得乱了阵脚，当看到围过来的大人，这些坏人更加害怕了。等这些坏人纷纷做了保证，再也不破坏游乐场，再也不做坏事了，才让他们离开。

一切都恢复了正常，我抓紧时间锻炼，为比赛做好准备，终于迎来了比赛的那一天。谁得了冠军，不用想也知道，当然是我了，游乐场要满足我一个愿望。

我的愿望是，希望游乐场设置宠物照管所，并有人专门照顾这些可爱的小动物。这样跟主人来玩的小动物就不用担心走失，小动物也能够和主人一样，享受游乐场的快乐。

现在再看朵朵，我在尽情游戏着，朵朵和它的同类也一起游戏享受着快乐。

尽管朵朵又紧紧地闭上嘴巴不再和我说话，但是我知道，当我遇到困难的时候，朵朵总会帮助我和我一起渡过难关，朵朵是我心里的小英雄。

小狗朵朵上学记（童话故事）
——送给我的朵小胖，感谢你给我的陪伴

我上小学一年级了，朵朵似乎感觉到了我的变化。

小主人每天早上出去，中午回来，再出去，再回来，还背着一个大大的被叫作"书包"的东西。

朵朵每天送我出门，又静静地等待我回来，慢慢的，这成了朵朵的生物钟。一到我要回家的时候，朵朵就会坐立不安，等待在门口，发出焦急的"呜呜"声。

听到我的脚步声，朵朵就会扑着门，催促妈妈快来开门。我一进家门，朵朵就亲昵地向我扑来，倒背着耳朵，使劲摇摆着尾巴。我会蹲下来，摸摸朵朵。朵朵这时也有食欲大开，叼起妈妈上午喂的美味，到自己的食垫上大吃特吃起来。每天的生活就这样温馨而平凡地继续着。

有一天，爸爸妈妈和我商量了一下，带着朵朵一起送我上学。我非常高兴，一路唤着朵朵，朵朵像小卫士一样，不离我的左右。可是，当到达学校的时候，麻烦出现了。我和爸爸妈妈再见后走进校园，朵朵也随即跟了进去。爸爸妈妈唤着朵朵，可是朵朵根本不听，朵朵一心想知道小主人每天都要去的是个什么地方。爸爸妈妈想跟进去把朵朵抱出

来，可是被门卫拦住了。家长不许随意进出校园，爸爸妈妈很无奈地眼看着朵朵追着我去了。

我一走到教室，就听到身后有同学的嘈杂声。

有同学惊呼："一只小狗！学校里来了一只小狗！"

我回头一看，居然是朵朵。我想放下书包赶紧带朵朵出校门，但是已经晚了，老师正向教室走来。这时教室里因跑进来一只小狗变得异常热闹。怕狗的同学都躲在一边，喜欢狗的同学都围过来想摸摸朵朵。这时候，我一下把朵朵抱起来，上课铃响了，我抱着调皮的朵朵不知所措地站在老师面前。

老师和蔼地说："盈盈同学，这就是经常出现在你作文里的朵朵吗？"我点了点头。

老师走向讲台，让兴奋的同学都安静下来，同学们都坐回自己的座位。

老师让我抱着朵朵到讲台前。

老师对同学们说："给同学们介绍一位新朋友，这是盈盈同学的小狗朵朵。狗属于犬科哺乳动物，有科学家认为狗是由早期人类从灰狼驯化而来，驯养时间在4万年前—1.5万年前，发展至今日。被称为'人类最忠实的朋友'，寿命为10多年。狗的种类有很多，有号称战神的比特犬，照顾生活自理困难的导盲犬，有军用犬，多才多艺的表演犬，盈盈同学抱着的是小型犬吉娃娃。关于义犬救主的故事有很多，地球上的资源不只属于人类，也属于其他生物，我们都要善待动物。"

老师转过头问我："小狗朵朵是否能听你的话？"我很肯定地点了点头。老师说只要朵朵能保持安静，不打扰其他同学上课，朵朵可以和其他同学一起留在教室。老师话音一落，喜欢狗的同学都发出欢快的叫声。

回到座位，我把朵朵放在我的座位旁。朵朵真是一只高智商的狗，很自觉地坐在我身边，安静地看着老师。老师讲加减法，当老师问道2+3等于几时，同学们一起回答"等于5"奇怪的事情发生了，朵朵在这个时候也"汪、汪、汪、汪、汪"连叫5声。老师和同学非常惊讶地看着朵朵，我也很惊讶地看着朵朵。

老师又接着问3-2等于几？我看到老师注意观察坐在过道里的朵朵，只听朵朵"汪"地叫了一声。

老师好像被朵朵惊呆了，难道朵朵是只会算数的狗？

老师准备单独提问朵朵。"朵朵"，朵朵听到老师叫它的名字，赶紧调整了一下自己的坐姿，似乎想坐得更加端正。

老师说："请朵朵回答，2+2等于几？"朵朵做了片刻的停顿，"汪、汪、汪、汪"连续叫了4声。

我从老师眼里看到了惊喜，我感到好骄傲啊！

这天上课结束后，老师说："欢迎朵朵以后经常来听课。"

朵朵成了学校里第一位不记名的狗学生，喜欢狗狗的同学和朵朵都成了朋友，怕狗的同学也喜欢上了狗狗，甚至让父母也为自己养一只狗。朵朵一度成了学校的小明星，很多同学一下课就会跑过来看朵朵，而朵朵和同学玩耍时也非常注意，不让自己锋利的牙齿和爪子伤到任何一位同学。

朵朵表现得非常优秀，甚至比一些同学还要优秀，因为不是每个孩子都喜爱学习，也不是每个孩子都能与人和睦相处。这所学校就有几个调皮的坏男生，经常欺负年纪小的同学，甚至打人骂人，还向比他们弱小的同学要钱。

我班里的一位男生豆豆就遭到这几位调皮男生的欺负。豆豆和我放学回家都经过一个广场，广场上通常比较安静，周围都是高大的树林，我和朵朵最喜欢经过这里回家。

这一天，我和朵朵看到走在前面的豆豆被这几个坏男生堵住路，其中一个比较大的男生说："小子，给我们5元钱，如果不给，就让我们每人打你一拳。你是愿意拿出5元钱呢？还是要我们每人打你一拳，你自己选吧。"

豆豆看到这架势，被吓坏了，胆战心惊地说："今天我没带钱，可不可以明天再给。"

那个坏孩子说："好吧，给你一天时间，但是明天你要给我们7元，听见了吗？要是你敢告诉老师和家长，以后见你一次就打你一次，听好了吗？"

豆豆赶紧点头答应，那几个坏孩子才给豆豆让开路，让豆豆过去。看到这一幕我心里非常难过，为不知道怎样帮助豆豆而感到难过。

　　整个晚上，我都闷闷不乐，爸爸妈妈好像觉察出来我不开心，问我为什么不开心，但是我没说。晚上，我躺在床上翻来覆去想这件事。

　　突然，我听到一个声音："小主人，不要难过，明天我来教训教训那几个坏男生。"我赶快坐起来寻找是哪儿发出来的声音，整个房间里只有我和朵朵。

　　我惊奇地看着朵朵："朵朵，你听到什么声音了吗？"

　　朵朵坐在那儿："是的，小主人，是我在和你说话。"

　　我看到朵朵一张一合的嘴，真的是朵朵在和我说话，朵朵真是只神奇的狗。我问朵朵怎样教训那几个坏男生。

　　朵朵说："我自有办法，到时候小主人不要害怕我凶时的样子。"

　　我想，朵朵只是在别人动它喜爱的被子玩具时才发出低吼声，没见过朵朵比那更凶猛的样子，真不知道朵朵葫芦里卖的什么药。

　　我问朵朵："为什么以前不和我说话，以后会经常和我说话吗？"

　　朵朵说："我们狗类是不能随便开口说话的，只有对自己最信任的人类，才能开口说话，对其他人类都要保持沉默。这是狗类的纪律，这个纪律从每只狗狗一出生，妈妈就告诉我们了，如果哪只狗违背了这条狗规，会有悲惨的下场。小主人，我只能和你说话，而你也要像珍惜我生命一样保守这个秘密。"

　　我坚定地说："我们是最好的伙伴，我会珍惜你并保守我们之间的秘密。"

　　我和朵朵又进行了口水发誓。我终于可以安心地睡着了，并且做了一个奇怪又美丽的梦。

　　第二天如期而至，正当那几个坏男生又要欺负豆豆时，朵朵飞快地跑了过去，像一只凶恶的狼一般冲向他们叫了起来，露出锋利的牙齿，朵朵背上的毛都竖了起来。那几个男生被突然冲出的狗吓了一跳，随即定下神来一看，原来是只吉娃娃，都大笑了起来。

　　朵朵感觉到了他们的轻视，围着那几个男生，露着锋利的犬牙，低吼着。似乎要告诉他们，不要小看吉娃娃，我们有锋利的牙齿和爪子，有迅猛的速度和无畏的勇气。如果不是因为身材小，早就被选去做警犬了。我的个头虽小，但锋利的牙齿同样能撕下你的肉。其中个头大的男孩，伸出脚企图踢翻朵朵，被朵朵机敏地躲过了，同时以迅雷不及掩耳之势，反口咬住他的裤脚，男孩被朵朵的速度和勇猛吓得大叫一声跌倒在地。

朵朵咬着坏男孩的裤脚无论如何不松口，直到那个男孩求饶，朵朵才放过了他。那个男孩抱着自己的腿，看着裤脚上被朵朵咬出的牙印，又惊又怕失声哭了起来。

我走过去对他说："今天只是给你们一个小小的教训，如果下次还敢欺负人，朵朵口下就不会这么仁慈了，不只是几个牙印，而是被咬的血印。"

那个男生赶紧说保证以后再也不欺负人了，另外几个男生才从惊恐中回过神来，然后做鸟散状，各自跑开了。

回家的路上，朵朵说："小主人，希望今天我的表现没有吓到你，我们狗类虽然有锋利的牙齿，但我们从来不会伤害自己的主人。"

第二天，整个学校都知道了朵朵的英雄事迹，都为这只神奇、聪明、正义的狗感到骄傲。校长特别为朵朵开了一个全校大会。

大会上说：由于小狗朵朵好学上进，勇敢正义，已经符合一名小学生的条件。因此，特别批准朵朵成为该校的一名正式学生。台下响起长达十秒的掌声。朵朵依然保持着一贯沉稳的坐姿，和以前不同的是，朵朵不再坐在过道里，它有了属于自己的课桌和椅子。当无数的同学用羡慕的眼光望着我的时候，我从心里为朵朵感到骄傲。

当天晚上，家里特意为朵朵做了最爱的大餐，朵朵吃得很开心。

晚上睡觉时，朵朵看着亲爱的小主人，又开口说话了："我亲爱的小主人，从明天起，我会像以前那样在家等你回来，在各种麻烦没来之前，我必须离开学校，因为人类的学校不属于我们。"

我越来越理解朵朵了，所以我尊重朵朵的每一个选择。

我对朵朵说："你是我最好的伙伴，有你陪伴的日子，我是多么快乐。但是，我知道你做的选择有你的道理，我会尊重你的每一个选择，你永远都是我最好的狗狗！"

智勇双全救狗记（童话故事）
——送给我的朵小胖，感谢你给我的陪伴

我是多么喜欢夏天啊！可以放暑假，天天晚上都可以和爸爸妈妈朵朵一起去小广场。滑喜爱的轮滑，滑板，和小朋友一起骑自行车。

朵朵也喜欢夏天，只要不下雨，都可以和主人一起出去玩。小广场上有很多同伴，我和小朋友在广场尽情嬉戏，爸爸妈妈三五成群在一起交流聊天。而整个社区的狗狗几乎都能在广场上见面，遛狗的遛狗，追逐的追逐，朵朵在这儿甚至找到了自己的好伙伴，另一只小吉娃娃大宝。

朵朵的狗绳上拴着个铃铛，只要朵朵的铃铛声一出现在广场，家距离广场最近的大宝就拼命向外面跑，出来找朵朵玩。朵朵多么享受这段时光啊，每天吃完晚饭，朵朵都要等在门口，等待着主人带它出去玩。

当然，朵朵是一只非常有个性的美女狗，并不是所有狗朵朵都喜欢。比如那只叫豆丁的泰迪，每次豆丁的主人带豆丁到家里来玩，豆丁总会把朵朵的食物里里外外打扫得干干净净，一点不剩。这还不是最要命的，豆丁是只男狗狗，好像一年四季都处在兴奋状态，朵朵实在提不起兴趣喜欢这家伙。

还有一只叫法郎的白色泰迪，这家伙好像就是为占地盘来到这个世界的，走到哪儿都要留下尿迹，还自以为撒尿的姿势风度翩翩。朵朵认为法郎撒尿的时候太高调，因此在法郎第一次靠近朵朵的时候，就被朵朵狠狠咬下一撮毛，只不过想吐没吐出来。那撮毛报复性的进到朵朵肚子里，对于那撮进到朵朵肚子里的毛最后的归宿，朵朵也无从查证，毕竟不能把每次大便都检查一遍。

这天，朵朵和主人一如既往来到广场玩，朵朵看到法郎的主人，但没看到法郎。朵朵无意中听到法郎的主人说法郎丢了，说晚饭后让法郎先下楼玩，只过了几分钟的时间，主人到楼下就再也没看到法郎，法郎的主人非常难过。

朵朵听到这，不知被一种什么样的情绪击打了一下，但又迅速地消

失了。那个讨厌的家伙，丢就丢了，没什么值得难过的。

那天，朵朵一会儿追着小主人玩，一会儿和它的狗伙伴玩耍，依然是快乐的时刻。

但是，没过几天，朵朵喜爱的一只叫悠悠的牧羊犬丢了，悠悠每天都跟着主人到广场来。悠悠长的很高大，悠悠的小命还是主人帮忙救下来的。悠悠的妈妈在生悠悠的时候，悠悠的主人不知道。正好被朵朵的主人看到并及时通知了悠悠的主人，刚出生的悠悠才得到了及时的照顾。因此，朵朵对悠悠不自然地就多了一丝好感。

悠悠每天跟着它的主人，晃着被梳理的整齐又光亮的长毛，威风地在广场周围走来走去。

可是，悠悠丢了，悠悠的丢失和法郎的丢失会不会有一定联系呢？聪明的朵朵在它的小狗脑里迅速思考着。朵朵的狗直觉很敏感，在悠悠的主人和关心悠悠的人一起查看社区监控录像的时候，朵朵也跟着一起去了，因为人群对于朵朵来说太高大，必须让人抱着朵朵才能看到监控画面。

朵朵是一只聪明的狗，在画面中，它发现一辆可疑的白色面包车，一直在社区内转悠。朵朵感觉到可能就是那辆车带走了悠悠，朵朵对着监控画面低吼了两声，希望能引起人的注意。

果然，画面出现了独自行走的悠悠。悠悠从家里出来，经过这里，可是身边没跟着主人。那辆白色面包车慢慢靠向悠悠，突然，车门打开，跳下来一胖一瘦两个家伙，手中拿着一个套狗用的棍子。这个对朵朵来说太熟悉了，在朵朵很小的时候，主人就教过它这些防护知识，主人经常对朵朵说："要远离拿着套狗棍的人。"

一胖一瘦两个家伙，迅速用套狗棍套住了悠悠的脖子，瞬间把悠悠拉到车里。朵朵对着监控画面大声叫起来，悠悠的主人和关心悠悠的人都看到了悠悠丢失的整个过程。可是监控只能看到社区大门口，至于那辆白色面包车出社区后驶向什么地方，没有人知道，大家都为悠悠担心起来，为悠悠被带走后的命运担忧。

朵朵突然变得安静而沉默，似乎成了一只思想狗。主人以为小狗也会有情绪周期，所以没有特别在意。在以后的几天里，朵朵的行为变得有些奇怪，经常这儿闻闻，那儿闻闻，还流露出一副若有所思的样子。

主人不知道，朵朵是在寻找那辆白色面包车留下的踪迹，那辆车带走了它的好朋友悠悠。有可能法郎也是被这些家伙偷走的，法郎和悠悠的丢失，给广场上所有狗狗主人的心里都蒙上了一层阴影，都担心自己的爱犬哪天也会失踪不见。

这天，朵朵感觉到了什么，是的，就是这辆车，那辆带走悠悠的车，又出现在广场的周围。车慢慢地开动着，不好，前面有只叫卡尔的拉布拉多犬，主人没跟在身边，成了偷狗者的目标。

朵朵非常为卡尔担心，但是，一个计划逐渐在朵朵脑中形成。

果然，当那辆白色面包车慢慢靠近卡尔的时候，车里又跳下那一胖一瘦两个家伙，手中拿着捕狗棍。用偷走悠悠的方式和速度，偷走了卡尔。

朵朵本来可以大叫，吸引主人的注意，但朵朵没有那样做，它沉着地跟在那辆车后面，跑着追那辆车。朵朵太小了，在社区内车速不高，朵朵还勉强跟得上，可是离开社区后，那辆车开始加速，朵朵感到力不从心……

朵朵用力抽动着鼻子，努力记忆白色面包车的气味，朵朵全力追赶那辆车。终于，白色面包车从朵朵的视线里消失了。朵朵凭着嗅觉的记忆，不知跑了多久，大概10分钟，或许更长。朵朵伸着舌头喘息着，用鼻子努力寻找白色面包车的气味。

终于，这种气味越来越浓烈，越来越清晰，朵朵清楚自己追赶的方向没错。马上就能找到那辆白色面包车，终于在一个虚掩着门的院子里，朵朵听到很多狗叫声，朵朵看到了那辆白色面包车就停在院子里。刚刚被偷来的卡尔脖子上还套着那根捕狗棍，卡尔被那个瘦子拖拽到一个装着很多狗的大铁笼子里。

朵朵凭借自己的小身材，在夜晚的掩护下，找到一个较好的隐蔽地点藏了起来。

朵朵现在有机会观察这个地方，这是一个后院，前排房子里有不少人，这里应该是一个饭店。朵朵突然明白了，这是一个狗肉饭店。也就是说，这些被偷来的同胞迟早会被变成一盘盘狗肉端上餐桌。

朵朵嗅到死亡的恐惧，朵朵想，不能耽搁，我一定要用最短的时间把这些被关在笼子里的同胞救出来。否则今晚过后，不知偷狗贼的屠刀又要对准谁。

可怎样解救这些被关在笼子里的狗呢？跑回去叫人来，显然不现实，有谁能听懂狗的语言呢？即使是自己的主人，也未必会懂得我的用意。事不宜迟，我要仔细观察一下，看看我该怎样做。

狗的敏锐直觉给了朵朵自信，它看到把卡尔关进笼子的时候，人是打开那个铁笼的门。而那扇门是用一个门扣在外面开关的，我只要能打开那个门扣，就能救出这些被偷来的狗。

然而，一个大难题摆在朵朵面前。朵朵的身高是无论如何不可能打开铁笼上的门扣，何况偷狗贼还养了一条身材高大的看门狗，现在，这只看门狗被铁链锁着。

朵朵想，如果我去救这些狗，这只看门狗出于本能一定会叫，叫声会惊醒屋子里面的人，我要说服这只看门狗不能叫。可我要怎样说服它呢？朵朵躲在角落里，看着院子里的人忙碌着，慢慢地人越来越少。当最后从房子里出来的那个人打开看门狗拴在柱子上的锁链后，走进房间，随后关上了灯。

朵朵趁着月光，慢慢地向看门狗靠近。看门狗觉察到了什么，开始发出低吼，以示警告。

朵朵说："嘿，伙计，我们是同类，我叫朵朵，看看我们可不可以做个朋友？"

看门狗咧着嘴露出大而尖的牙齿说："你为什么到这里来，难道来这里就是为和我交朋友吗？"

"嘘，"朵朵小声但清晰地说，"伙计，都说我们狗最忠诚，你能不能告诉我，我们除了对人类忠诚，对我们狗需不需要忠诚？"

看门狗带着狐疑地看着自己面前这个小不点同类，似乎这个小不点说的话很愚蠢。

看门狗向朵朵抛来一个眼白。高傲地说："狗对人类忠诚，当然对狗更忠诚，因为狗和狗是同类嘛。"说完，看门狗凭借自己的身高，又向朵朵抛来一个眼白。

"嗯，"朵朵耸了耸肩说，"你说得很好，但我认为你并不诚实，因为你虽然这样说，但是你并没有这样做。"

看门狗立刻坐直身子，咧着嘴又露出尖尖的牙齿，说："你说我不诚实，是个说谎者，你这个小不点，你想找死吗？"由于激动，看门狗把拴在身上的铁链震的响动了起来。

"嘘，"朵朵示意看门狗降低一下声调，说，"伙计，保持冷静，想想你每天的生活，被拴着铁链，禁锢在这个院子里，而这个院子里每天都进行着肮脏的勾当。我们的同类被从各个地方偷盗过来，没打一声招呼就被强迫带来这里。被迫离开它们的主人，离开温暖的窝，甚至有的刚刚做了妈妈就被迫离开正在吃奶的幼崽，被带来关在铁笼里。等待它们的只有死亡，被做成狗肉。而你，眼看着自己的同类被抓，被杀，被做成一盘一盘狗肉。你却在帮残害我们同类的家伙看门护院，难道这就是你说的对同类更加忠诚吗？而你保护的这些家伙，不但用铁链剥夺你的自由，还在你的食盘中放了我们同类的肉。你第一次闻到同类的肉一定吃不下去，可是，由于饥饿你不得不吃，慢慢地，你对这种残忍习以为常，有时甚至对着自己同类的骨头大嚼特嚼。也许有一天，你也会变成另一只狗食盘里的肉。你说的对自己同类更加忠诚，难道就是把自己的同类吃到肚子里，再把它们变成一堆狗屎吗？"

朵朵的话尽管声音低沉，但字字句句都像沉重的石头击打着看门狗的道德和灵魂，看门狗沉默了。

它深深叹了口气，说："我该怎样挽救自己呢？伙计。"

朵朵说："我们一起，打开那个铁笼，救出我们的同类，让它们免于被杀害的命运，这也是你对自己的救赎。救出它们后，你和我们一起走，否则明天偷狗贼发现偷来的狗都被放走了，恼怒起来也许会杀了你。所以伙计，来吧，救出我们的同类，也是救赎你自己。"

"我该怎样做呢？"看门狗看着小而坚定的朵朵。

朵朵和看门狗一起走到关着狗的铁笼前，看门狗尽量不让拴在脖子上的铁链发出声响。朵朵仰着头看着高高的门闩。

看门狗毫不犹豫地说："来，踩在我背上，你一定行。"

笼子里的狗一直惊奇地看着这一幕，都被朵朵的坚定和智慧深深地打动。事情出奇顺利。笼门很快被打开，被救的狗有秩序又安静地等待下一步怎样做。看门狗熟悉院子里的情况，带着大家向一面有洞的墙走去。由于看门狗脖子上的铁链会发出声响，悠悠和卡尔把看门狗脖子上的铁链叼在嘴里。狗狗们依次从墙洞里爬了出来，一切都那么有序而安静，丝毫没有惊扰偷狗贼的发财梦。

出了院子后，朵朵带着大家朝家的方向奔去。朵朵凭借嗅觉的记忆，很快回到了社区，这么多的狗，足足有十几条。朵朵想到主人的仓库足够大，可以暂时安顿下这些狗。

朵朵让被救的狗等在楼下，飞奔上楼，叫开家门。以为朵朵再次走失的爸爸妈妈，看到朵朵平安回来，非常高兴。伸手要抱起朵朵，没想到朵朵灵敏地跑开，对着爸爸妈妈拼命摇着尾巴，做出向楼下跑的动作。

爸爸不知道朵朵有什么事，但还是跟着朵朵走下楼梯。到了楼下，爸爸被惊地倒退几步，十几只狗，安静地或站或趴在那里。看得出这些狗很疲惫，其中一只狗还带着长长的铁链。爸爸似乎明白了什么，转身向家跑去，拿起仓库钥匙，用干净的盆接了满满一盆清水，妈妈把朵朵所有狗粮都拿出来，我也从床上起来跟着来到楼下。

我一下惊呆了，从没有见过那么多狗同时聚在一起，并认出了狗群中的悠悠和卡尔。爸爸这时已经打开仓库门，把水盆放下，把我的玩具地垫铺在地面，放好狗粮。狗狗们在朵朵的带领下走进仓库，吃的吃，喝的喝，爸爸用钳子钳断了看门狗脖子上的铁链。

接下来发生的事，相信大家都猜到了，偷狗贼受到了应有的惩罚。被偷的狗狗都回到了自己的家，看门狗也有了属于自己的名字和温暖的窝。在以后的日子，朵朵依旧每天跟着主人到小广场和伙伴玩耍。所有一切，好像什么事都没有发生过一样。

学习篇

让孩子有个数学思维

独立思考能力是科学研究和创造发明的一项必备才能。在历史上任何一个较重要的科学上的创造和发明，都是和创造发明者独立地深入地看问题的方法分不开的。

——华罗庚

我们大脑就像一种自动流水线，存在一种自动反应的思维程序，这就是思维习惯。当思维习惯形成后，它看到事物的反应是自动的，同时又是绝对的。它只是简单地存在于我们的思想里。它是一种深层的东西，处于思维的最底层，非常高端。我们平时几乎意识不到它的存在，但它又影响着我们的人生。就像人的骨架，从外面只能看到皮肤和肌肉，可支撑它们形状的骨架却看不到，但它最为重要。

有时候，我们会发现，孩子无所事事，漫无目的。时间如果就这样白白流逝，实在感到可惜，因此，我们尽可能多地陪伴孩子，让孩子宝贵的时间尽可能过得有意义。而我们也一定要加紧学习的脚步，以跟上孩子成长的步伐。

所有孩子都喜欢玩耍，是让孩子放任自流漫无目的去玩，还是父母指导着，让孩子在玩中学，在学中玩，让玩耍成为孩子学习的机会，让玩变得更有意义。很多孩子都喜欢积木，想想平时我们的孩子是怎样玩的？

是将积木在孩子面前一放："宝贝，玩去吧。"然后自己去做自己的事。

还是我们和孩子一起玩，一边玩一边对孩子说："这个是红色的是正方体，这个是蓝色的是长方体，这个是黄色的是圆柱。"

"宝贝儿，你能把那个紫色的扇形递给我吗？"

这个是平面图形，这个图形叫作"正方形"，我们知道一条边的长度，就可以计算出它的面积。如果再有这样一个叫作"高"的边，就成了立方体，可以计算出它的体积，我们玩的积木都是立方体。告诉孩子什么是点？点动成线；什么是线？线动成面；什么是面？面动成体。

无形中培养了孩子的空间想象能力。漫无目的地玩的孩子，一般不会有这些数学概念。我们孩子在玩积木的时候，就可以用数学思维来理解积木。数学生活化，图像趣味化，把冰冷的数学符号、抽象的数学概念，深入浅出地变成生活里好玩又有趣的游戏。

和孩子一起散步，可以玩数数的游戏，你迈了几步，我迈了几步，如果左脚代表奇数，右脚代表偶数，可以发现什么规律吗？

在等红绿灯的时候，我们可以把数倒数一遍。

用厨房的电子秤，可以玩称量的游戏，让孩子对重量单位有个简单的概念。

和孩子出去玩的时候，随手拿一把米尺，可以和孩子一起玩丈量的游戏，让孩子对长度有个初步的认识和理解。

给孩子培养一个数学思维，在生活中的各个方面，都能用数学的眼光去看待和发现问题。这些数学概念在孩子脑里培植、发育、成长，发展出一些自己的想法。即是让孩子以自己的方式建构一套数学理念的方法，来达到认知的目的、培养深入思考的能力。这样通过理解学习而来的数学才能根深蒂固。

孩子在生活和游戏中形成数学思维，有数学思维的孩子在看到一个盒子的时候，不是简单地理解"盒子"这个名词，而是会用数学概念来理解这个盒子。这个盒子是什么形状，有多少个面组成，大概有多长，有多高？数学思维是骨，后期数学学习是肉，只要骨架建构得好，肉随时可以加上。一个有数学思维的孩子，在以后的数学学习中，一般是不会出现问题的。

有时我们在给孩子解答疑问的时候，无法将答案透彻全面地告知孩子，这时我们可以借助于书籍给孩子一个明确又有趣的满意答案，以达到帮助孩子学习和理解数学的目的。这里给大家介绍一套数学书籍《汉声数学》。数学是一门逻辑性很强的学科，这套书对于中国的数学教育是很好的补充，它详细有趣地讲述了学校中的一些基本数学知识的概念，但是又考虑到了低龄孩子对抽象概念的理解能力比较浅，结合生活中的事物有序地展开，娓娓道来各种知识。

这套书名气真的很大，也的确是套好书。它是以充满趣味的方式解读数学，让孩子在干瘪的传统教学方式外获得生动形象的补充，方便孩子理解记忆。涵盖的内容也很多，应该是涵盖了小学数学的全部内容。它以帮助孩子建构基本的数学理论、培养孩子逻辑思考能力为宗旨，补充了现行数学教育的许多不足，是已经开始数学学习的孩子非常好的一套数学课外书籍。全书内容生活化，图像趣味化——这一整套书的写法也非常特殊，是以写故事的方式来贯穿，把冰冷的数学符号、抽象的数学概念，深入浅出地变成生活里好玩又有趣的事。孩子对这套书会产生很强的亲和力，会主动拿起书本，像看故事书一样，有兴趣地一字一句看下去。而且，由于这是数学故事书，孩子一遍看不懂，他会一看再看，无形中养成自学的习惯。这一点是非常重要的，一个人能否自学，往往是优秀不优秀，成功不成功的关键。

书中所搭配的图画也相当精彩，不但色彩鲜明、线条有童趣，而且插图极为幽默、合宜，辅助了文字的功能，使孩子更容易接受、了解书中所要传达的旨意。这套书提供给孩子一种不同于教科书的角度来看数学，给数学赋予新意，以及新的生命。而且，孩子还能透彻地了解数学概念，理清思路，运算上想不通的问题能够迎刃而解。就这样，孩子不再是数学答案的机器，也会自然而然地提高对数学的兴趣从而喜欢上数学。兴趣是孩子最好的老师！

生活处处皆学问，只要做一个有心的父母，哪里都能让孩子学到知识。但是切记在孩子游戏和学习的过程中我们不能贪婪，要把握好学习的度。让孩子在学习的过程中，不会因为产生反感情绪而失去对学习的兴趣。因此我们最好了解孩子的情绪，能做到察言观色。一旦发现孩子在学习的过程中产生反感情绪，即使正说得意犹未尽也要赶快停止。

有些表现比较自我的父母，如果说得正起劲，结果发现孩子不配合，不愿意再听下去，可能会火冒三丈，强迫孩子老老实实听完才肯罢

孩子凭什么优秀

休。这样做的结果是，可能一次性把孩子学习的兴趣扼杀了。因此千万把握好分寸，察言观色，避免孩子在学习的过程中产生反感情绪。

生活即学习。做个虚心、细心、用心的父母，把自己最宝贵的时间给孩子。陪伴孩子一起，从学中玩，从玩中学，培养孩子的数学思维。为孩子将来能够轻松学习，打下坚实的基础。

快乐学数学

我发现女儿盈盈喜欢做题，任何形式的题她都喜欢做，买来的新书都要先把里面的题做完后，才开始看其他。幼儿园有自己的教材，半年发一本，书一发下来，盈盈当晚就要把整本书做完。

我问："现在做完了，等老师布置作业的时候怎么办？"

盈盈振振有词："老师会布置作业让我们做，我现在都做完了，如果不小心哪天忘了做作业，就不用担心了。"

女儿当时只有三岁，这个时间开始数学学习会不会太早？我又转念一想，这只是我的个人想法，孩子具有的能力总是超乎我的意料，不能让惯性思维耽误了孩子的成长。

问题是，在当时我真不知道该给孩子买什么样的数学书籍，于是就找来小学一年级课本。没想到一拿出来，女儿马上喜欢上了。让我给她念里面的内容，写字台太高，女儿那时太小，根本不够写字台的高度，都是坐在床上，在笔记本电脑桌上，用小手拿着铅笔照书上的样写数字。可数字总是写不好，孩子开始有些沮丧。

我对她说："好孩子，不要着急，现在铅笔和数字还不是你的好朋友，等你写得多了，和这些数字都熟悉了，铅笔就会听你的话，就能写出既工整又漂亮的数字。"

从那以后，盈盈每天又多了半小时的数学时间。可是渐渐地，由于小学课本难度不断加大，很多题目盈盈不会做，开始慢慢失去兴趣。

正在为难的时候，我终于发现了适合孩子做的数学书——《阶梯数学》。全彩图，题目难度适中。第一阶从三岁开始，第四阶的内容包括了小学一年级内容。我迫不及待全套买下，共22本。按照当时盈盈的情况，没必要买第一阶，但考虑从简单开始，有利于建立孩子的自信，做起来简单，题目都会做，孩子就会充满自信，充满自信就会心情快乐，心情快乐就会喜欢做题，学习本身就应该是快乐的。

书刚刚买到家，女儿马上投入到她的快乐数学时间，不到两个小时，两本做完了。这样的速度，一周就能把一、二阶做得差不多，三阶后的对她来说是有难度的。不得已，我只好规定，每天最多只能做20页，20页轻松做完后，如果做得对并且整洁的话，还可以再奖励几页。

在女儿做这套《阶梯数学》的同时，我抓紧找下一套适合她做的数学书籍。

作为女儿喜欢的第一套数学书籍我认为值得认真推荐一下。《阶梯数学》这套书籍做到了循序渐进、知趣结合，从幼儿的认知规律和特点出发，依据孩子的发展特点设置长期的学习计划，慢慢培养优秀的思维能力和自主学习的习惯。这套书满足学前儿童掌握数字、发展早期数学能力的多方面需要。包含了适合幼儿各个年龄阶段的系统数学内容，可以有针对性地选择和孩子的水平相应的阶段，让孩子在家里能轻松地进行学习。并且为家长准备了详细的说明文字，对于家长在家指导孩子学习，让孩子对数学产生兴趣有很大的帮助。

感谢这些彩图书籍，陪伴女儿走过了很多快乐数学时间。书中画线，涂颜色，粘贴sticker等游戏和色彩丰富的图画能起到培养孩子的想象力和创造力的作用，还为学习增添很多乐趣。让孩子学起来很轻松，当孩子把学习当成了好玩的游戏，她就不会感到枯燥，学习的兴趣马上就会被调动起来，做起题来根本停不下来。孩子学习的兴趣在娱乐中不断提升，激发孩子对数学的兴趣，为以后的学习打下良好的基础。

我们来试想一下，当孩子想做10道题，如果我们不满足，要求孩子必须做12道题，孩子一定会带着一种不快和压力完成这12道题。不但如此，甚至会对数学产生反感情绪。因为谁都不愿意被强迫着做事。

如果孩子希望做10道题，我只让她做8道题，她会带着不满足很珍

孩 子 凭 什 么 优 秀

惜地完成这8道题。等到孩子做完后，我们可以说："好孩子，妈妈看你做得这么好，再奖励你两道题。"

一般在这种情况下孩子会欢呼雀跃，带着一种喜悦的情绪来完成这两道题。

如果我们看着孩子又做得很好，继续奖励两道题，孩子一定会认为我们是天使。

同样做了12道题，只需要换一种方式，换一种方法，就会出现两种不同的结果。由于孩子年龄比较小，注意力的时间比较短，父母应把握好学习的时间。在孩子成长的阶段中，作为父母的我们，切记在孩子学习的过程中不要贪婪。

感谢我的小老师

孩子是我们的未来，是我们生命的延续，为了孩子，我们是否让思维转个弯。以前我们都是习惯让孩子听我们的话，现在我们换个方式，我们来听孩子的话，听听孩子小脑袋瓜里的想法。当孩子结结巴巴地，睁大眼睛，时断时续努力想把话说得清楚，在向我们倾诉的时候，我们看着孩子认真的表情，会不会悉心倾听，面带慈爱的眼神和微笑，不时附和。孩子会在一问一答中说得更认真，而我们也能听到触动心底的话。有时，原本我们以为天经地义不可改变的事，经孩子一说，我们可能会不由得苦笑一声"这么简单的道理，为什么我就没想到"，反而让孩子来指点迷津，并对孩子说的话再三思索。有时，孩子是我们的老师。

好习惯的养成对孩子来说是锦上添花。好的学习习惯养成后，学习的劲头想拉都拉不住，我们所有的付出又显得多么微不足道呢。

女儿很快把《阶梯数学》第一阶的五本做完了，当我拿出《阶梯数学》第二阶，告诉她可以做阶梯二了，女儿高兴地把书拿过去，从头到尾看了一遍。

看完后，爬到书桌前的椅子上说："妈妈，我要给你个惊喜。"

说着便拿起田字格本写了起来，大概用了3分钟，女儿把写好的田字格拿给我看。

1—5的数字，每个数字都写两行，由于写得太快，书写并不工整，但是每个数字都没出格。

女儿接着又在田字格的封皮上，写上了她的大名，尽管写得歪歪扭扭，但一看就能认得出是她的名字。女儿现在回到家，写写算算已经成了她的乐趣和习惯。

刚开始做《阶梯数学》时，女儿10以内的计算还要依靠数手指，借助于小算盘。计算能力都是锻炼出来的，做得多了算得就快了。为此，我们设计了自己的小游戏。

我和女儿一起玩抢答的游戏：3+5等于几？

我和女儿同时抢答，我看着她的小脸，刻意回答得慢一点。

女儿赶快用小手指算，然后说："等于8，妈妈，3+5=8"。

我接着慢悠悠，不确定的回答，"应该等于7吧？"

女儿非常自信地说："妈妈，你错了，应该等于8。"

然后教给我为什么3+5等于8。

我们又计算：9-2等于几？

女儿想一想，伸出小手指算了一下，马上回答"等于7"。

我也做出积极抢答的样子说："这回你一定错了，应该等于5。"

女儿耐心地告诉我，为什么9-2是等于7，而不是等于5。

有时，我也会把答案说对，我会谢谢我的这位小老师，教会我学计算。

做了这样的游戏后，女儿的计算能力大大提高了。

有一天，女儿对我说："妈妈，你不用陪我做题了，我给你一个惊喜。"

我看到女儿做的《数学描红》里有不少10以内的加减法计算题，她居然没有数手指，没有借助于小算盘，并且做得既快又准确。

女儿一直不停地做，我对她说："做累了就不要做了，去休息休

孩子凭什么优秀

息，玩一会儿。"

可是女儿坚持说不累，直到做完第5页才停下来。

做完后，我给她检查，只有很少的错误。

女儿一看有错，拿起铅笔，不假思索把正确得数写了上去。

看着这一切，我心里真有说不吃来的喜悦。

以后，女儿的数学计算，再没借助过数手指和小算盘。同时我们开始熟悉20以内的计算。

女儿说："妈妈，数学和铅笔已经是我的好朋友了。"

积少成多，女儿做了40厘米厚的数学图画书，《阶梯数学》《我的第一本数学启蒙书》《奇迹数学》等，后来实在买不到彩图书，只好给她买小学数学试卷来做。

分享一篇女儿写的成长记录。

每天晚上玩回来后，我都会迫不及待地坐在书桌前等妈妈来陪我做题和写日记。

我问妈妈："妈妈，今天可以做多少页？"

这时候妈妈总会警惕地说："每天只能做5页。"

为什么妈妈在做题上对我警惕，因为妈妈吃过我的亏。从小我就会背一首诗：人人都说小孩小，小孩人小心不小。你若小看小孩小，你比小孩还要小。那时候妈妈教给我的时候，我觉得像为我写的。所以爸爸妈妈把我当小孩的时候，我会把这首诗当成我的盾牌。

我对妈妈说："可是妈妈，今天吃饭我听话了，难道不奖励我这个听话的孩儿吗？"我每天都有理由和妈妈讨价还价。

妈妈黑着脸说："好吧，可以多做1页，今天做6页。"

我坚持说："10页，今天做10页吧，小气的妈妈。"

妈妈的脸更黑了："8页，只能做8页，要不一页也别想做。"

今天和妈妈的讨价还价我又成功了。

妈妈数到第8页，拿笔做了个记号，一边做记号一边说："我得先做个记号，以免你赖皮。"我赞同妈妈的说法，因为我经常赖皮。

妈妈给我买了很多数学图画书，里面有很多贴画。只要有贴画的我都喜欢做，没有贴画的我也会做，因为那些题都太简单了，只要拿支笔写上去就行，写完后妈妈都很高兴地赞扬我，甚至还会奖励我几个故事。为了那个赞扬和奖励，我愿意动动笔，把没有贴画的题都写上。

很快8页我就做完了，妈妈看了我做完的数学题，说："今天做得不错，刚才做题的时候很认真仔细，妈妈奖励你，可以再做2页。"

我拍着小手，搂过妈妈，在妈妈脸上使劲亲了一下。

以我5年的人生经验，只要做个懂事的好孩子，总是会有意想不到的奖励。

做题也不是总让人快乐的。

因为每次做题我总是做不够，都大声地要求："妈妈，我要做题。"

妈妈总是说："你不是刚做了吗？快去玩吧。"

我就大哭："你不是我亲妈妈。"

妈妈一看我哭就赶紧说："好，好，再做半页。"然后会拿试卷给我。

这时候我就对妈妈说："我的亲妈妈又回来了。"

可是，有时候这招也不管用，有一次我就倒霉了。

那回我又要求："我要做题。"

妈妈坚决地说："不行，今天的都做了，不能再做了。"

我大哭起来说："你不是我亲妈妈。"

妈妈生气了，转身要走开："好，今天我就不当你亲妈妈。"

我跑过来拦住妈妈："不行，不让我做，你哪儿都不能走。"

妈妈低头看着我，说："看你能把我怎么样。"

我左推右挡不让妈妈过去。妈妈想把我抱起来，我就向地面坠，不让妈妈把我抱起来。

妈妈用力把我翻过来，抬起手对着我的屁股"啪""啪"两巴掌。

我怕妈妈再打我，赶紧站起来，脱下裤子一看，红了，我更哭了。拿起桌子上试卷找爸爸。

爸爸问我："怎么了，宝贝，这回为什么挨打。"

我哭着说："妈妈不让我做题。"

爸爸向妈妈求情："让孩子再做两道题吧。"

妈妈很生气，说："做什么都要有个节制，这没完没了的，你陪她做，我不管了。"

爸爸抱起我，说："来，爸爸陪你做。"

平时听不见我的哭声，如果我哭，智商20的人都知道是妈妈不让我学习，或者我使劲要学习挨揍了。但是这还不是最严重的。

有一次爷爷家有事，妈妈每天要在爷爷家忙到很晚，回来后把我从同学家接回来，妈妈已经很累了，可是我还坚持要做完题才肯睡觉。

妈妈说："今天妈妈觉得很累，不做题了，都10点半了，快睡觉吧。"

我坚持说："我就是要做。"

妈妈说："再给你次机会，赶快洗漱睡觉，否则，就祝自己好运吧。"说完要离开房间。

我跑到妈妈前面，用尽力气，左推右挡不让妈妈过去。

妈妈抓着我的胳膊，很生气地说："我真管不了你了吗？"

我还坚持说："我就是要做"

妈妈用尽力气，连拉带拽，把我拽到阳台关起来，别好门把手："什么时候知道自己错了，并且要改正的时候，就敲敲门，再放你出来。"转身走了。

我被关在阳台，使劲拽阳台的门，门被我拽得"咣当""咣当"直响声，突然一声"啪"，把我晃了一下，门把手被我拽断了。我从阳台跑出来，攥着小拳头，站在妈妈面前："我就是要做。"妈妈估计被我吓到了，站在那，看着爸爸从地上捡起来被我拽断的门把手，顿时泄了气，欲哭无泪："好，做。"

那一次妈妈再没阻止我，做完题我又写了日记。后来，妈妈说，如果在荷兰，她要进妈妈学校的，因为孩子根本不听她的话，她不是个合格的妈妈。

这只是做题，还有讲故事。

晚上睡觉前，我经常问妈妈："妈妈，今天准备给我讲哪本？"

妈妈挑选好说："这本。"

我接过看了看："这本不讲。"放到一边。

妈妈就会说："你自己选吧。"

我自己挑好："这几本。"

妈妈很警惕地说："说好的，我讲一半，你自己看一半。"

我装作老实样："好的，妈妈，我说话算数。"

妈妈讲完后说："好了，讲完了，闭上眼睛听诗歌睡觉。"

我把最先妈妈选好的书拿给妈妈："妈妈，你不是想给我讲这本吗？"

估计妈妈当时很崩溃，但是还是会说"好"。

我知道那样做是不疼爱妈妈，可是妈妈拿起书时，我的心头就涌起对知识的渴望，我感觉自己像一匹饥饿的狼，不断强求妈妈再多讲一本。妈妈每天都要给我念几个小时的书，还要回答我没完没了的问题，妈妈因为我得了慢性咽炎，后来引发耳道炎。因为嗓子天天都疼，耳朵疼觉不出来，很严重了才发现。我永远忘不了小时候的读书时光，深深感谢妈妈对我的爱，妈妈，您为我做的一切，我永远感激，永远不会忘怀，我将来一定做一个有价值的人，回报您对我的爱。

书籍的力量是无穷的，我们读书，更是为了用书。后来给女儿买了一套《数学小子》，里面有个女孩被称为数数女王阿曼达，阿曼达喜欢不停地数数。只要她看到过的所有东西，总是想把数量数清楚。后来，阿曼达学习了乘法，可是她并不重视，依然使用她的数数方法。通过一件事后，终于学会了乘法的运用，知道乘法是非常简便而准确的计算数量的方法。

读完这个故事后，我和女儿数数比赛。她用数数的方法，我用乘法。每次女儿都用很长时间才能数完，而我只需要一数一乘，正确答案就出来了。女儿着急地说："妈妈，我也要学习乘法。"我说："学习乘法很简单，只需要把乘法口诀背过，然后多做练习熟练掌握，乘法就属于你了。"

推荐两套关于数学的书籍《数学小子》《我是数学迷》。

这套书涉及数与量、几何、统计分类等广阔的数学概念，却深入浅出、轻松易懂，在孩子数学学习的初始阶段，将广阔的数学天地与身边的实际生活联系起来。有助于老师和家长对孩子进行数学启蒙。

努力学数学，不如真心喜爱数学。《我是数学迷》这是一套屡获大奖的数学图画书。每册图书都通过想象力丰富、妙趣横生的童话故事讲述一个数学原理，是为孩子准备的数学故事大餐，盈盈对这套书籍爱不释手。

例如：

《0的苦恼》（知识点：0与十进制）

在数字王国里，0没有意义，任何数字和他相加都不会产生任何变化。0觉得很孤独，也很苦恼，他想找到自己存在的意义。于是0向睿智的无穷大伯爵请教，又找到乘法国王做乘法。功夫不负有心人，0终于找到了自己的用途。聪明的小朋友，你能想到0都有哪些用途吗？

《魔术纸条》（知识点：莫比乌斯环）

你相信用小纸条这样简单的道具就能变魔术吗？扎克做到了。用纸条和胶带，可以把纸条的长度变成原来的两倍；一张小小的纸，可以变成一个能让人钻过去的大框；还有手电筒也能制造出让人大吃一惊的效果。只要掌握诀窍，这些魔术你也能变。

这套书籍画风很好看，语言叙述生动，有利于孩子的数学启蒙。可以让孩子进行大胆地想象，在故事阅读的过程中不仅学到了数学知识，还可以提高孩子的观察力，丰富孩子的生活常识。《我是数学迷》抓住了小学阶段数学学习的重点知识，与课本是很好的补充。

一年之计在于春，一日之计在于晨，一生之计在于童。一年之计也好，一日之计也罢，只要今天不是昨天的翻版，今年不是去年的翻版。世间万物每天都在日新月异，你是否追随了日新月异的变化。不要为昨天的失落而感慨，让孩子的明天在今天的基础上收获，让后天在明天的基础上提高。每个人出生时都一无所知，只有最愚蠢的人才会一直如此。所有的希望都在今天，过好每一个属于孩子的今天，必定会孕育出一个意想不到灿烂的明天。

英语学习——静待时机

　　从盈盈两岁起，我打算让她学外语，因为单纯的母语学习，对孩子以后的成长显然是不够的。可是我的英语口语实在不敢贸然教孩子，于是一直想找到一条适合女儿英语学习的途径，好的方法等于找到打开了语言大门的钥匙，所以一直迟迟没有开始。直到盈盈上幼儿园中班，女儿那时已经参加舞蹈和绘画两个兴趣班，每周两小时的舞蹈课，两小时绘画课，周一到周五女儿每天都要上幼儿园，每天时间安排很丰富。这天晚上，我和孩子照例去散步。

　　女儿突然对我说："妈妈，我要报轮滑班和英语班。"

　　我听后想了想说："我觉得不行，一周你只有两天休息时间，并且学了舞蹈和绘画，如果再学两样，一点玩的时间都没有。"

　　女儿有点着急地说："妈妈，我不喜欢玩，我只喜欢学习。"

　　看到女儿认真的样子，我缓和了语气对她说："好孩子，轮滑爸爸都把你教会了，现在你滑得很好，不需要学。英语再考虑考虑，毕竟一周只有两天休息时间，再忙着去上课，你哪儿还有玩的时间。"

　　女儿对我说："妈妈，英语我学好了，回家教你和爸爸。"

　　我被女儿认真的样子和执着的学习劲头感动了，我做出让步："你想好了，一旦报了兴趣班，你就要坚持，不要轻言放弃，我们绝不能做半途而废的事。如果你决定要好好学，妈妈就答应你让你报英语班。"

　　盈盈快活地答应了。

　　可是这个英语课真不是我所想象的，老师给小学生上补习班，赶羊式地连同幼儿园孩子一起教。发的教材根本不用，开始还有四个幼儿园的小朋友跟班一起学，后来只剩下盈盈一个幼儿园的孩子。老师在黑板写上单词，要求四年级写四遍，三年级写三遍，一年级跟着写一遍。女儿是幼儿园的，给发张印了几个字母的纸，每回上课回来，女儿都拿回一张字母的描红纸。

期间，我感觉到在兴趣班里女儿没有学到什么知识，有几次盈盈也说不想再上英语兴趣班了，因为兴趣班原本四个幼儿园的小朋友现在只留下她一个。每半年交学费一次，每次交费时英语兴趣班老师都会给继续交学费的小朋友发一个几元钱的小玩具，盈盈看到小玩具很喜欢，所以每次都会选择继续上兴趣班，只为拿到那个小玩具。

就这样，英语兴趣班上了一年半后，盈盈上了小学一年级，我问她："26个英语字母是什么？"可是女儿根本说不上来。已经上过一年半英语兴趣班，说不出最基础的26个英语字母？我有些惊讶地问女儿，英语课老师是怎么教的？女儿把老师怎样上课给我说过后，我感到非常生气，孩子每星期要拿出两个小时学英语，学了一年半的时间，结果什么都没有学到。这期间我早已感觉到这个兴趣班学不到什么知识，只是没想到会这样糟，还要每周白白浪费两个小时，我决定不让女儿再去英语兴趣班。

我一直寻找适合孩子学习英语的方法，但必须要开始。如果不去做，只停留在想法的层面上，一切都是空谈。必须开始，哪怕一个坏的开始，也比永远没有开始得要好。一年级作业很少，盈盈写作业格外快，时间较为充足，并且她已经能够自主阅读，不用我再给她讲故事，我的时间也渐渐多了起来。学习语言，必须要有语言环境，没有语言环境怎么办？自己创造语言环境。在学习上只要比别人提前一小步，到时候孩子就不会觉得辛苦觉得累，我们都不希望孩子每天为功课而忙碌。

我在网上买了几套英语教材，摸索着尝试，看哪套更加适合孩子学习。尽管在此之前上过一年半英语学习班，可女儿的英语基础还是零。只是能说几个单词，一句完整的句子都说不出来。而我自己的英语水平有限，多年没有学习，基本都还给老师了。我和孩子一起学习，共同进步，至少孩子学习的时候，我可以用英语和她对话。

开始的时候，我们学的第一句是：Peter it's time to get up。那时候盈盈根本读不下来这个句子，我就一个单词一个单词慢慢说给她听，说完一遍后再回到第一个单词上。"Peter"慢慢说，然后女儿跟着说。女儿学会说后，再教"it's"我先慢慢说，女儿再跟着说。告诉女儿it's是it is的缩写，那个时候，女儿可不知道it is是什么意思。这一句话学了两天，才能说顺。然后开始下一句的学习："Ten more minutes, mom."这一句女儿学得就快多了。

以后女儿越学越快，很快超过了我。一个月后，我们开始一段一段学习背诵，再也不需要一个单词一个单词地慢慢学。小孩子都喜欢当赢家，我和女儿经常练习口语对话，她希望比我厉害，喜欢看妈妈对不上来后目瞪口呆的样子，并要我发誓，不许妈妈背着她悄悄学。

我的脑子万万不如女儿的好使，尽管和女儿做了发誓，不许背着她悄悄学英语。但考虑到现在是女儿学习语言的初期，我可以假装对不上来，但不能真的不会，我不希望因为我而耽误了孩子的学习和成长。该偷着学还是要偷着学，从那以后，我的口袋里多了个小本子，上面记满密密麻麻的单词和句子，一有空就背就听。走在路上时背，做饭时背，一旦休息下来，赶快拿出小本子把不熟悉的地方再熟悉熟悉。就这样和女儿一起共同学习，女儿快乐，我也快乐，学习本身就是件非常快乐的事。

后来我从网上下载了一些英语歌曲，每天早上，盈盈不是被闹钟叫醒，而是被我放的英语歌曲叫醒。单纯地听，孩子不一定感兴趣，我给女儿买了平板电脑，这样有图画有声音，女儿特别喜欢那些英语歌曲。早上被我放的*Good morning*叫醒，女儿赶快起来穿好衣服，拿着平板电脑去洗漱，然后去吃早餐。尽管我清楚吃饭时看着平板不好，但是我想尽可能利用上孩子这些碎片时间。中国的孩子是很苦的，童年一般在三年级就早早结束，到那时每天有着做不完的作业，即使再抓紧也需要时间，并且孩子的成长不单纯是一门英语，还有很多其他的要做要学。就这样，女儿利用早上起床后到学校这段时间，学会了很多英语歌曲，学习英语歌曲，也是一种英语学习。

逐渐地女儿喜欢上了英语，我们以英语歌曲作为每一天的开始，晚上，再以英语的读背结束这一天的生活。英语单词不再陌生，女儿张口说话，不自觉地就说出英语来。但是英语是灵活的东西，学是为了用，在日常生活中的方方面面上都能使用上英语。就如同学汉语一样，如何让死文字活起来，单词不但可以用在这里，还能用在那里。此时，我已经慢慢地不能陪女儿英语对话了，她进步太快，我跟不上她进步的步伐。用什么方法，让女儿更多地能够接触，能够学习如何使用英语？语言学习需要语言环境，我该怎样给女儿创造一个英语的语言环境？

当我在怎样为孩子创造一个语言环境一筹莫展的时候，一位朋友夜里为孩子的事找到我，她上初中的女儿在市里英语比赛冠军。可是，自从拿到那个冠军后，一蹶不振，再也没有过优异的成绩。并且比原来一直处于下滑状态，老师找到她，她没有办法，马上面临中考，这样的状态，重点高中估计考不上了。我们谈了许久，正如我前篇关于善良的文章中写到的：有一天，你在路边栽下一棵小树，多少年后，你经过这里，正好累了，需要休息一下，这棵树正好给你一片阴凉。也或许，栽下小树后，你永远不会再经过这里，可是这棵树照样给别的人带来阴凉。虽然，你没有享受这棵小树带来的阴凉，可是，你在别处享受过同样的凉爽。我找到了为孩子创造语言环境的方法。

从那以后，家里的电视彻底不看了，代之的是平板电脑，因为平板电脑体积小，拿到哪里都方便。我把孩子能利用的碎片时间，几乎都利用上，这些很多人不屑一顾的小时间，完全可以成就一个孩子的大未来。

孩子看什么都是看，漫无目的地看电视，所获得有用的信息并不多，孩子的时间就在"哈哈"一笑中流逝了。从那以后，盈盈每天回到家都可以拿起她的小平板看迪士尼的原版儿童剧，这些儿童美剧，较贴近生活，渗透在生活中的点点滴滴。这不同于老师在讲台上讲课，同学坐下面学习那样枯燥。孩子被动地背单词，反反复复，记了又忘，忘了再记，存留一点在头脑里，枯燥，乏味，效果也不好。女儿边看美剧，边听，边看英文字幕，这种学习方式较为生动。孩子喜欢看，也容易接受，里面的单词，句子，反复听，反复看，孩子不觉得反感。

盈盈刚开始看美剧时，我选的是中英双语字幕。我希望女儿在看的过程中，注意字幕，因为字幕和听到的读音都有相对应的单词。留意看字幕，不但知道怎样读，还知道这个单词怎样写，至少下回再见知道大概长个什么样子。所以在盈盈看的时候，我先陪在一边，当听到某个单词的时候，我会请女儿暂停一下，问："那个单词是怎么读的？"女儿帮我找到，又把读音说给我。我会谢谢女儿帮助了我。这样，我陪着女儿看了一段时间，女儿也养成了自己看字幕的习惯。因为上学不可能有太多时间看视频，我们每天控制在两集到三集，大概50分钟左右，有时还会奖励女儿多看一集。这样，我们为英语学习打下了基础。这时女儿的英语口语，张口就来，原汁原味。我拿一张简单单词列表，让女儿读认一下，没想到一百个简单单词，女儿几乎全部读认下来，这时，女儿一年级。

在小学三年级，有一天，收到老师发的教育局英语大赛的短信，我和盈盈开始为英语选拔赛做准备。尽管英语学习从一年级开始，每天坚持，从未间断。但是对盈盈的英语水平没有认识，不清楚我们学了这么久到底是什么样的水平。我想，老师既然让参加选拔，就参加吧，也能够顺便了解一下孩子的英语水平，如果选不上，只当是锻炼了。周一在班级参加选拔，根据女儿的英语掌握程度，挑了一首英文诗歌和一首 *Miley Cyrus* 的英文歌曲。周末认真地做了准备。结果一路畅通无阻，直接晋级参加区教育局英语大赛。学校很重视这次比赛，找音乐老师专门辅导动作，两位英语老师负责排练。

经过十几天排练后，终于到最后的比赛。女儿表演完，如潮的掌声，盈盈获得教育局首届英语风采大赛冠军。

做任何事，都有其时机。时机，一般来说，超越人的掌控，是我们肉眼凡胎所不能识别的一种自然力量。无论你多么期盼，春天不来，紫罗兰花就不会开。无论你多么焦虑，时机未到，事情就不能成功。冬天已经来临，春天还会远吗？百花静静地等待着春天，因为花儿们发自内心地相信大自然的恩赐。在渡过难关后，一定会迎来顺利的日子。所有成事之人必有静待时机的耐心。不慌不忙，静静地等待，宛如花儿等待春天。然而，静静地等待并不等于什么都不做，枯等幸运降临。静静地等待春天的花儿，同时每时每刻都在储存能量，否则，即使春天到了，花儿也不会绽放。

时机来临之前，请静下心来等待。只要发自内心地相信大自然的恩赐，相信时机总有一天会来临，然后一点一滴地积蓄自己的能量，时机一定会到来的，煦暖的阳光终究会洒在那些静待时机的人身上，让我们静待时机。

勤奋是最好的学习方法

如今行业的改变，更多、更快、更加不可预测。世界500强企业的平均寿命为40年，世界1000强企业的寿命为30年。一个人的职业生涯有多长？如果25岁参加工作，65岁退休，正好40年。这意味着如果一毕业就开始创业，一创业就成为世界500强，那么在退休那一年，公司正好倒闭。一辈子在一个公司，从事一种行业会变得越来越难。这也是作为父母感到困惑的原因。我们无法预知未来，想做一名称职的父母，就必须让孩子学些什么，以备将来的不时之需。希望自己的努力总有一份能有用武之地。

无论过去还是未来，让孩子上培优班、兴趣班，都不如培养孩子坚忍不拔学习的能力，学习力是在不断发展的时代潮流中不被淹没的能力。

在孩子成长初期，我们用心培养孩子良好的性格和习惯，让他们快乐成长。在小学和初中给学习打下坚实的基础，找准孩子的优势为他们树立一个理想。到高中三年是孤注一掷拼搏的时候，是考验毅力和坚韧的最后时刻，是学习力的最终体现。

学习力分为勤奋、自律、坚持三个要素。

勤奋

我们往往以为聪明和愚蠢之间有着很大的差别，其实在聪明和愚蠢之间，只隔着"勤奋"。

一个人即使天资再高，如果不去努力，天赋也会慢慢消耗殆尽，优势再难显现，最终泯然于众，埋没众生。我们身边从来不缺少这样的例子。"这个孩子很聪明，就是不用功。"这句话，相信很多家长都听过，很多老师都说过。驶向成功的列车再豪华也要一站一站到达终点，如果站在原地，站台不会自己主动扑过来。

自律

学习和自律是分不开的。自律就是在该做的时候，不管喜不喜欢，都去做你应该做的事情的一种能力。自律可以让时间变得更有价值，能够自律的人被称为"主宰自己灵魂"的人，缺少自律的人将会一事无成。

往往人总是习惯做自己喜欢的事，我们和孩子一起设立一个可以达成的目标，学习要有目标，人生要有规划。当控制不住自己要偷懒的时候，和孩子想象一下目标达成后能够带来的成功和喜悦，就会忍住不去做和目标无关的事，去做自己应该做的事而不是喜欢做的事。制定一份实现目标的合理计划，给自己一种紧迫感，这可以强迫约束自己严格按照计划执行。

自律体现了人类的勇气，是人类所有高尚品格的精髓。所有的成功都来源于自律，能够控制自己的人才能控制命运。

坚持

有一次上课时，苏格拉底布置了一道作业，让他的弟子们做一件事，每天把手甩一百下，过一个星期后，他问有多少人现在还坚持做，百分之九十的人都坚持做了。一个月后，他又问有多少人坚持在做，现在只有一半的人了。一年后，他再问有多少人坚持在做，现在只有一个人坚持了下来，那个人就是柏拉图。

所有成功都是点滴积累坚持到最后的结果，学习更是如此，天才在于积累，当我们被想要放弃的时候，要有再忍耐一下的坚持。当遭遇失败的时候，要有再试一次的勇气。

世上没有什么东西能够代替坚持，才华不能代替它，那些有才华的人不能成功的实例太常见了；天赋不能代替它，"没有回报的天赋"都快成一个俗语了；接受教育也不能代替它，世界上到处都是接受过教育而不得志的人。单单是坚持不懈和决心就是无所不能的。苟有恒，何必三更眠五更起；最无益，只怕一日曝十日寒。

分享一篇贺舒婷写的文章：

你凭什么上北大

未名湖边的桃花儿开了，就在前几天。

我曾经无数次梦想过，陌生花开的时候湖边折枝的人群里会有自己的身影。那个时候，我的心思和大家一样单纯而迫切，我的目光却是比你们更加迷茫和恍惚。那年高三。

十年磨一剑，我得到的却几乎只是一块废铁。

高一那年，我真的差点就把自己废成了一块锈铁。上课的时候睡觉聊天看漫画吃零食，跟着后面那些男生大呼小叫，把年轻的女老师气得眼圈含泪，然后自鸣得意而洋洋之。那真是一段不堪回首的日子，像色彩斑斓的黑洞，看上去奇观异彩，鬼魅般的吸引力却在不知不觉中一点点把你拉向无底的深渊。于是下滑，于是堕落，而更加难过的是明明知道自己在下滑在堕落却无能力去改变。习惯的力量的确大到了让我无可奈何，于是放弃了最后的挣扎与努力。现在想想，那只是懦弱，那只是懒惰，那只是自己给自己自甘堕落所找的一个看似冠冕堂皇的理由，一切是自欺欺人。

可是当时没有任何人来指着我的鼻尖骂我，说你是不是就想这样破罐子破摔，就想这样玩完你的一辈子。也许他们已经放弃了我，有时候我想。然后是极其嘲讽般地不屑，不屑以及自以为是洒脱——谁稀罕谁。其实，那个时候真的是应该有一个人，就像很多人曾经经历过的那样，指着我的鼻尖，戳着我的脊梁说，你知不知道自己在做什么，不清楚自己想要什么，不清楚自己的明天会是什么。

可是，再无所谓的人也会有自己的底线的，正如再深的洞谷也会有它的低谷。一切就像滑滑梯，一路上放肆张扬地笑了下来，最后终于重重地摔在了下面，头破血流。

也许，人只有在痛的时候，才会认认真真反省自己走错了哪一步吧，总要摔些跟头，才能学会绕着道走。而这条再简单不过的道理，我却付出了整整一年的青春时光才真正明白。一年，365天，可以让居里夫人发现镭，一年可以让爱因斯坦证出E=mc的平方，一年可以让一个婴儿学会跌跌撞撞地走向母亲的怀抱，一年可以让一段轰轰烈烈的爱情开始有终了。可是这一年，我只得到了那一句话。所幸，并不亏，也并不晚。

高二分科，我选了文。你无法想象我所在的中学有着怎样烂的文科班——本科上线三人是个什么概念？当我现在大学同学颇为自得地告诉我他们中学的班级北大清华一走几十个的时候，我轻轻地笑了笑。我所在的文科班，是一个本科上线三人的文科班，更具有讽刺性的是，那三个人全部是复读生。我就是在大家或无奈或讽刺或无谓的目光里，毅然决然地在文科报名表上写上了自己的名字。那真是我一生中写得最好看的一次。

我只是突然间觉醒了，觉得自己的一辈子不能就那样过。事后很多人问我怎么回事，也许他们是想在我这里听到一个传奇般的浪子回头的故事，而我当时所能想到的解释只有这一句，我只是觉得，我的一辈子不应该就那样吊儿郎当地过去。

可是我还是低估了过去的那一年给我带来的影响。第一次月考，我考了年级第12名。也许这是一个听上去差强人意的成绩，可是，仅有的良知和理智还是足以提醒我，那是一个本科上线三人的文科班。如果你不能把所有的人远远甩在后边，12名和120名有什么区别？至今我还记得那次考了第一的那个女生。是一个不见经传的女孩子，瘦瘦小小，带副厚厚的黑边眼镜，趴伏在书桌上的身影常常有些佝偻。而这个印象的得来，是因为所有的人永远只能看到她趴在桌上的身影。她一直是班里第一个来最后一个走的人。我一直对那种学生持有一种莫名的排斥与抵触情绪，总想你们有什么了不起，不就是死读书吗，我要是像你这样刻苦学习早是市里第一了。事实上直到那次考试成绩出来的时候我仍然对她不屑一顾。然后，我迎来了一生中最重要的一次班会。我不知道要用怎样的分量去感谢那个班主任，因为如果不是她的那席话，现如今的我在哪里都不一定。班会上，她说："这次成绩非常能说明问题。应该考好的人都考好了。"然后她扫了我一眼，我明白她的潜台词也就是说在她看来我属于是没有理由考好的那一堆人里的。奇怪，我居然没有

孩

子

凭

什

么

优

秀

脸红。不知道是太久的堕落已经在不知不觉中磨光了原本敏感的自尊，还是下意识里仍然对她的话不置可否，我当时面无表情地迎上了她的目光。她的眼睛只是平静地扫过我那里，然后继续："我知道有些人自以为很聪明很有才气，看不起那些认真学习刻苦努力的同学，总觉得人家是笨鸟先飞是先天不足。可是我想说，你只是懦弱！你是不敢尝试，你只是不敢像她们一样地去努力去刻苦，因为你怕自己刻苦了也比不上他们，刻苦了也考不了第一，结果反遭人耻笑，你宁可不去尝试，只是因为有失败的风险，而你甚至连这一点风险都承担不起，因为，在你心底，你根本就没有把握……"后面她又说了什么我已经想不起来了，我承认当时我是完完全全地蒙在哪儿了，因为她说的那几句话。"你只是懦弱……"当时的感觉是雷轰一样把整个人震住了，反反复复回荡在脑子里就只有那么一句话："你只是懦弱。"她是正确的。

那种突然觉醒的震撼是语言无法描述的，也是我不想用文字去表达的。你只能通过结果来想象，也只需要通过结果来想象。那晚我在日记里写，试试吧。我不去强求什么，我只想试试，试一试自己那样刻苦那样努力地去学上一个月会不会见效。当时我根本不敢对自己承诺什么结果，也的确承诺不起。我只是抱着一个念头，试一试。然后迎来了一生中最戏剧性的一个月。之所以说它戏剧性，是因为就像难以想象唐僧不再啰唆，孙悟空不再好斗，八戒也不再贪吃一样，我简直不敢相信那个从早晨六点早自学上课到晚上十点晚自习下课一动也不动坐在位置上安安稳稳踏踏实实的人可以是我自己。其实并没有那么简单的，真的没有说起来那么简单的。我去一点一点地做的时候就已经发现了：要想在几天里改变365天来形成的习惯，太难；而要想在一个月里创造出令人瞠目结舌的奇迹来，也太难。习惯成自然啊，就像那句话说的，"心似平原放马，易放难收"，野惯了的心，要想一下子收回来，谈何容易？常常坐着坐着就忍不住了，心开始浮躁，眼神也开始飘离，好几次差一点就要放弃。只是，在那个最危险的边缘晃荡的时候我总是压一压，告诉自己，忍不住的时候，再忍一下。其实说白了也就那么一句话：忍不住的时候，再忍一下。我承认自己是一个骨子里相当傲气的人，我就是不相信我刻苦起来会不如哪个人，我就是不信我真的去做一件事情的时

候会做不到，我就是不信这世上真的有什么不可能的事情。I Believe
that nothing is impossible.

　　然后，我迎来了那次期待已久的期中考试。至今我仍记得考完之后
的感觉。抱着书走在回家的路上，茫然地看着车水马龙人来人往，恍惚
想真的考完了吗？为什么心里空空的没有着落？那的确是我一生中最特
殊的一次考试，因为它关系着我此后的方向和道路选择，风险太大，我
怎么安得下心？其实，考试结果想必大家已经猜到了。我的的确确让所
有的人真正瞠目结舌了一次。是的，我考了第一，全市第一。

　　你永远也无法想象那个结果于我而言多么重要。知道成绩的时候我
出乎寻常得平静。那个时候我才明白原来激扬和呐喊的冲动到了顶点
只会是平静。当那个久违了的名字出现在了成绩单的第一行时，我默
默地对自己说：记住了，这世上没有什么事情是不可能的。Nothing is
imposable.

　　后来我再也没有改变过那种态度和方法。其实所有的方法说白了都
是没有方法的。只有一个词：刻苦。

　　我坚守着我的不是方法的方法，也坚守着我的名字在成绩单上的位
置，一直到高考前的最后一次考试，我始终是第一名。但是，真正的挑
战还没有开始。即便我可以牢牢占据第一名的位置，即便我可以每次都
把第二名甩下几十分，我知道，北大离我还是太远，远得连在梦里都看
得不真切。所有的老师都坚信我将会是学校里有史以来考得最好的一个
文科生，而在他们的概念里，考得最好的文科生，意味着你可以上山
大，运气好点儿的话也许可以伸伸手还能够上复旦甚至人大的门槛。而
我只要北大。我从来没有对任何人讲起过我的志愿——如果可以称之为
志愿的话。我只想把所有的力量都积蓄起来。

　　高三第二学期，我们搬进了刚刚落成的教学楼。搬迁的那天，楼道
里吵得很，拖桌子拉板凳的声音在走廊里不绝于耳。我一个人不言不语
地跳过窗子，踏上了二楼窗框外那个大大的平台。对面是操场，初雪未
融，空气湿冷，光秃秃的树枝直直地刺向天空。雪天的阳光凉凉地透过
睫毛洒在眼睛里，眼睛静静地看着远远的天空，我说了一句话，只说了
一句话。对着远处的天空，我默默在心里说："等着吧，我要你见证一

个奇迹。"我知道，这世上的确没有什么不可能的事情。

我从来不知道压力大到一定程度时居然可以把人的潜力激发到那种地步的。我是一个极其不安分的人，可是那段时间我表现得无比耐心沉稳，踏实得像头老黄牛。事实上无数次我都面临崩溃的边缘了，高中五本历史书我翻来覆去背了整整六遍。当你把一本书也背上六遍的时候你就知道那是什么感觉了。边背边掉眼泪，真的我是差一点就背不下去了就要把书扔掉了。只是，忍不住的时候，再忍一下。坚持的确是世界上最伟大的一种品质。那段时间我唯一的休息方式就是站在走廊里看远处的天空。后来发现在对面的建筑墙壁上有一行大大的红字，是学校用来激励学生的吧，我不确定。可就是那句话陪我走过了高三最后的日子——意志的力量，是决定成败的力量。我用我所有的经历和体会去实践而且证明了这句话：意志的力量，是决定成败的力量。

呼啸而至的风卷着漫天的黄沙，在那个北方的春天里，我们一个个头发蓬乱，皮肤粗糙。死寂与喧嚣交替如同美国的执政党，规律得让人怀疑冥冥之中可有双奇异而魔力无穷的手。惶然而又茫然的我们在敬畏与期待中迎来又送走了一模、二模以至N模，每根神经都被冷酷无情的现实锤炼得坚不可摧，不论是吟惯了杨柳岸晓风残月的诗情，还是习惯了信手涂鸦的画意。在这个来去匆匆的季节里，一切敏感纤细都奢侈得如同恺撒大帝的稠衣，徒留无数次的希望在无数次的失望前撞得粉身碎骨，无数次的激扬在无数次的颓丧下摔得头破血流。每个人都比昨天更加明白理想和现实之间那道不可逾越的鸿沟，同时也比昨天更加拼命努力挣扎，试图挤过那道窄窄的独木桥，哪怕明知是徒劳。

会是徒劳么？

当这个锥心的问号在夜阑人静的时候一次次猛烈叩击起了心门，每个人都难以承受那潮涌而至的恐慌和迷惘，于是逼着自己埋进去，埋进书本，埋进试卷，埋进密不透风的黑茧——为的只是有朝一日的破茧成蝶。青黑的眼圈，浮肿的眼带，干燥的手指，焦虑得起了水泡的嘴角。那个春天我不知道流行的是粉蓝果绿还是黛紫银灰。小镜子被悄悄收起，因为不忍见到自己憔悴的面容和黯淡的眼睛，因为怕有什么会在汪洋恣意般在干旱已久的脸上纵横开来——上帝，我是个女孩子啊。

上帝无言。无言微笑。微笑告诉我，你，心甘情愿。是的。我心甘情愿我不悔初衷我自己选择了这条路平坦也好崎岖也罢我得走下去。我要走下去。我会走下去。

于是所有的呐喊被咽下去，于是所有的豪情被收起来。我像一头二月黄牛，默默踏步，无声前行。当拼搏被拼命所取代时，香格里拉已经幻化为心中恒远而朦胧的梦想，而所有的努力也只是为了让这梦想不再"美人如花隔去端"，哪怕青冥长天，纵然绿水波澜。

踏入考场的时候后我很平静。"尽吾志也而不能至者，可以无悔矣。"事实上我从来没有想过自己会考入北大以外的哪所学校。与其说这是一种自信，莫如说这是一种预感。我只是想，哪怕北大只招一个名额，为什么不可能是我？这世上没有什么事情是真正不可能发生的。

考完后走在回家的路上，看着依然匆匆的人群，心里依然空无着落。眼睛因为泪雾而模糊，视野里的东西却越发清晰。这在科学上有解释，我却宁愿相信是因为一切真实的感知都要以泪水和苦痛作为代价。是的，我们总是要学会放弃一些东西，才能得到另外一些东西。如果你所在乎的东西值得你为它而付出一切，那么所有的放弃都只是分娩前的阵痛。总要有所取舍的，蝴蝶的生命之所以如此短暂，因为它的翅膀太过精致了。有时候，放弃只是为了真正地得到，关键看你想要的究竟是什么，以及为了这想要的东西你愿意付出多大的代价。上帝对每一个人都是平等的。

事实上我怀念那段日子，并且永远感激它。不只是因为在那段时间里我完成了自己的过渡与蜕变，更是因为那时的一切深深烙在了我正处于可塑期的性格中，成为这一生永远的财富。那真的是多少钱都买不来的财富。人生中再也不会有哪个时期像那时一样专一地，单纯地，坚决地，几近固执而又饱含信仰和希冀地，心无旁贷乃至与世隔绝地，为了一个认定的目标而奋斗。当你在若干年后某个悠闲的下午，回想起自己曾经的努力和放弃，曾经的坚忍和耐力，曾经的执着和付出，曾经的汗水和泪水，那会是怎样一种感动和庆幸，怎样一种欣慰和尊敬——尊敬你自己。是的，在这个过程中，请允许我重复一遍，最重要的，是你自己。我感谢父母感谢老师感谢同学感谢朋友感谢所有关心我帮助我的人，但我最感谢的，是我自己。Nothing is impossible.这是我在一点一滴的努力与尝试中获得到的东西。而且我也相信，这也将会是使我终身受益的东西。在这里，我把自己最信仰的一句话送给大家：Nothing is impossible.

读完这篇文章，内心感慨万千。当一个孩子真正觉醒，学习的动力真是无穷大。在学习上只有真正变被动为主动，才能充分发挥一个孩子的潜能，才能知道你究竟是谁！只是谁能为孩子做这个心灵上的手术？让孩子把心灵的根扎进土壤。

正如贺舒婷文中所写：从"高一那年，我真的差点就把自己废成了一块锈铁。上课的时候睡觉聊天看漫画吃零食，跟着后面那些男生大呼小叫，把年轻的女老师气得眼圈含泪，然后自鸣得意而洋洋之。"只是"可是当时没有任何人来指着我的鼻尖骂我，说你是不是就想这样破罐子破摔，就想这样玩完你的一辈子。"直到"我从来不知道压力大到一定程度时居然可以把人的潜力激发到那种地步。我是一个极其不安分的人，可是那段时间我表现得无比耐心沉稳，踏实得像头老黄牛。事实上无数次我都面临崩溃的边缘了，高中五本历史书我翻来覆去背了整整六遍。当你把一本书也背上六遍的时候你就知道那是什么感觉了。边背边掉眼泪，真的我是差一点就背不下去了就要把书扔掉了。只是，忍不住的时候，再忍一下。"坚持的确是世界上最伟大的一种品质。一旦确立好人生目标，没有比勤奋和坚持再直接的行动方式。

华罗庚说过：聪明在于勤奋，天才在于积累。我们可以说，不勤奋才是最大的不聪明，勤奋是最好的学习方法！贺舒婷有幸遇到一位好老师，为她做了一个心灵手术，将她从自由散漫下滑堕落的状态唤醒，变成一个朝着自己的目标勤奋努力，埋头苦读知道自己该干什么的学生。最终考入自己理想的学校，作为对她拼命苦读最好的嘉奖。

有时面对孩子在最关键时刻的任性放纵，无所事事，破罐子破摔，不求上进。作为父母的我们不是放任自流，怨天尤人，就此认命，而是深思反省，找到问题的根源，用行动用语言在孩子的心灵上做一个深刻的手术。

勤奋成就美德

有时觉得自己已经竭尽全力，可是时过境迁蓦然回首，猛然中却发现原来自己还不够努力，远远没有使出力气。这种感触是让人震惊并难忘的。这种偶然中得到的感触，让我倍感珍惜。这让我能沉静下来思考，不让自己活得太浮漂。这种感触不断激励我向前，不沉湎于勉强得来的安逸。笼中的鸟儿永远无法畅快地呼吸自然，无法逆风翱翔于风雨发出骄傲的啼鸣，无法振翅于九万里广阔天庭。

人的一生不可能总是一帆风顺，有没有做好充分的准备，迎接变动带来的挑战？多高的墙多深的基，否则，根基不牢，地动山摇。自古以来，先贤教导我们要有忧患意识。你为自己打好基础了吗？夯实你的根基了吗？在变动降临时你做好从容应对的准备吗？人类真是一种了不起的生命体，他区别于其他动物，他懂得运用大脑，懂得思考，懂得创造。人总要在不断学习中向前，不断接受先人前辈的指引，不停止向上攀登的脚步。只有这样才有可能傲然屹立于人群之中，不至于泯然于众，埋没终生。

天灾人祸尚且时常降临，何况万贯家财一夜成空，繁华过后宛如梦中，最后能剩下真正属于自己的是什么？是才华，是品德，是能力，是知识。有形的东西总是易逝，无形的财富才能永存。很多人都懂得这个道理，可是在面的大的得失时，难免还是会心感悲凉。

人要日复一日地努力，当勤奋成为一种习惯，也成就了一种美德。多学习知识技能，修养自己的品德，这些对于一个人来说，这才是最可靠最重要的，这些你的有生之年里是万万不会离开你的。日积月累的努力和勤奋，会成为一种喜悦，一种富足，一种人与人之间的信任，它会使你变得强大。

人要敢于迎接生活中变动带来的挑战，要勤于累积一种属于自己可靠的能量。在人生的道路上，要绽放鲜艳的色彩，都要经过漫长的积蓄和忍耐。人的表面都大致相同，真正能抵御寒霜，迎接挑战的，是我们无法用肉眼看到的东西。在真正面临困难时，这些高贵的品质和勤奋积累起来的技能显得尤为重要。对那些正在含苞待放，经历人间风雨寒霜的人来说，在默默忍耐的日子里，也悄悄地赞赏一下自己吧。

阅读篇

妈妈，再给我讲一本

人生最美是阅读。在书中，不仅有眼前，更有诗和远方。阅读是孩子成长与终生学习的最重要的能力，作为家长，我们有责任教会孩子去热爱阅读和享受阅读！爱孩子，那就让他爱上阅读吧。

——白岩松

一个人心灵的成长史，差不多就是他的阅读史。人生起于阅读，终于阅读，因为阅读并非单纯指读书，它是指阅生活阅人生。我们常说"读万卷书，行万里路"前者是阅书后者指阅世，阅书是为了阅世，会阅书者更会阅世。书的魅力无穷。父母应给孩子做好榜样，良好的习惯主要靠熏陶养成。

把孩子带到一个有五颜六色书籍的房间，几乎所有孩子都会拿起书读，只是读的持续性和注意力会有所不同。孩子从小养成爱读书的好习惯，为将来上学打下知识基础。一个爱读书的孩子，在上学后写作会相对轻松，所谓"读书破万卷，下笔如有神""文章本天成，妙手偶得之"。一个爱读书的孩子，在逐年提高的学业中，学习会越来越轻松，而且往往成绩优秀，即所谓的后劲足；一个爱读书的孩子，在以后的人生道路上，无论如何不会走错路。因为在读书的过程中，孩子幼小的心灵已经形成健康的是非观念。知道什么是正确的，什么是错误的，哪些是可以做的，哪些是不能做的，所谓懂得"有为有不为"。

很多父母都知道的读书的好处，不同的是，有的父母抱怨孩子就不喜欢读书，有的孩子看到书籍便会什么都不顾地扑上去读。难道真是孩子天生的差异吗？当然不是，没有哪个孩子是天生就喜欢或不喜欢读书，没有哪个孩子生下来就更像一个天才。关键是在培养孩子读书习惯的初期，父母是否采用了适合孩子的良好方法，让孩子养成良好的读书习惯，从而喜欢上阅读，让读书贯穿孩子的一生。

有时人的内心会对某样事物产生"贪"的想法，为什么会"贪"？因为总觉得"不够"。因为没得到"满足"，所以不停地有需求。"贪"用在别处是贬义，但如果用在孩子读书学习上，就是褒义词。我本身就是嗜书如命的人，也希望孩子尽早养成爱读书的好习惯。希望孩子的读书行为一直持续下去，形成一种近似于本能的习惯。在养成读书习惯初期如何让孩子保持对书籍持续的热爱？

每次读书时让孩子感觉读"不够"。每天都觉得意犹未尽，还希望继续读下去，只有这样，才能保持书籍对孩子一种持续的吸引力。

女儿的成长记录：

每天睡觉前妈妈都对我说："宝贝儿，洗涮，睡觉。"每天洗涮完，我都会到书架上开始选书。我一本一本往下抽，抽出来的书放在旁边桌子上。

妈妈问我："宝贝，选好今天要讲的书吗？"

我踮着脚，吃力地从桌子上搬下来选好的一大摞书："妈妈，我选好了。"

妈妈看到我吃力地抱着一大摞书慢慢地挪着，有的书马上就要掉下来。妈妈赶紧过来把快掉下来的书帮我拿下来。我弯着腰抱着书向床边挪，妈妈只顾睁大眼睛看着我，也不知道帮帮我这辛苦的孩儿。我总算把书放在床上，先伸直舒展一下我的小腰："妈妈，今晚讲这些。"

妈妈瞪大眼睛惊恐地说："不可能，一晚不睡觉也讲不完，最多讲两本。"

我说："可是，这些我都想听。"

妈妈说："你快点学会认字，字认多了，就会自己看书，不用让妈妈给讲了。今天时间太晚，最多讲两本。"

妈妈有妈妈的办法，我有我的绝招，为了让妈妈多给我讲几个故事，我会在旁边放上胡萝卜条、黄瓜条、水。因为我觉得，只要我为妈妈做点好事，妈妈就会多讲几个故事给我听，还会表扬我。所以每当和妈妈讨价还价的时候，我一般会用我的绝招。我跑到爸爸房间，拉着爸爸的手把爸爸带到厨房，让爸爸帮我。一会儿，我就端出盛着胡萝卜条、黄瓜条的盘子从厨房里出来了。

妈妈已经整理好书，我用叉子插好一截胡萝卜给妈妈。

妈妈很高兴，我看妈妈高兴了，就趴到被子上对妈妈说："妈妈现在可以把那些书都给我讲了吗？"

刚才还高兴的妈妈立刻黑下脸来："不行，只能讲两本。"

"哎哟，我的好妈妈，讲4本吧，好吗？看在我是您亲女儿的份上，给我讲4本吧。"我向妈妈请求着。

妈妈说："好吧，讲3本，时间不早了，快选吧。"

哪本我都不舍得放下，最后选了3本。

妈妈一拍被窝："宝贝，快过来，我们讲故事咯。"

每当妈妈拿起沉重的书，我总会用我的手为妈妈托起书。因为妈妈要一只手拿着书，另一只手为我指着看，好让我随时知道读到哪儿了。妈妈很辛苦，可我的欲望也要满足，有时候我觉得我是个不疼爱妈妈的坏小孩。

三本讲完了，我还沉浸在对故事的想象中。

妈妈对我说："宝贝，你听得很认真，并且问了不少很好的问题。妈妈奖励你，可以再选一本妈妈给你读。"

我太高兴了，搂着妈妈亲了一下："妈妈，你是世界上最好的妈妈。"我选好书，拿给妈妈。妈妈打开书，我紧紧靠着妈妈，听妈妈给我讲故事：熊王国一个春天的日子，天气晴朗，阳光明媚。蓝鸟在歌唱，鳟鱼在跳跃。校车翻过山，车后扬起了一小股灰尘。但空气还是那么清新洁净。

聪明的父母一定从女儿的文中读出了这几点：

首先，父母要热爱阅读，如果父母不喜欢阅读，无论如何逃不过孩子鬼机灵一样的眼睛，父母都不喜欢读书，怎样能让孩子喜欢读书？当学习在一个家庭中是一个人的事，这是一种劳役。当学习是整个家庭的事，这是一种乐趣。当学习是家庭中每个人每天都做的事，这是一种幸福的生活。

其次，有足够孩子挑选的书籍，父母尽量为孩子打造一个宽松的阅读环境。

最后，不强迫孩子读书，再好的事情，如果被强迫着做，孩子都会产生反感。如果孩子想读三本，父母却要求孩子必须读四本，孩子就会产生反感，多读一本，少读一本的结果是一个热爱一个反感。因此，父母要克服自己贪婪的做法，在孩子成长道路上的每一点，每一滴都要注意自己的方式方法，所谓差之毫厘谬以千里。把书籍当作奖励，读书本身就是好事，当孩子被奖励时，自然会产生愉悦的心理，从而更加喜爱读书。

指读法
——不知不觉中让您的孩子学前识字过千

你或许拥有无限的财富，一箱箱的珠宝，和一柜柜的黄金，但你永远不会比我富有，我有一位读书给我听的妈妈。

——（美国）史斯克兰·吉利兰

度过养成良好读书习惯的第一关后，随着时间的推移，盈盈对阅读已经有了浓厚的兴趣。现在对于女儿来说，最严厉的惩罚就是：今天不给你讲故事了。暂时看来，给孩子养成读书的习惯，取得了第一步成功。下一步希望孩子能够认识更多字，为以后的自主阅读做好准备，一个能自主阅读的孩子思维开阔程度和思考能力，绝不是不阅读的孩子所能比拟的。

在教盈盈识字的过程中，我也曾做过几种尝试。

首先：我一直主张孩子在阅读中识字，因此，在给孩子读书讲故事时，始终坚持指读法。一只手拿着书，一只手读到哪儿指到哪儿。使用指读法有三种用意：（1）孩子能及时知道读到哪儿，不会因读得稀里糊涂，听着听着就走神，有助于提高孩子的注意力。

（2）便于识字，打个比方，在我念的故事里出现"尴尬"两个字时，女儿会让我停下来问："妈妈，让我看看'尴尬'这两个字。"然后我指给女儿看，女儿看一下"尴尬"两个字长得什么样。由于经常这样做，盈盈在阅读的过程中认识了很多字。

（3）让孩子知道，文字只有在文章中才有意义。干巴巴地拿出任何一个字，只能代表有限的含义。而当字与字组合成词、成句、成文章时，文字才会具有丰富的意义。并且字可以灵活使用，同一个字不但可以出现在这句话里，还可以出现在那句话里，可以出现在任何需要它的文章中。只有在文章中，死的文字才能变得生动起来。

其次，在识字的过程中，我还做过其他尝试。因为买来的识字书籍，和盈盈一起念两遍后，她都可以自己从头念到尾。后来我发现，原来她并不是真的认识里面的字，而是根据上面的图画自己猜，是按照字的顺序背诵了下来。我认为这不利于真正认字，如果把这些字放到别处，女儿还是不认识。于是我用打印纸打印了一千多个字，白纸黑字，没有任何图案和提示。我把每个单独裁开，让女儿去认，结果通过事实证明，孩子根本对这些枯燥的，没有任何色彩的文字不感兴趣。看来孩子还是喜欢色彩鲜艳有趣的东西，最终，这个方法放弃了。

欲速则不达，任何的做法，都比不上让孩子在兴趣和快乐中去学习。最后，我一直坚持使用指读法，循序渐进。一丝而累，以至于寸，累寸不已，遂成布匹。看着慢，每天进步一点点，只要坚持不间断地走下去，就会是一个很大的进步。

直到有一天，我发现盈盈自己拿着图画书，用手指认真指着读，心里顿时感到由衷的喜悦和欣慰，这是父母和孩子共同努力取得的成果。在别人看来，也许觉得微乎其微，小到不值得一提的进步。但是在我看来，在孩子的一生中，为将来能够凌空翔翔又强健了稚嫩的翅膀。

盈盈快四岁时，有一天晚上，照例拿出书来准备讲睡前故事。孩子突然说："妈妈，今天我读给你听。"我非常惊讶地看着孩子坚定的小脸，带着疑惑把书递给了她。女儿读的是《小兔子汤姆的故事》第一辑，共六本。从第一本开始，女儿认真地用小手指着一点一点读，一本，两本，三本，我担心读得太累，希望她停下来，可是孩子坚持要读完六本。中途读渴了，喝点水继续读，直到六本全部读完。女儿带着满足的成就感甜蜜地睡了。看着那张稚气的可爱小脸，这是上天赐给我的礼物，我有什么理由不去爱护她、不去珍视她、不去培育她。柔弱胜刚强，弱小的孩子所具有的学习毅力和坚持力，真是值得每位父母敬佩和学习的。

后来，女儿迷上了诗歌。每天晚上读完故事后，必须要读几首诗歌才肯睡觉，尤其喜欢《凤凰涅槃》和《大堰河我的保姆》，这两首长长的诗歌是每晚必读的内容。同时背诵不少诗歌和古诗词，如《再别康桥》《沁园春·雪》《沁园春·长沙》《陋室铭》《爱莲说》《将进酒》等。无形中为以后对诗歌的爱好打下了基础。

以前为让孩子养成读书的良好习惯，经常在读书的过程中去赞扬孩子。看到孩子现在所取得的进步，我开始尽量减少夸赞，让孩子慢慢适应，让她对自己的进步用一种自然的心态去接受。读书是为自己而读，将书中的知识化为营养，滋养自己的自身和心灵。这就如同日常吃饭穿衣一样，正常的存在于成长生活中，不必要去过分夸赞，不必要去炫耀，不必要去向人显摆。这是一个人非常自然寻常的事，当孩子需要父母的认同和赞扬时，给孩子一个坚定、信任、赞许、鼓励的眼神就够了。

陪同孩子走好每一段路

生而为人，生而为人父母。世界那么大，人生那么漫长。我们常说，世界万物瞬息万变，常常会让人陷入不安，不知接下来又将发生什么？对孩子的未来更是如此，未来世界的竞争，不是我们能够想象得到的。那么，与其担忧未来，不如好好反思把握现在。在不断的思考中，时刻找准自己的出发点，不要偏离轨道，一步一步走上安心之路。世事静方见，让自己经常静下心来，摒弃所有内心的羁绊。侧耳倾听，大自然正在向我们传达什么？什么都不说，什么都不想。让自然之声传入我们的心灵。仿佛如清澈的泉水缓缓流过，荡涤我们污浊的心灵。不要总沉浸在自己的想法中，把心灵托付给宁静，那里是心灵的安心之所。给孩子一个安静的成长环境，做好准备，不做井底之蛙，陪同孩子走好每一段旅程。

我们在教育孩子的整个过程中，要经常反思自己，是在朝着最初那个淳朴的目标迈进吗？如果偏离了轨道，永远都不会达到终点……为孩子买书，几乎成了这个阶段我生活的主旋律。读得多，就要不断补充书籍，让孩子精神上不要断粮。开始是我为孩子做主买什么书，现在是孩子自己做主需要看什么书。即使买回来不喜欢看也没关系，先放一放，说不定什么时候就会喜欢。

每次新书一到，盈盈总是迫不及待把书抱在身边，一本一本打开欣赏，并且能把小故事的标题准确读出来。看着孩子读书时快乐又认真的样子，从心里感到欣慰。这个阶段读书较上个阶段又有些不同。现在读书，我和孩子做好合理分工，她读一半，我读一半。我读的时候，孩子认真听，孩子读时，我认真听。这时候的女儿经常对我说："妈妈，快教我识字吧，这样我就可以自己读书了。"

古代时孩子上私塾，需要破蒙才能上，破蒙就是要认识多少个字，先生才肯收。而孩子所认识的字，几乎全依仗父母来教，那时候的母亲少有受过教育的，只要自己知道的都会对孩子倾力教授。现在父母几乎都能识文断字，每天拿出一点时间和孩子一起共享快乐读书时间，何乐不为？

再有一年半的时间，盈盈就要上学了。现在她不但每天坚持读书，并且开始写日记。随着女儿读书速度越来越快，阅读量也越来越大，我的读书速度已经远远满足不了她的需要，所以她自己读书的时间越来越多，已经基本实现自主阅读。

每天早上，送孩子去幼儿园的路上，都是我们的快乐古诗时间。其实从家到幼儿园只有很短的一段路，但是就在这条短短的路上，每天我们都可以背诵一首古诗。我买了小小口袋古诗词，便于携带，随时可以拿出来读。学习就是源自于点滴的积累，热爱读书的孩子一般都比较懂得道理，学前两年是女儿摄取知识量最大的时期，除了每天晚上不间断的读书，在读书的过程中，没完没了地问问题。写日记，做数学题，每天不间断地学习，为孩子上学打下了坚实的基础。我用付出的时间，来换取孩子成长需要的宝贵时间，比起孩子成长的宝贵，我的付出真是不值一提。

人生的旅途就是翻过一座山再翻过一座山，这是人生任何一个阶段的真实写照。只要你没有停下脚步，只要你还要向上，就无法回避翻过一座山再翻过一座山。带着淳朴的期盼，怀着对孩子无限的爱，充满快乐的，竭尽全力的，翻越你所能翻越的山岭，走好你所能陪同孩子的每一段旅程。

善于利用工具书

在剑道中，戴着面罩，护手和护胸，用竹剑来切磋比画时，不管你多么认真，也不会做到全神贯注的程度。因为无论怎么打，都不会流血或致命。但，如果用木剑比武，你就不可能一点不紧张了，木剑相抗，很可能被击昏，刺伤，甚至死亡。可以说，在真剑对决的比赛中，刀光一闪定生死，输赢之间不存在模糊地带，非彼即此。输了，就意味着被夺去生命，面对这种要害关节时的态度，才叫"认真"。

我们要用真剑对决的认真，来对待孩子成长中的每个点滴。孩子每天都会问很多"为什么"，我们都被孩子的问题难倒过，在回答孩子的"为什么"时，我们都有哑口无言的时候。在面对孩子问的"为什么"时，我们是否每个问题都给孩子认真作答了？还是选择敷衍了事？每个人都不可能无所不知，每天面对女儿如海潮般的问题，我曾拜托女儿不要再问了，让我休息一会吧。可是对于女儿的所有问题，我都不敢不负责任去贸然作答，我会搬出能使用的各种工具书查清楚后，给孩子一个准确的答案。后来，女儿要问我问题时，会踩个小板凳，把厚厚的工具书搬到我面前。

即使孩子问的问题我们可以脱口而出，也最好不要直接作答，而是利用工具书和网络，让孩子自己去寻找答案。孩子在书写时遇到不会的字，我也会拿出字典，口中叨念着拼音，认真地和女儿一起查字典。没有比工具书再好的老师了。所以当女儿上学时，不会写的字她自己可以查字典解决。后来，给女儿买了套彩图工具书，八本一套，刚买回来那些日子，女儿总是将这些字典抱到被子里，搂着睡觉，可见喜欢的程度，因为她知道工具书能够提供给她最可靠的知识。

一般来说，我们对孩子稍微有些懈怠也不会有什么致命的后果，反正太阳一下山，又是一天过去了。可是这样日复一日地混下去，等在前面的只能有失败。没有谁能够掌握宇宙中已知的全部知识，即使最超级的天才也做不到。教给孩子获取自己所需知识的途径，在需要的时候，就可以随时查取。认真对待孩子成长中的每个点滴，某种程度上，我们认真的态度决定着孩子的一生。

做一个把心胸吃大的吃货

无书不言富，有书不言贫。一个人心灵的成长史，差不多就是他的阅读史。人生起于阅读，终于阅读，阅读并非单纯指读书，它是指阅生活阅人生。我们常说"读万卷书，行万里路"前者是阅书后者指阅世，阅书是为了阅世，会阅书者更会阅世。站在人生不同的高度，风景也不相同。眼光有多远，思想就有多远，思想有多远，成就才可能有多高。每个人生下来都是一无所知，只有最愚蠢的人才会一直如此！

注意看我们周围的人，在聚会的酒桌上，总有人说自己有多爱读书，连续几次夸夸其谈某本书中的内容，再转而来问其他人："你们读过这本书吗？你们最喜欢哪本书？"见别人回答不上来，继而抛下个眼白，虚荣心得到强烈满足。在浩瀚的书海中，回荡着五千年思想的结晶，我们所能够接触到的书籍不过是浩瀚书海中的冰山一角。那个张口就能说出自己最喜欢哪本书的人，一定是没读过几本书的。真正读过书的人一定会思考在同类书籍中哪本书是自己最喜欢之一。我都为书籍鸣不平，书是用来读不是用来炫耀装腔作势，摆样子好看的。

在我们的朋友圈也会看到很多炫书之人，刚买的书籍，再配上文字，"要么旅行，要么读书，身体和灵魂总有一个在路上。"这些书名和封面的确让人感觉特别炫目，瞬间感觉对方高大上。那些书籍被拍照后，整齐摆放到书橱，从此完成使命，再也不会被阅读。我都为这些书籍感到委屈，什么时候书籍又多了条使命，成了朋友圈集赞的利器？！

不能只是看起来像喜欢读书。现在网络新闻媒体铺天盖地，碎片式的文字和新闻读起来比较容易，不用太费头脑，但是碎片式的文字代替不了书籍。有很多新闻看后让人沮丧，因为人咬狗才是新闻，狗咬人不是新闻，全世界媒体都是一样的，只有坏新闻才会报道，好新闻很少有人报道。纸质书籍一直面临着挑战，有微博的时候，人们越来越少去阅读纸质书籍，有微信后，很多人连微博都不去看了。微博和微信的阅读仅限于提供碎片式信息，属于快餐式浅阅读，这种阅读由于缺乏思考，自然也不会有太多收获。

其实读书是需要费脑子的事，现在有多少人肯安下心来静静地去读一本书？去领悟作者在书中为我们设下的圈套和陷阱，读者乘着想象的翅翼左冲右突，创造出种种有声有色的活剧，而作者却又通过其他方式加以引导，加以限制，使我们不得不在某些关键的时刻按着作者的意图转弯子，而且在既自由而又受着作品的魅力的诱惑下去阅历作者事先设好的意向，婉转徘徊，执着跋涉……这是书籍的魅力。

截至2014年，我国成年国民人均纸质图书阅读量仍在"谷底"——不足5本，值得注意的是，这其中包括学生用教科书。读书数量远低于早先调查显示的韩国11本，法国20本，日本40本，俄罗斯55本，以色列64本。作为出版大国的中国，却被称为"世界人均读书量最少的国家之一"。与世界上一些发达国家相比，我国的国民阅读水平更显落后。联合国教科文组织进行的一项调查显示，全世界每年阅读书籍数量排名第一的是犹太人，平均每人一年读书64本。而中国13亿人口，扣除教科书，平均每人一年读书1本都不到。你一年读几本书，你拖后腿了吗?

当作为家长对孩子的学习和未来一筹莫展的时候，最简单最有根基的做法，就是让孩子喜欢上阅读。一个充满爱和书籍的家庭，一个美丽的自然环境，在这样的条件下成长起来的孩子，没有人会走错路。金圣叹认为，雪夜闭户读禁书，是人生最大的乐趣。陈继儒（眉公）描写的读书情调最为美好"古人称书画为丛笺软卷，故书开卷以闲适为尚"，此公又曰"真学士不以鲁鱼亥豕为意，好旅客登山不以路恶难行为意，看雪景者不以桥不固为意，卜居乡间者不以俗人为意，爱花者不以酒劣为意"。一面品佳茗，一面读华章，心旷神怡，想起陶渊明一首诗：纵浪大化中，不喜亦不惧，应尽便须尽，无复独多虑。

读书是一种休闲时光的生活方式，是一种生活形态，将自己置身于书中，可以闻到沁人心脾的书香。仿佛自己是一棵富有生命力的大树，将精神的触角伸向书中的每一个环节，每一个生命的空间，从一切可能的地方吸收营养而滋润和哺育我们的心灵。幸福需要学习，吃货不是把你的胃吃大，而是把你的心胸吃大。同样是吃，那就让我们索性做一个不同凡响的吃货。

让孩子爱上读书

书——这是这一代对另一代精神上的遗训，这是行将就木的老人对刚刚开始生活的年轻人的忠告，这是行将去休息的站岗人对走来接替他的岗位的站岗人的命令。

——赫尔岑

被收录到小学课本台湾作家林海音的《窃读记》

　　转过街角，看见三阳春的冲天招牌，闻见炒菜的香味，听见锅勺敲打的声音，我松了一口气，放慢了脚步。下课从学校地急急地赶到这里，身上已经汗涔涔的，总算到达目的地——目的地可不是三阳春，而是紧邻它的一家书店。

　　我趁着漫步给脑子一个思索的机会："昨天读到什么地方了？那女孩不知以后嫁给谁？那本书放在哪里？左角第三排，不错……"走到三阳春的门口，便可以看见书店里仍像往日一样地挤满了顾客，我可以安心了。但是我又担忧那本书会不会卖光了，因为一连几天都看见有人买，昨天好像只剩下一两本了。

　　我跨进书店门，暗喜没人注意。我踮起脚尖，使矮小的身体挨蹭过别的顾客和书柜的夹缝，从大人的腋下钻过去。哟，把短发弄乱了，没关系，我到底挤到里边来了。在一片花绿封面的排列队里，我的眼睛过于急切地寻找，反而看不到那本书的所在。从头来，再数一遍，啊！它在这里，原来不是昨天那位置上。

　　我庆幸它居然没有被卖出去，仍四平八稳地躺在书架上，专候我的光临。我多么高兴，又多么渴望地伸手去拿，但和我的手同时抵达的，还有一只巨掌，五个手指大大地分开来，压住了整本书："你到底买不买？"

　　声音不算小，惊动了其他顾客，全部回过头来，面向着我。我像一个被捉到的小偷，羞愧而尴尬，涨红了脸。我抬起头，难堪地望着他——那书店的老板，他威风凛凛地俯视着我。店是他的，他有全部的理由用这种声气对待我。我用几乎要哭出来的声音，悲愤地反抗了一句："看看都不行吗？"其实我的声音是多么软弱无力！

在众目睽睽下，我几乎是狼狈地跨出了店门，脚跟后面紧跟着的是老板的冷笑："不是一回了！"不是一回了？那口气对我还算是宽容的，仿佛我是一个不可以再原谅的惯贼。但我是偷窃了什么吗？我不过是一个无力购买而又渴望读到那本书的穷学生！

在这次屈辱之后，我的心灵确实受了创伤，我的因贫苦而引起的自卑感再次地发作，而且产生了对人类的仇恨。

我不再去书店，许多次我经过文化街都狠心咬牙地走过去。但一次，两次，我下意识地走向那熟悉的街，终于有一天，求知的欲望迫使我再度停下来，我仍愿一试，因为一本新书的出版广告，我从报上知道好多天了。

我再施惯技，又把自己藏在书店的一角。当我翻开第一页时，心中不禁轻轻呼道："啊！终于和你相见！"这是一本畅销的书，那么厚厚的一册，拿在手里，看在眼里，多够分量！受了前次的教训，我更小心地不敢贪婪，多去几家书店更妥当些，免得再遭遇到前次的难堪。

每次从书店出来，我都像喝醉了酒似的，脑子被书中的人物所扰，跟跟跄跄，走路失去控制的能力。"明天早些来，可以全部看完了。"我告诉自己。想到明天仍可能占有书店的一角时，被快乐激动的忘形之躯，便险些撞到树干上去。

可是第二天走过几家书店都没看见那本书，像在手中正看得起劲的书被人抢去一样，我暗暗焦急，并且诅咒地想：皆因没有钱，我不能占有读书的全部快乐，世上有钱的人那么多，他们把书买光了。

我惨淡无神地提着书包，抱着绝望的心情走进最末一家书店。昨天在这里看书时，已经剩下最后一册，可不是，看见书架上那本书的位置换了另外的书，心整个沉了下去。

正在这时，一个耳朵架着铅笔的店员走过来了，看那样子是来招呼我（我多么怕受人招待），我慌忙把眼光送上了书架，装作没看见。但是一本书触着我的胳膊，轻轻地送到我的面前："请看吧，我多留了一天没有卖。"

啊，我接过书羞得不知应当如何对他表示我的感激，他却若无其事地走开了。被冲动的情感，使我的眼光久久不能集中在书本上。

当书店的日光灯忽地亮了起来，我才觉出站在这里读了两个钟点了。我合上了最后一页——咽了一口唾沫，好像所有的智慧都被我吞食下去了。然后抬头找那耳朵上架着铅笔的人，好交还他这本书。在远远的柜台旁，他向我轻轻地点点头，表示他已经知道我看完了，我默默地把书放回书架上。

我低着头走出去，黑色多皱的布裙被风吹开来，像一把支不开的破伞，可是我浑身都松快了。忽然想起有一次语文先生鼓励我们用功的话：

"记住，你是吃饭长大，也是读书长大的！"

但是今天我发现这句话不够用，它应当这么说：

"记住，你是吃饭长大，读书长大，也是在爱里长大的！"

这篇文章满满透出作者对读书的热爱和对书的渴望，以及在"窃读"中的种种经历和复杂的心情感受。文章中的小主人公每天匆匆离开学校赶往书店，急切又小心翼翼地走进店门，相信很多读者被感动得心绪难以平静。我们的孩子也是每天匆匆离开学校，可是心里想的是什么呢？是不是赶快完成作业，好好玩电脑或手机游戏？

作者在那样的条件下，如饥似渴地从书中获取知识。相比之下，我们现在的书店和图书馆宽敞明亮，各类书籍应有尽有，所有书店都向我们敞开大门，在那里我们可以无拘无束，自由自在畅游在书的海洋里，为什么我们反而不去读书呢？

"读书"被人们赋予了太多的使命和赞誉。"富家不用买良田，书中自有千锺粟。居安不用架高堂，书中自有黄金屋。娶妻莫恨无良媒，书中自有颜如玉。出门莫恨无随人，书中车马多如簇。男子欲遂平生志，六经勤向窗前读"。古今中外，对读书认同的一致性，说明读书确实是件很重要有意义的事。西方的犹太人是全世界公认的富有民族，他们对书籍表现出的重视也是非常特殊，是唯一将读书列入法律条文的民族，家家有藏书，并规定书橱只可摆放在床头，不可摆放在床尾，可见对书籍的崇拜与尊重。我们国家虽没有将读书立法，但也有"孟母三迁""陈母教子""孤村到晓犹灯火，知有人家夜读书""万般皆下品，唯有读书高"等传世佳话，俯拾皆是。每位家长都希望自己的孩子是个喜爱读书的孩子，作为家长如何诱导孩子喜爱读书？我总结如下：

1：几乎每个孩子都喜爱听故事，故事是书的一部分，即使再忙，每天都要坚持给孩子讲故事。"讲故事"就是培养孩子阅读习惯的第一步。最初孩子不认识字，作为家长就辛苦一点，在给孩子读故事书的时候，用手指指着字读，让孩子对汉字产生兴趣，原来这些奇怪又可爱的小符号可以有如此神奇的作用，放在一起就是这么好听的故事。慢慢地，孩子会认识一些字，会对自主阅读产生兴趣，这时，给孩子买一些有趣并字数不多的书籍，鼓励孩子自己读，增加孩子的成就感，孩子自然会对阅读产生浓厚的兴趣。学习本身就是个漫长的过程，知识都是源自点滴的积累。

2：给孩子准备丰富的书籍，很多家长抱怨孩子不喜欢读书，说家中有书，可是孩子就是不看。思考一下，是不是家中的书不是孩子喜欢的书，家中有书，但不是孩子喜欢的书，就等于没书。强迫大人看一本不喜欢的书，也会是一件困难的事。因此我们家长每月可以少去一次饭店，少买一件衣服，少做一次头发，少吸几包烟，给孩子买好书，买孩子感兴趣的书，丰富孩子的书橱。学习都是源自兴趣，孩子感兴趣，不用父母多说，只怕孩子钻到书里，想让他停下来都难。

3：全家共读。经常听到有些父母说，我的孩子坐不住，看书看不到两分钟就跑了，我家孩子就不是那学习的料。反而看着别人家喜欢学习的孩子如同海上三山，山在虚无缥缈间。其实孩子与孩子不存在大的智力上的差异。父母是孩子的第一任老师，父母在生活中的小习惯，接人待物的方式，讲话的方式，处理问题的方法，都潜移默化影响着孩子，父母的一言一行都在孩子身上被复制。想让孩子成为什么样的人，父母就先做这样的人，想让孩子爱读书，试问一下自己是一个爱读书的人吗？子曰"其身正，不令而行，其身不正，虽令不从"。如果家中有一个阅读的氛围，不用父母多说，孩子自然会安静地坐在那里读书。

书是人类最好的朋友，书是人类进步的阶梯。让孩子爱上书籍，让孩子有一个书香童年。"学而不厌"，才能"诲人不倦"，为了孩子，全家人共同学习进步，这是多么幸福快乐的事。何乐而不为？

　　书籍是少年的食物，它使老年人快乐，也是繁荣的装饰和危难的避难所，慰人心灵。在家庭成为快乐的种子，在外也不致成为障碍物，但在旅行之际，却是夜间的伴侣。

——西塞罗

诗歌篇

诗歌的美

　　女儿在幼儿园时，每晚在讲完故事后，都要听着诗歌才肯入睡。当女儿用稚嫩的童音朗声背诵长长的诗歌，我惊讶于诗歌的魔力和女儿对诗歌的喜爱。

　　女儿上小学后，她用稚嫩的小手在纸上写下《书架妈妈》：我还在胎房的时候/就有一个神奇的书架/讲给我各种好听的故事/我在温暖的胎房里/听着故事长大/后来/我出生了/这个神奇的书架/就呈现在我的眼前/并且变得更加神奇/这个书架让我叫她妈妈/……我被女儿写的小诗深深吸引并被充满创造力的语言折服。

　　感谢女儿带我真正走进诗歌的殿堂，让我如此走近诗歌并感知它的存在。我被诗歌语言的凝练、言简意繁深深吸引，每一首卓越的诗歌都像一件精美的艺术品让我深刻感悟。诗歌作为一种美学的存在，不仅是语言建筑学，诗人更是语言结构的艺术家。诗人同音乐家画家一样，经过一种精神同化，将精神的触角伸到每一个有生命力的空间，在生活中一些平凡和习以为常的事物中敏锐地捕捉到灵感的闪光和诗意的旋律。使之相互应和、相互协调、相互渲染，在诗人心灵深处加以体察和涵蕴，加之对语言本身得心应手的使用，将语言的真纯、思想的哲理、生活的真谛、艺术的闪光、自然优美的在诗人的头脑中熔炼，使语言的精华在一种"招之即来，挥之即去"的灵感中溢流出来，在一个寥廓的时空中挥洒出去，凝成一幅幅壮美的画卷，一串串悠扬的音符，一篇篇睿智的纯诗，一座座梦之华宫，一簇簇璀璨星辰，让读者沉浸在深沉、和谐、哲理、优美、舒徐的诗歌旋律之中，感受诗人用属于自己的语言发出他们的声音……

　　现代诗歌博大多彩，深刻体现语言艺术的隽永性。诗歌之美，通过

孩子凭什么优秀

折射生活中的闪光引发心灵上的光明，卓越的诗歌语言建筑必须与生命活力同在！

跟着稚嫩的笔端丰富的想象，感受一个孩子那颗纯净的心灵。

爱上工作的小云朵

我们要去哪儿
小云朵问宽厚的云朵妈妈
我亲爱的孩子
我们要去那片农田做点事儿
可是妈妈
家里面的游戏我还没玩够
我不想和你一起去做事儿

不行，云朵妈妈拉住小云朵的手
小云朵，你已经足够大
看看山上干渴的树木
快要枯萎的花
还有山坡上的庄稼要长大
都等着我们去把雨点下

小云朵只是有点怕
它第一次跟着妈妈离开家
吹过风，下完雨
就怕找不到妈妈回不了家
小云朵

尽管怕
还是跟着妈妈出了发

一阵风吹过
小云朵淅沥沥的把雨点下
淅沥，淅沥
山上的小树笑开了花
山上的小花和山坡上的庄稼
齐声说谢谢了，谢谢了

小云朵已经不害怕
这和玩儿差不多嘛

原来工作可以这样快乐
淅沥沥，淅沥沥

小云朵，我们该走了

云朵妈妈笑着说

树木，花朵，和庄稼齐声说

感谢了，欢迎你们再回来
小云朵心里乐开了花
对着树木花朵和庄稼
大声说
等你们需要我们还会来

小云朵拉着妈妈的手
完成任务回到家
工作让我很快乐
亲爱的妈妈
什么时候我们再出发

春天的小雨滴

滴答，滴答
小雨滴在下
落在大树嫩绿的新芽
小树叶，小树叶
看看我们来得多及时
小雨滴招呼着小树叶

漫长的冬天总算过去
大树被寒风拽光了叶子
吹干了外衣
春风发出信息
让我们再次见面
我们分开这么久
让我们倾诉一下离别之情

亲爱的小雨滴
我早已经把你想念
想念你温暖的滋润
透彻的甘甜
我的枝条期待你痛快地拥抱
听，每一个新芽都在向你问好

小雨滴，欢快地下
滴答，滴答

浇绿了树，浇红了花
浇乱了水面的平静和光滑
滴答，滴答
一串串，一滴滴
叫醒了飞舞的蝴蝶和紫罗兰花
滴答，滴答
……

黄油朝上，黄油朝下

故事是这样的
一天
麦克东和麦克西
共同走进一家快餐店
突然
麦克东一声惊呼
你怎么可以这样
吃面包
涂黄油的一面应该朝上
麦克西也一声惊呼
你怎么能这样
吃面包
涂黄油的一面应该朝下

怎么可能
麦克东咬牙切齿气愤异常

我们不管什么时候
吃面包
涂黄油的一面都朝上
这才是正确的方法
不容置疑

绝不可能
麦克西皱着眉头无比愤怒
我们不管早餐还是晚餐
吃面包
涂黄油的一面都朝下
这样才是正确的方法
天经地义

麦克东说
从我伟大的父亲
伟大的祖父
伟大的曾祖父
不太伟大的曾曾祖父
伟大的曾曾曾祖父开始
我们吃面包
涂黄油的一面都朝上

麦克西说
从我不太伟大的父亲
不太伟大的祖父
不太伟大的曾祖父
伟大的曾曾祖父
不太伟大的曾曾曾祖父开始
我们吃面包

涂黄油的一面都朝下

这时
过来一位智者
说
黄油朝上
黄油朝下
都是一样

麦克东说
如果你不把涂黄油的一面朝上
我就在这儿待上一年之久
麦克西说
如果你不把涂黄油的一面朝下
我就在这儿待上三年三天三夜

麦克东说
如果你不把黄油朝上
我就会在这儿待上一个世纪
甚至永远
我绝不会改变我的方法
麦克西说
如果你不把涂黄油的一面朝下
我不做丝毫让步
这是我从小的规矩
即使你和我永远都待在这儿
……

——当然
世界不会待在那儿

地球依然转动
每天都日新月异
几年后
房屋拆除
建起城市花园

花园围着他们建了一圈
在他们上面
固执地挂着一块牌子
上面写着
麦克东，麦克西
争执
黄油朝上
黄油朝下
寸步不让

拉拉族和纽纽族

在纽拉人里
有些纽拉人生下来
穿的衣服带着拉链
被叫做拉拉族
有些纽拉人生下来
穿的衣服带着纽扣
被叫做纽纽族

实际上
拉链和纽扣并没有什么不同
可是因为生下来带着拉链
拉拉族人鼻子都翘到天上去了
我们是最高贵的拉拉族
我们生下来就带着拉链
我们和纽纽族绝不沾亲带故

如果生下来带着拉链的孩子
都会欢呼庆祝
生出来带着纽扣的孩子
就会丢到纽纽族不屑一顾
无论什么时候
拉拉族碰到纽纽族
都会高抬起脑袋走过去
绝不打招呼

纽拉族举办各种聚会
绝不邀请纽纽族
如果纽纽族的小孩
想和拉拉族的小孩一起玩耍
拉拉族的大人一定虎着脸说
——绝不
纽拉人让
纽纽族待在树林深处
不理不顾
拉拉族早忘了他们和纽纽族
是姐妹兄弟曾经的手足

这一天

无精打采的纽纽族

待在他们阴暗的树林深处

忽然来了一辆奇形怪状车

车上装着一些

奇形怪状的货物

车上下来一个怪家伙

朝着纽纽族大声说

朋友们

我的名字叫怎么也不会满足

我不远千里而来

要帮助你们把烦恼解除

说完

他就留在树林居住

建造工厂砍伐树木

工厂建成后

许多废气从烟囱滚滚而出

到处堆满一棵棵

被砍伐的大树

你真是发疯了

说来帮助我们解除烦恼

却砍倒这里的一棵棵大树

怎么也不满足说

朋友们

你们只要给我三块钱

就能得到这件拉链服

穿上这件衣服

你们就和拉拉族一样高贵

千真万确
纽纽族如愿以偿
奇迹真的出现
穿上拉链服变成拉拉族
看啊
我们和你们一样
你们再也不能对我们另眼相看
我们原本一样
你们这些自以为是的自大狂
现在我们也能去参加聚会
还能去烤香肠

天呢
拉拉族惊呼
我们才是真正的拉拉族
现在他们和我们一样
我们怎么才能分辨
谁是拉拉族
谁又不是拉拉族

怎么也不满足说
不要着急
现在拉链已经不时髦了
现在流行的是纽扣
只要花五元钱
就能得到这件高贵的纽扣服

拉拉族的鼻子又翘上了天
我们永远是我们

孩
子
凭
什
么
优
秀

怎么模仿都不可能一样
纽纽族一看
鼻子都气歪
刚花了三块钱
美了还不到小半天
转眼又变成不光彩

怎么也不满足
又开着奇形怪状车过来
纽纽族花了五元钱
买回原来的纽扣服

从那时起
丛林一片混乱
纽纽族和拉拉族
每时每刻不停换着
纽扣服和拉链服
直到最后
谁也分不清谁
谁也不知道自己
到底是拉拉族还是纽纽族

丛林的树快被砍光
纽拉人也花光最后一块钱
怎么都不满足
开着奇形怪状车准备离开
纽拉人奇怪地问怎么都不满足
你建的工厂生产什么?
怎么都不满足说
生产你们穿的拉链服和纽扣服

说完

怎么都不满足

带着鼓鼓的钱袋

开着奇形怪状车

离开了纽拉人的

纽纽族和拉拉族

一边离开一边大笑着说

谁都别想让愚蠢的纽拉人变得聪明

怎么都不满足走了

从那时起

拉拉族和纽纽族

变得聪明起来

他们开始知道

拉拉族和纽纽族

没有谁比谁高贵

他们都是纽拉人

他们原本就是亲人手足

再也没有人在意

谁穿着纽扣服

谁穿着拉链服

让世界充满爱

在爱心城的外头
走过那条曲里拐弯路
在路的尽头
有一座鬼城
鬼城里一片荒芜
带着臭味的风吹过
灰尘满天，脏水四溅
没有鸟儿清脆的鸣叫
只有乌鸦的聒噪

鬼城里有一座
阴森森的鬼屋
灰突突的墙壁
和密不透风的窗户
阴冷潮湿的鬼屋里
住着一个急脾气的怪老头
没人知道他是谁
都叫他极丑极丑的急老头儿

我是可爱的可小孩儿
我有爸爸妈妈给我的爱
还有我的小狗朵小胖
妈妈的生日很快就到来
我想送件特别的礼物

表达我对妈妈的爱
据说
生日那天得到
长着白胡子的蜗牛做礼物
就能长命百岁永不会离开
可是
长着白胡子的蜗牛只住在
极丑极丑的急老头儿的窗外

我下定决心不能等待
带着我的朵小胖
在一个周末的上午
穿过曲里拐弯路
终于来到
极丑极丑的急老头儿的窗外
我胆战心惊心跳加快
只想找到长着白胡子的蜗牛
赶快离开

我小心搜寻认真查找
终于看到长着白胡子的蜗牛
在那儿伸着脑袋
我心里一阵惊喜
抓住蜗牛必须眼疾手快
"小孩儿"一个低沉的声音传来
我惊叫一声，跳出三步以外

破窗缝里一双眼睛
正在偷偷向我看来
我知道这一定是

极丑极丑的急老头儿
我赶快把朵小胖抱了起来
有人说极丑极丑的急老头儿
喜欢吃小狗的脸蛋
"小孩儿，告诉我你为什么来？"

我努力镇定
回答极丑极丑的急老头儿
我是可爱的可小孩儿
我为我的妈妈而来
想送给妈妈长着白胡子的蜗牛
做生日礼物
据说那可以长命百岁永不会离开

还是个又爱心的小孩儿
长着白胡子的蜗牛你可以拿走
但你必须先为我做一件事儿

让我做什么尽管说
白拿别人的东西本来就不应该

你得听我讲一个故事
我想让你知道
这里以前是多么精彩
可爱的可小孩抱着朵小胖
站在窗外
听极丑极丑的急老头儿
娓娓道来
……

以前这里叫快乐城

白白的云朵，蓝蓝的天空

茂密的小草，晶莹的露珠

一簇簇，一株株

快乐河里流淌着清澈的河水

微微起着波浪

会跳舞的快乐鱼

在河里成群结队嬉戏欢畅

快乐鸟的歌声在空中回荡

五颜六色的花光彩夺目

高大神奇的快乐树结满果实

郁郁葱葱

快乐的叶子在微风中轻轻飘荡

数不清的小动物蹦蹦跳跳

快乐树上的快乐果实

它们可以尽情享用快乐逍遥

极丑极丑的急老头

说的是这里吗

真是难以想象

如果是真的

又是如何变成今天

这般模样

极丑极丑的急老头儿

长叹了一口气

继续道来

后来

来了一个生意人

名字叫为钱什么都干
带来了他的妻子始终向钱看
和他的儿子为钱什么都敢干
还有他的女儿一直向钱看
要在快乐城建走到哪黑到哪工厂
让快乐城的居民都到工厂上班
有钱赚

为钱什么都干对快乐城的居民说
建工厂只是好好利用自然
我能来这里是天意安排
人人都知道做个有钱人有多爽快
钱才能让自己的生活圆满
现在人人都自己顾自己
你们也要自己关心自己

有钱赚就行
谁管他良心底线
我为快乐城经济发展做出贡献
你们的孩子有糖吃多么可爱
我还会拿出钱给你们盖房子
让你们生活后顾无忧
只要有钱赚
谁管他水流多长树活几年

快乐城居民非常高兴
欢呼雀跃
每个人都需要钱
钱是那么美好
人人都想要

钱是那么美
钱是那么妙
钱可以买喜欢的东西
钱可以满足需要
我们就要变成有钱人了
我们尽情欢笑

我全力制止坚决反对
我声嘶力竭拼命阻挡
可是没有人愿意听我的
快乐城一直风和日丽
云淡风轻
完美的快乐城结束了
从那天起
一切都变得糟糕起来
从那时起
噪声不断,尘烟四起
白昼如夜,脏水肆意

高大的快乐树枯萎死亡
快乐鸟被烟熏得无法歌唱
快乐鱼在黑水里无法呼吸
小动物不得不放弃家园
背井离乡
小孩也得了各种怪病停止生长

生意人为钱什么都干
带着他的妻子始终向钱看
和他的儿子为钱什么都敢干
还有他的女儿一直向钱看

还带着他走到哪儿黑到哪儿工厂赚的钱
离开了快乐城

我们也不能生活在这里了
我不得不送快乐城的居民离开
希望他们能找到比这儿更美的地方
我不能离开我的家园
我要等在这儿
快乐城只有等到一位
内心充满爱的人
播下第一颗种子
才能让快乐城重现生机

多少年来
曾经盖过的楼房全部倒塌
成为一片废墟
我要等到这位内心充满爱的人
播下快乐城第一颗种子
否则快乐城不会有任何转机

现在看来
也许我等到了
可爱的可小孩儿
你为送给妈妈的礼物
战胜恐惧和你的小狗一起
来到这里
你的内心充满了爱
你就是我这么多年来要等的
那位内心充满爱的……

——为什么是我
需要我怎么做

极丑极丑的急老头说
用你的爱心在这片土地上
播种下第一颗种子
用爱心唤醒这片
吃尽苦头的土地
只有这样
快乐城才能重现生机

我想这值得一试
我不会让你失望的
可爱的可小孩儿和朵小胖回到家
送给妈妈的生日礼物是
长着白胡子的蜗牛

可爱的可小孩儿
把极丑极丑的急老头儿说的话
告诉了爸爸和妈妈
——这值得一试
爸爸妈妈点着头说
爸爸拿起电话打给市长
市长说
——这值得一试
很快
爱心城所有居民都说
——这值得一试

事实上
世界上很多事
都越来越糟
我们应该做些什么
就从播种下一颗种子开始
一颗种子看起来多么渺小
但这是我们全部的需要

不播种就没有希望
让内心的爱尽情释放
播种下一颗小小的种子
不要看它现在渺小
它将来会长成鲜花和大树
那是我们需要的一切

极丑极丑的急老头走出房屋
呼吸着重新变得清新的空气
一只久违的快乐鸟唱着歌
飞过天空
我头发全白，牙齿掉光
但我记得当初的花朵树木
还有灿烂的阳光
清澈的河流重新流淌
只需时日
这里就会像很久以前一样
……

人类的幸福谷

抬头极目

翠绿的山谷

深藏在蓝天深处

大地、阳光、山谷

柔美的大自然

如怨如诉

空气多么芬芳

阳光多么明艳

小草刚刚冒出泥土

山风吹过

掀起一阵壮阔的波澜

万物齐声赞颂造物主

目光穿透通往天际那条

无边的小路

我迈开步子走向高处

所过之处

小草纷纷让路

花朵暗暗赞赏我

非常羡慕

我快乐的心轻飘飘

如腾云驾雾

我向山谷游目观看远处
无尽的绿色从脚下延伸到远方
弯弯曲曲的小路
隐没在草丛深处
忽明忽暗细语倾诉

我在最高的山峰停下脚步
望着远处冒着炊烟的木屋
还有隐隐打开的窗户
像外祖父在暗处看书
我们究竟做了什么
造物主竟然如此垂顾
在大自然面前
人类不得不垂下眼目

崇高的造物主
只有你才最清楚
人类要想留住幸福谷
就不要让河流呜咽
林木长叹，高山痛苦
……

不管太阳刚刚升起
还是走完天穹
不管太阳沉睡阴暗
还是万里晴空
大自然与人类之间都需要
和谐交融，宁静幸福

如果，我有了翅膀

如果，我有了翅膀，
我会先飞在空中，
想象我是地球的国王，
管理一整个世界，
月亮、太阳、人类，
动物、植物、海洋，
都归我管。

如果，我有了翅膀，
我会飞到空中
和小鸟一起玩耍，
小鸟一定很高兴。
我还会给小鸟带点零食，
让他们也吃一吃，
我们的东西多好吃。

如果，我有了翅膀，
我会做一件
给小鸟的衣服，
让小鸟穿穿看，
衣服到底好不好，
我们人类有多聪明。

如果，我有了翅膀，

我会不让小鸟冻着，
给它们一件被子，
让它们更加暖和，
它们的妈妈也少担一下心。

如果，我有了翅膀
我会让所有人都有翅膀，
自己飞到空中探索……

时间的河流

我背负着小小的行囊
来到时间的河流里
不断流淌时间的河流
安静而有力
这是属于所有人的河流
这里有年轻跳动的心
充满了生命力

五颜六色的彩石铺满河底
五彩斑斓，光怪陆离
时间老人对每个到来的人说
五颜六色的彩石各有意义
红色代表热闹
银色代表力量
无色的是善良

金色代表财富
蓝色代表真诚
绿色代表权势
紫色代表美貌
橙色代表享乐
代表知识的
是那些黑不溜秋的小石头

时间老人说
在时间的河流里
从开始到结束
随着不停息的河水
每人只能走一次
并且不能停留
每人只能选三种颜色的
石头放进行囊
在整个时间的河流里
捡到的都属于自己

平静的时间河流
变得喧闹异常
为五颜六色的彩石
互不相让

我随着不断流淌的河流
和不停歇的脚步
不慌不忙,跟随在后
原来五彩斑斓的河底
只剩下不起眼颜色的石头
我捡起无色的善良

蓝色的真诚
和代表知识的
黑不溜秋的小石头
放进我小小的行囊

我捡的石头越来越多
脚步却变得轻快无比
我抬头远看
天地之间，没有界限
我心情畅快无比
随着不断流淌的时间的河流
不慌不忙自在悠游

我看到原来抢在前面的
行囊里装满艳丽的石头
现在居然不堪重负
不得不停下脚步
被时间的河流抛在后头
原来跟在后面的我
居然走在了前头

我背负着的行囊
里面满是善良，真诚
和黑不溜秋的小石头
我打开行囊
欣赏我一路的收获
黑不溜秋的小石头
居然闪出七彩的光芒
善良和真诚变成跳动的
金子般的心灵

行囊也变得轻松无比
我心中充满欣喜
不被束缚，才能乘风破浪
我的眼睛看向更前方

时间的河流
公正而无情
有些人披上了智慧的外衣
走向闪光的殿堂
有些人
只能埋怨与惆怅
背负不堪重负的行囊
剩下年龄和岁月的沧桑

时间的河
坚定有力
静静流淌
……

书架妈妈

我还在胎房的时候
就有一个神奇的书架
讲给我各种好听的故事
我在温暖的胎房里
听着故事长大

后来，我出生了
这个神奇的书架
就展现在我的眼前
并且变得更加神奇
这个书架让我叫她妈妈

我慢慢长大
渐渐明白了是与非
原来妈妈是生我养我的人
上面摆满五颜六色书籍的
才是真正的书架

如今，我已经长大
读书不再需要妈妈
还有了属于自己的书架
可是，无论走到哪儿
我都会想念
被我叫作书架的妈妈

天空的小气鬼故事

万籁俱寂
天空趁着夜色
倚着云朵向下张望
天空突然情绪为之一变

谁有如此胆量
还敢放声歌唱
我要撒下片片雪花
占领他们的领地
看他们还能不能歌唱

年轻的伙伴们
你们在那边
我们在这边
请保持队形
目标地面
雪花翩翩
一致向前
——向前
前方的地面

孩子透过窗户向外张望
突然传来一声惊呼
雪花，雪花
孩子纷纷涌向屋外
就像一个个滚动的珍珠
就连旁边的那棵老树
好像都要迈开快乐的脚步

高山、峡谷、平原
花园、房屋、面
如今欢声一片
你追我赶
伸手接住雪花
一片一片

放在耳边
聆听
雪花晶莹的语言

我本想占领他们的领地
让他们的生活变得苍白
没有生气
可这片神奇的大地
带着强劲的生命力
快乐在真挚的相互传递
对我撒下的雪花
像对英雄般喜爱致意

我怎能甘愿
这般无声痛哭抱怨
任由他们的快乐
如波涛般向前
天空依旧倚着云朵
在自己冰冷的宫殿
愤怒已经气息奄奄
他们歌唱的是什么？
——是《圣经》
圣经里的歌唱春天
……

为我们的童年请命

你为什么说我正在童年
说童年最快乐并充满阳光
我只是个哭泣的孩子
默默不能出声响
你为什么说童年最快乐没有悲伤

我记不清那是什么时候
我也曾有过快乐和敞开的门窗
我盼着快乐到来
可盼来的是无尽的忧伤
曾经那一点微不足道的快乐
也一点点离我远走不声不响

我们是没有童年的孩子
我们小小的身影
每天背着沉重的大书包
早已变成一副小老相
面对写不完的作业
和老师们的铁石心肠

你为什么说童年最快乐阳光
快乐与我的距离越来越长
美好的童年早被斩断翅膀
我只是个沉思默想的孩子

孩

子

凭

什

么

优

秀

面对做不完的题和进不完的考场
轻松快乐早已经变成奢望

我多想和我的宝贝书好好聚一场
我担心纯真的眸子失去光芒
读书才能让我有思想
读书让我不会走入迷茫
可面对每天不断公布的分数
我只好把美好的愿望隐藏

你为什么说童年快乐阳光
我看到多少孩子的童年
充满差生的自卑和父母的巴掌
我们小小心灵的渴望
早已经被大人们遗忘
谁会在意一个孩子的忧伤

我多想痛快地大睡一场
不用背诵没完没了的古文华章
孩子该有的驰骋思想
被困锁在厚厚的围墙
还企盼我们写下锦绣文章

童年应该享受天宇中的风光
童年应该享受大地恩赐的各种辉煌
童年应该去追逐顽皮的海浪
童年应该去领略鲜花盛开的山冈
童年应该悠悠翱翔于天地穹苍

这是一个孩子最热切的愿望……

我是这样一个小孩儿

我是这样一个小孩儿
一个迫不及待出生的早产儿
我喜欢用自己的双眼
观察世界
用我长着两个角的大脑袋
独自思考

我是这样一个小孩儿
用我小小的双手
贪婪地捧起厚厚的书本
走进奇妙的世界
快乐的笑颜
智慧的源泉
宁静的港湾
精神的富足
知识的山巅

我是这样一个小孩儿
谁也阻挡不住我对画笔的热爱
让我的画笔流淌斑斓的色彩
快乐的黄色
宁静的蓝色
神秘的紫色
生命的绿色

热烈的红色
我要为谎言和欺骗
画下浓浓的黑色
空虚的黑色不属于我们小孩儿
每个小孩儿都希望
被真诚对待

我是这样一个小孩儿
喜欢用笔写下我的世界
王子和公主的城堡
小鸟和雨滴的天空
梦想插上希冀的翅膀
小动物们幸福的家园
还要用我的笔
写下世上最美的诗篇

我是这样一个小孩儿
喜欢奔向广阔的空间
像河流一样自在
像山花一样烂漫
我要和云赛跑
我要和风比速
我要张开双臂
拥抱温暖的阳光
我要向天空大声呼喊
让声音刺破云天
我就是这样的小孩儿
我生活在天地之间
天真无邪的我
永远不会改变

我来了，明媚的五月天

五月来了，脚步轻轻
不急不躁
绿色洒满树梢
枝头挂满花苞
小草纷纷探头探脑
春姑娘低声吟唱告别的歌谣

我听到风吹拂大地发出声响
好像在呼唤着我的名字
小河快活地掀起波浪
谁能阻挡季节的力量
大自然就是小孩儿的天堂

我来了，明媚的五月天
欢迎你来到天地之间
欢迎你看这万物变化万千
欢迎你欣赏大自然的神奇
我心花怒放喜悦发自心间

我无所畏惧
迎着太阳，上山巅
把七彩的花编进我的发辫
用美景把我衣服的色彩增添

大树精神抖擞为我站岗执勤
我来了，为五月捎来快乐一片

愿这片大地被读书声唤醒

亲爱的同学们——
请放下手中的手机
请离开电脑里的游戏
请收起你的漫无目的
请远离无聊的恶作剧
书籍的魅力才是举世无双

这些文字和图像的集合
承载了人类文明的轨迹
书籍在知识的长河里
一颗颗闪亮
这条知识的长河
用白银拼镶
泥沙和知识正在较量

有书籍的空气是多么清香
我欣喜若狂跪下来欣赏
本本书籍都胜过琥珀麝香
书中有林中百鸟之王
中国皇帝把宝座放在两山之上
有紫袍加身的恺撒

有威震环宇的罗马

让我们沉浸在书籍融融的思想
让每个孩子都相信自己具有力量
同学们
让我们在知识的海洋里
切磋思想
让美好的友谊满是
知识的馨香
让我们一起沐浴着
友谊之光

书籍的滋养总是悄无声息
愿这片大地被读书声唤醒
用渴望的双手
触摸知识的种子
让种子在心灵的田畦中萌芽
开出世上最有思想的花

孩
子
凭
什
么
优
秀

218

欣赏篇

宝贝，你永远都是最棒的！

　　每个孩子都喜欢被赞扬，哪怕再微不足道的赞美，也会让孩子充满自信地挺起小小的胸膛。孩子的世界是狭小的，父母几乎是他们世界的全部，如果连自己最亲的父母都不欣赏自己，孩子幼小的心灵将会感到多么凄凉和无助。因此，父母要欣赏自己的孩子，并从孩子身上发现优点，真诚的给予赞扬。

　　每个大人都从小时候走过，可是有的父母却忘记了自己曾是孩子时的需求和感受，忘记了还是个孩子时希望有一个怎样的父母。孩子也会有感到挫折的时候，也会感到失落和失去信心的时候，这时父母要真正设身处地为孩子着想，慷慨地给孩子一个大大的拥抱，给孩子一声真诚的鼓励和赞扬："孩子，你能行，你永远都是最棒的！"孩子会在父母的欣赏和赞扬中充满自信。一个充满自信的孩子，做事大胆果断，敢于尝试，敢于担当。

　　小孩子没有什么不可挽回的错误，做错了事不怕，要让孩子知道错误的利害关系和可能带来的后果，并让孩子改正错误。当孩子承认错误并要改正错误的时候，父母应给孩子一个真诚的亲吻或拥抱，告诉孩子，改正错误后爸爸妈妈会更爱你。让孩子知道，爸爸妈妈生气是因为他做错的事，而不是因为他这个人。只要把错误改正，爸爸妈妈不会改变对他的爱，甚至会更爱他。并在孩子改正错误的时候及时给予赞扬："我的孩子真棒，是个知错就改的好孩子了，爸爸妈妈更爱你了"。孩子什么时候改正错误都不晚，今天改正就比明天早。

　　父母给予孩子要恰当，在孩子需要鼓励的时候，一声真诚的赞扬比给他一公斤黄金还让孩子高兴。因为对于孩子来说，黄金对于他来说是没有任何价值的东西，而父母的一声真诚的赞扬，能让他扬起快乐的小脸，挺起坚实的小胸膛。

经常被父母责怪的孩子和经常被父母赞扬的孩子，在很多方面都表现出差异。前者做事缩手缩脚，犹豫，紧张，甚至在小小的脸庞上会表现出担忧；后者做事大胆，敢于尝试，不怕出错，小脸也充满自信。在面对错误的时候，前者会紧张，为自己辩解或将错误推卸到别人身上；后者坦然不推卸，因为他知道出错不可怕，有错只要改正就是好孩子，因此敢于担当。

所以，平时父母对孩子不要吝啬赞扬。要真诚，恰当地给予孩子赞扬。即使孩子做错了事，只要改正就既往不咎，赞扬孩子有改正错误的勇气和决心，而不是揪着孩子的错误不放。父母真诚恰如其分的赞扬，和父母不加自省对孩子打击和挖苦，不同的态度会造就两种不同性情的孩子，从而影响到孩子有两种完全不同的人生。

从孩子成长的每一天，每一天中的每一点每一滴中，发现孩子的优点，找到孩子闪光的地方，及时真诚的给予赞扬。别忘了告诉孩子："宝贝，你能行，你永远都是最棒的！"美好总是会带给人愉悦的感受。父母大声地赞美孩子吧，让孩子充满自信，敢于尝试，敢于担当。父母再谦虚一些，宽容一些，慈爱一些，让父母的爱在孩子身上恰如其分的发挥最好的作用，实现父母真正的价值！

分享一首女儿写的小诗

妈妈眼里我最棒

我度过了人生的幼年时光

小时候我和其他小孩一般模样

有时我会哭闹偶尔还会尿床

可是妈妈每天都对我说

宝贝你真棒！

我不知道什么是棒

棒就是表扬

会让我的心情快乐舒畅

慢慢我会拿起画笔把线条画在纸上

妈妈总是惊喜欣赏还要用心收藏
捧起我的小脸对我说
宝贝，你真棒！
今天打开妈妈的宝贝收藏箱
追溯我的幼年时光
凌乱的线条布满纸上
画的什么都不像妈妈真不懂欣赏
就这样的四不像还要说
宝贝，你真棒！
幼儿园绘画课家长可以在场
妈妈坐在一旁微笑一直挂在脸上
回家的路上我问妈妈有什么感想
妈妈说我的宝贝满脸汗水还认真非常
上课没被任何打扰一直认真听讲
只有你留在最后帮助老师打扫清场
妈妈只注意这些小事真让人失望
我的画都没被老师表扬
妈妈把我抱起还亲亲我的脸庞
妈妈不懂画也没想过你被老师表扬
妈妈来是为看你不为听到表扬
我珍惜你成长的每一个时光
在妈妈看来你画好得难以想象
在妈妈心里宝贝你永远最棒！
今天我看着绘画得来的各种奖状
从校到区到市到省又到全国
妈妈为什么不把奖状贴到墙上
妈妈总是微笑神情总是安详
甜蜜的声音在我耳旁缓缓流淌
妈妈欣赏的是你不是奖状
在妈妈心里你比什么都棒！

孩
子
凭
什
么
优
秀

爱孩子，要让她知道

孩子是茁壮成长的幼苗，我们要施以爱来浇灌。有时我们往往忽视了爱需要表达。如果我们不去表达孩子根本不知道父母是爱他的。孩子天生敏感，父母懂得表达对孩子的爱，让孩子在充满爱的温和氛围下成长。较之在暴力，冷漠，疏忽或溺爱中长大的孩子，心理承受能力都要强很多。因为孩子能得到父母足够的正面关注。能感受到父母爱的行动和语言，孩子的心理成长就会阳光健康，有同情心，包容，有韧性，善解人意，懂得为他人着想，有正面解决冲突和挫折的能力。

每个孩子都有情绪，在心情不好的时候，会表现得比较急躁。有一次，我的耐心不够，对女儿大声说了几句话。

女儿对我说："妈妈，你不要大声说话，大声说话不好。"

那天睡觉之前，女儿躺在被窝里，很安静，我坐在床前。

对她说："宝贝，睡吧，甜甜的睡，做个好梦。"说完在她小脸上亲了一下。

女儿突然问我："妈妈，你担心我吗？"

我说："妈妈当然担心你。"

女儿轻轻在我脸上亲了一下。

我说："宝贝，妈妈爱你，很爱很爱。"我伸开两臂夸张地表达了一下，妈妈对你的爱有这么多，然后给了女儿一个大大的拥抱。

女儿对我说："妈妈，你忙去吧。"

我转身后，听到女儿对着她怀里的毛绒小兔子说："妈妈是爱我的。"

我听后感到有些震惊，意识到，当父母对孩子表现得比较严厉时，孩子会误认为父母不爱她，会因为难过而无所适从，有时会表现出逆反和不配合。

还有一次，女儿不小心打碎了杯子，我看到后担心她乱动会被碎玻璃扎到。

大声说了句："不要动，站那不要动。"

然后我走过去把她抱起来，放到床上。女儿这时大哭起来，我很少看到女儿这样。

女儿一边哭一边大声说："妈妈，你不要和我大声说话。"

我立即意识到，刚才喊"不要动"时，女儿本来因摔碎玻璃杯而害怕，我又大声说话，孩子更加害怕了。我意识到了自己的错误，把女儿紧紧地抱在怀里，向她道歉。女儿在我怀里哭了一会，然后推开我去玩玩具了。这件事让我懂得，孩子幼小的心灵需要怎样的呵护？父母自以为做得正确，可是有没有想到，"爱"表达的方式不正确也会伤害到孩子。我的女儿，妈妈无意识中对你造成的伤害，请你原谅，妈妈希望你的每一天都在快乐中度过。

意识成习惯，习惯成性格，性格决定命运。三岁看大，七岁看老。一个人在幼小成长发育阶段形成的自我个性。会影响到他未来的学习、事业、婚姻、家庭和社会等方方面面的领域。培养心智健康的孩子，才给他未来的成功奠定根基。

教智力的天才是最容易的，而培养一个品德高尚，有社会责任感，真正能支撑社会的栋梁、精英、才是最难的。这才是对父母最大的考验，也是区分智商父母最好的标准。

每个人都不是完美的，我们不能保证自己一定能在育儿这条路上做得最好。但是有爱心、不断思考、不断反思、不断探索、让我们每一个今天都做得比昨天好。父母有这样的心态，无论自己身处任何困境，孩子都是幸运的。日后为他们能拥有幸福，快乐，心智健康的成功人生打下基础。对孩子的一生来说，没有比这个更重要的了。

把最宝贵的给孩子

我们看不见时间，这就是很多人的悲剧所在。因为看不见，所以根本不知道它到底是什么。因为看不见，即使变少了，也不会引起我们的关注。加上时间是免费得到的，我们没有为拥有它付出艰辛。所以即使发现它变少了，流逝了，也不会感到痛惜。可是，每个人的时间只有那么多，如果不细心地使用，终会有一天发现它余额所剩不多。可是却什么都没来得及做，曾经有过的梦想，很多美妙的计划，都还没来得及实施，可是时间是不能够充值的。

有的父母拥有很多，他们不知道给孩子什么。有的父母几乎一无所有，他们也不知道给孩子什么。其实，养育一个好孩子并不需要太多，只要把看不见摸不着最宝贵的时间给孩子就够了。时间才是真正的财富。最容易失去的也是时间，如果没有时间，所有的一切都是虚无。时间是每个人最终极的财富。孩子的童年短短几年，电光火石一般，转瞬即逝。在这宝贵的成长阶段，我们是否应该清楚，哪些时间是可以节省的，哪些是必须用时间去做的。只有对时间斤斤计较，才能在孩子有限的成长黄金期做更多有意义的事情。

每位父母都希望自己的孩子"好"，可是对于什么才是"好"，相信每位父母都有自己的标准。每个孩子都是天赐的礼物，如果父母了解孩子，懂得孩子，知道孩子的所求所需，知道该怎样为孩子做真正需要的事。这个世上就少一个遭受莫名训斥的孩子，少一个遭人歧视的差生，少一个默默哭泣不被理解的天使。

有一位妈妈找到我，非常诚恳地告诉我，她的儿子三年级，不爱读书，不喜欢学习，成绩在班里都是中下游。经常因为孩子的事两口子吵架，找我的时候两个人刚刚因为孩子的事吵完，孩子也挨了打，被罚在房间里学习，并对孩子说："如果下次再考不好就不要回家了，即使回来也不让进家门。"这位妈妈和很多父母一样，为了孩子的学习无所不用其极，父母很着急，很暴力，孩子很委屈，很无奈。于是我给出建议，先从孩子读书着手，一个爱读书的孩子，一定是能够坐得住的孩子，一旦孩子能够安静下来，能坐得住，学习自然会一点一点地好起来，这需要过程，需要给孩子一个转变的时间。

这位妈妈属于实干型，说干就干。把我推荐的书籍全部下了订单，很快书到了，这位妈妈非常高兴地对我说："你买的书就是好，孩子喜欢看，我买的他就不喜欢看。现在儿子大部分时间都在自己房间看书，我要奖励儿子，再给他买个儿童房。"说买就买，一个星期不到，新建的儿童房照片发到我的微信上。说，儿子的必读书都读了两本了。这做起事来大刀阔斧的妈妈，儿子想不好都难。

半个月后再次见面，她对我说："儿子送到他奶奶家了，奶奶很宠爱这唯一的孙子，处处尽着让孩子如意，准备等暑假结束再接孩子回来。"我听后感到有些遗憾，孩子的好习惯养成是需要时间的，在养成好习惯的过程中，最好父母用心陪在孩子身边。等好习惯养成后，可以适当离开父母外出小住，在孩子的成长过程中，父母最好全程陪伴。当说出我的建议后，这位妈妈表现出为难的样子，单位经常加班，哪有时间顾得孩子。我们的确见过很多没有时间带孩子的爸爸妈妈，养育孩子，尤其是养育一个好孩子，是需要劳力加劳心实实在在的付出去做。

那一年寒假，这位妈妈又来找我，我问她："你有时间陪孩子度过

孩

子

凭

什

么

优

秀

这个寒假吗？"她继续面露难色："单位太忙啊，根本拿不出时间。"我感到很遗憾，如果这样，我也无能为力。养育孩子不是叶公好龙，不是三分钟热度，是要脚踏实地多年如一日的坚持和恪守！不仅仅是"想"而是想后去"做"。

分享这样一个故事：

卡尔·华尔德曾经是美国近代诗人、小说家和出色的钢琴家爱尔斯的钢琴教师。有一天，卡尔给爱尔斯金教课的时候，忽然问他："你每天总共要练习多长时间钢琴？"

爱尔斯金说："大约三四个小时。"

"你每天练习间隔的时间都很长对吗？"

"我想是这样，每次差不多一个小时，至少也是半个小时以上。我觉得这样才好。"

"不，不要这样！"卡尔说，"你将来长大以后，每天不会有很长空闲时间你应该养成一种用极少时间练习的习惯，一有空闲就几分钟几分钟地练习。比如在你上学之前，或在午饭之后，或在工作的休息中间，哪怕5分钟也去练习一下。把短时间的练习分散在一天里，如此，弹钢琴就成了你日常生活中的一部分了。"

14岁的爱尔斯金因为听了卡尔的忠告，使自己日后得到了不可估量的益处。

当爱尔斯金在哥伦比亚大学教学的时候，他想兼职从事创作。可是上课、阅卷、交际等事情把他白天和晚上的时间完全占满了。差不多有两个年头，他一字不曾动笔，他一直苦恼的是"没有时间"。

有一天，他突然又想起了卡尔·华尔德先生告诉他的话，于是到了下一个星期，他就重新开始实践"短时间练习法"，只要有5分钟左右的空闲，他就坐下来写作，每次100字或短短的几行。

出人意料，在那个学期终了的时候，爱尔斯金竟写出了厚厚的一堆手稿。

后来，爱尔斯金用同样积少成多的方法，创作了长篇小说。他的授课工作虽每天都很繁重，但是他每天仍有许多可利用的短暂余暇用来写作和练习钢琴。爱尔斯金惊奇地发现，每天无数几个分钟的时间，足够他完成创作和弹琴两项工作，而且最后都取得了丰硕的成果。

当我们以"没有时间"作为无所作为的借口时，平庸就会伴随我们一生。当父母以"没有时间"作为不作为的借口时，那就请接受孩子的现状，不要责怪孩子，不要希望孩子能成为你想要的优秀。不去付出，怎会有收获？如果我们总想用一整块完整的时间去做好一件事，那可能永远一事无成。时间像海滩上的沙粒，每一颗都轻微到微不足道，但是积累的多了，我们就会知道它是有重量的。我们只看到大海的博大，可是我们往往忽视了大海一点一滴积累的艰辛过程。

多看看孩子的那双眼睛吧

"人人都说小孩小，小孩人小心不小。你若小看小孩小，便比小孩还要小。"女儿很小的时候，在她幼小的口中，经常听到陶行知先生的这首小诗。每当我说："小孩子家，知道什么？"她便拿出这首小诗说给我听。

在女儿两岁多的一天晚上，我给她讲完故事后，她用小胳膊搂着我，对我说："妈妈，你终于是我的朋友了。"听到这句话，我无比震惊地望着女儿花一样的小脸。女儿也望着我，那双清澈见底的眼睛，好像为刚才自己说出的话与做出的决定，喜悦，又那么坚定。月光从打开的窗口看着我俩，我一下沉醉在那双明亮，洁净，又充满坚定的眼神里。

我说："我一定会好好珍惜你给我做朋友的机会。"我把女儿搂在怀里，女儿却把我推开："妈妈，我该睡觉了。"关上灯后，我依然拉着女儿的小手不舍得松开，我与女儿日夜相伴，从未离开过她一天，每天照顾她的一切生活起居，没想到我在孩子的心中连个朋友的资格都不够。今天，她用了什么样的标准衡量后，才决定把我加入到她的朋友圈，我想，以后她一定会像对待朋友那样的忠诚来对待我吧。

做父母的有没有审视过自己在孩子内心的位置呢？孩子就是父母的一面镜子，镜子是诚实的，她会将父母的面貌如实地反映出来。做父母的多审视自己，审视自己的内心，审视自己的行为，审视自己的心灵。多听听孩子的声音。我们也有过一双那样纯净清澈明亮的双眼，也曾单纯的如同一张白纸。无论是父母的话，还是老师的话，总是认真地去听，踏实地去做。后来慢慢长大了，开始对别人说的话置若罔闻。以为那是成熟了，不再听取别人的声音，并且经常迷失自己。

找回幼年时那纯净，谦虚，朴素的心，多看看孩子的眼睛吧，不要回避，长久的注视着她，看着那双清澈见底的眼睛，问问自己的内心。望着女儿熟睡的小脸，感动像另一种光亮，沐浴着我满是幸福的心怀。

放弃比较，转身凝目

孩子刚来到这个世界的时候，都有一双清澈洁净明亮的眼睛。伤心难过的时候，会流下清澈的泪水。每当注视孩子那双清澈见底洁净的眼睛，都感觉世上没有比这更珍贵的了。

孩子一天天长大，父母开始拿自己的孩子去和别人的孩子比较，哪家的孩子更聪明，哪家的孩子更漂亮，哪家的孩子更优秀，哪家的孩子会背诵诗词了，无比羡慕的语气。再回头用责备的眼神看看自己的孩子，没有为自己带来这些面子和荣誉。孩子清澈明亮的眼睛多了一丝忧郁。

孩子上学后，父母更加紧了比较的步伐。谁这次都比你考的分数高；谁在这次活动中取得好的成绩，而你却没有；谁写那么一手好字，看看你的简直都不是用手写出来的。就这样，孩子原本清澈明亮的眼中又多了一丝消沉。而有些孩子的眼睛在这样的比较中多了一丝骄傲和鄙夷。

比着比着，父母都忘记了孩子为什么而生，为什么而学；父母忘记了，人非神明，不可能十全十美；忘记了每个孩子都有自己独特的优势，也有着这样那样的不足。人这一生成就的大小，取决于如何发挥自身所具有的优势，而不是做一个比谁更厉害的人。很多父母就这样在比较中痛苦绝望，在比较中满足快乐。孩子那双世上最珍贵的清澈明亮的眼睛，不知何时消失不见了。

很多父母在不断地比较中迷失自己，以为在和别人的比较中才是真正的自己，才能找到做父母的快乐和意义。亲爱的父母们，比较有时可能会给孩子带来进步。但，请站定，转身凝视自己，别人家的花并没有总比自家的红。别人家孩子的成绩也不是信手拈来。我们的孩子也有拿父母去和别人家父母比较的权利。

为人父母，不要在比较中惊慌失措，互相伤害，迷失自己。静下心来，回望一下孩子最初那清澈洁净明亮的眼眸，每个孩子都是独特的自己。只有父母把持住那份安分自持的心，默默陪同孩子走好人生的每一步路，才能让孩子实现真正可贵的进步。每个孩子都是天赐的礼物，父母用心贴紧孩子的心灵。用温柔的手指抚摸孩子成长的每一寸时光。会发现，原来我们的孩子是如此光彩夺目。世上有很多事情都等待着我们的孩子去做，关键是能不能让他们做一个最独特，最优秀的自己！

父母篇

差之毫厘，谬以千里

孩子在婴儿时期，是感官发育和能力培养的最好时期。孩子就是一粒种子，落到哪里都能发芽，现在这个时代孩子随便都能长大。可是，如果养育好一个孩子，就要尽早着手，越早越好。刚出生的婴儿，感官能力父母应及时培养和开发。孩子的成长快速而宝贵，时间一旦错过，将再也无法找回。

刚出生的宝宝，一天的时间除了睡觉，就是吃奶，拉尿，眼睛都睁不开。我的女儿盈盈早产一个月，直到出生20天后，两只眼睛才能同时睁开。这时，只要她醒着，我就拉着她的小手和她用轻柔的语言说话，轻轻地抚摸她的小手，从手心到手指，轻轻地揉搓。有时给她讲故事；有时给她朗诵诗歌；有时给她放舒缓的音乐，我把女儿的每一个动作和表情，都解读成一种语言，和她对话。在她吃奶的时候，也抚摸着她的小手。

我在卧室里挂满了五颜六色的玩具。20天大的孩子，视力只有光感，只能看到眼前有移动的物体，并不能看清楚物体。我在离孩子平躺上方一米的距离，拉起一根绳子，绳子上挂满五颜六色的玩具。有时我拿一个小玩具，让她用小手去触摸，告诉她这是什么。当剖宫产的伤口好得差不多能够弯腰的时候，我拿出婴儿抚触操的碟片，开始每天给女儿做婴儿抚触操。做之前，先把室温调整到30度，将包裹女儿的小被子敞开。盈盈从小都是用小被子轻轻一裹，穿上纸尿裤，在被子里可以随意乱蹬乱动。女儿从小在几乎没有束缚的情况下自由地长大。

刚开始做抚触操的时候，我把女儿光溜溜地放在小被子上，没有衣被的包裹，她一脸恐慌，不知发生了什么事。抽动着小腿小胳膊，可爱的样子真是爱也爱不够。我在手心里洒好按摩油，开始从头到脚，从前胸到后背，从手心到脚心，依次按摩。每次持续时间大概半小时，按摩完真是累得腰酸背痛。就这样，每天一次抚触操，几天后，盈盈就不再惊恐的抽动小腿小胳膊了，并开始享受按摩时光。当脱光放在小被子上时，明显感觉到女儿的开心。

　　盈盈非常健康，骨骼发育很结实。没满月的时候，我在哪边，她就把脸转向哪边，真是比太阳花还忠诚。为不让女儿大脑袋睡成偏头，我从左边到右边不断调整位置。在女儿两个月大的时候，只要醒着，她已经不愿躺在床上。我将她抱起来，满房间里到处走到处看。拿起她的小手触摸玩具，触摸她目光里任何感兴趣的东西，告诉她这是什么，有什么用处。孩子的成长时间如此宝贵，一个经常被抱起，可以用好奇的眼睛到处看、到处观察、用手去触摸的孩子，和一个只能躺在那，眼前只是一片白色天花板的孩子，大脑发育情况一定是不一样的。我们还经常做一些小游戏，比如，我在她旁边拍拍手，让她寻找声音的方向，然后换个地方发出声音，女儿总是高兴地小腿直蹬，小胳膊舞啊舞，每每我都沉浸在快乐中。世上还有什么能比孩子更美好的！

　　半岁后，到了春暖花开的季节。盈盈爸爸的时间稍微多一些，开始带着女儿到外面玩。蹦蹦床，滑梯，只要能玩的，盈盈爸都要让她去玩。有时觉得孩子太小，真担心被大孩子踩到，可是女儿胆子格外大，从来不知道害怕，总是开心地发出银铃一样的笑声。盈盈从小没穿过开裆裤。我认为孩子穿开裆裤不卫生，还不会走路随便乱坐，容易弄脏小屁屁。孩子想上厕所完全可以示意，大人稍微留心，一般都不会尿裤子。不穿开裆裤，孩子活动起来比较大胆。就这样，孩子在充满轻柔的音乐，五颜六色的玩具，笑声和游戏中，一天天长大。直到女儿一岁时，爸爸说："你来看看，孩子会做什么了。"我跟着来到操场，爸爸把孩子放下站好，然后走开一段距离，一拍手说："宝贝，到这儿来。"女儿迈开小小的步子，向爸爸蹒跚走去。女儿会走路了，此时，刚好一岁。

　　据美国芝加哥大学的一份研究报告，在孩子生命最初，他对世界的了解是通过他全部的五种感官获得的，也就是视觉、听觉、触觉、味觉和嗅觉。如果环境中有许多的游戏，玩具和其他物体给孩子摆弄，就会有助于孩子感知的成长。在一天的玩耍，吃饭以及其他的活动中，孩子与大人能够广泛接触，也能起到很好的作用。该报告还特别声明，感知发展对于小学期间学习的顺利有很大关系。那些在这方面进行过培养和开发的孩子，与没有进行开发的孩子在学习上有明显的差别。

在幼小时对孩子进行的锻炼和培养，哪怕极其微小，小到几乎觉察不出来，都会对孩子以后的人生产生极其深远的影响。就像长江和黄河的源头相差不远，都在巴颜喀拉山区，一个向北流，一个向南流。在源头，一点点人工的外力都可以将它们导入他途，使河流的方向发生根本的改变，河流就会有不同的趋向最后流到遥远的地方。这就像孩子的教育一样，源头便是孩子，差之毫厘，谬以千里。

　　我的孩子

　　你还那么小

　　小的犹如薄荷或是小草

　　妈妈的目光总是把你寻找

　　喜欢看着你微笑

　　喜欢为你低声吟唱歌谣

　　妈妈不会束缚你的手脚

　　不会把你打扰

　　妈妈希望你的成长

　　一路撒满欢笑

让孩子的想象插上飞翔的翅膀

毕加索说过："每个孩子都是天生的艺术家，问题是怎么在长大之后仍然保持这种天赋。"

一位著名的画家有一个6岁的孙女，她也很喜爱画画。孙女画了一棵树。

画家说："孙女，你画的树不对。"

孙女说："怎么不对呢？"

画家说："树枝不对。"

孙女说："树枝怎么不对呢？"

画家说："树枝怎么能比树干粗呢？"

孙女说："树枝怎么不能比树干粗呢？"

画家说："那就不是树了。"

孙女说："不是树你怎么说它是树呢？"

画家一愣，突然无话可说。

孙女画一只兔子。

画家说："孙女，你画的那只小兔不对。"

孙女说："怎么不对呢？"

画家说："兔子有红色的吗？"

孙女说："兔子怎么会没有红色的呢？"

画家说："你见过红色的兔子吗？"

孙女说："没有见过。"

画家说："那红色就不是兔子了。"

孙女说："不是兔子你怎么说它是兔子呢？"

画家无话可说

孙女又画了一匹马。

画家说："孙女，你画的那匹马不对。"

孙女说："怎么不对呢？"

画家说："马有翅膀吗？"

孙女说："马没有翅膀。"

画家说："那你为什么给马画上翅膀呢？"

孙女说："我想让马长出翅膀来。"

画家说："那就不是马了。"

孙女说："不是马你怎么说它是马呢？"

画家又无话可说了。

孙女还画了一只老母鸡。老母鸡下了一个蛋，那个蛋比母鸡还要大。

画家说："你画的那个蛋不对。"

孙女说："怎么不对啦？"

她拿着那张画去参加儿童画展，结果得了一等奖。

孩子不受知识，经验和各种世俗的羁绊，所以孩子的想象才是真正的想象。同样一个世界，有些人就能够活的生趣盎然，充满活力，永远保持一颗不被污染快乐的童心。智谋，学识和权利，在孩子面前都会失去力量，我们唯一能抵达孩子内心的途径，就是有颗孩子一样纯净天真的心灵。

在陈丹青的《纽约琐记》中，有这样一段描写毕加索的文字：看毕加索年少时给父母朋友画的肖像，那种洗练老成、要言不烦，乍看是天纵其才，再看倒像是大匠晚年才得修炼到的境界。毕加索却有自己的说法："我在十几岁时画画就像个古代大师，但我花了一辈子学习怎样像孩子那样画画。"这个话题可以拿出来说一说：孩子画画和职业画家都怎样的区别呢，纵使一个天才级的大师要效仿一个孩子的画作状态？我的导师也曾说过这样一句话：每一个孩子都是一位隐性的大师。如果你拿到一位孩童的作业，看到凌乱不堪的线条和飞扬跋涉的色块，你一定指鼻询问我："这是什么谬论？这哪里是画？明明已经不能乱得再糟糕！"难道毕加索这位先师欺骗了我们？模仿孩子般"假天真"，"假变形"？骗我们的眼睛。其实他并没有说谎，反而泄露了天机，他"窃取"了画得巨作的真谛：用孩子般的眼睛去"观看"。孩子眼里看到的一切，就是画什么，他们想当然地去"乱画"，因为学生既不会也不喜欢去写生。我们见过哪个像毕加索高度自觉地去画画呢？用它精明的绘画经验和判断效果去控制画面。因为孩子们的作品都是浑然天成。当然这位世界级大师一生也从未像孩子般率真的模拟成那番"浑然天成"之作。因为他走在一直在模仿，从未曾超越的路上。试问：当您看到身边趴在桌上胡乱涂鸦的孩子，您又会想到什么？

每个人都喜欢画画，无论是大人还是孩子。我们在聊电话的时候，在无聊的时候，在与别人闲谈的时候，手里只要有只笔有张纸，每个人都会不自觉地拿起笔画，好像是一种本能。在女儿大概不到一岁的时候，她的小手刚刚能握住笔，就喜欢画画。那时孩子具体画的什么，对我来说直到现在都是个谜，但是绘画的爱好被女儿很好地保留了下来。她从小画过的、写过的本子、纸、小纸片、我保留了几大箱子，一张纸片都没舍得给女儿丢过。女儿在毫无拘束的情况下，只要是她到过的地方，必然有她画下的画。而我，就是不停地欣赏和赞扬，给女儿大大的拥抱。

从上学起，女儿的画作开始获奖，从学校一等奖、到区一等奖、到市一等奖、到省一等奖、最后获得全国科技绘画大赛二等奖，直至2015年十岁的女儿作为全市唯一一位全国青少年科创型人才候选人，一路就这样不知不觉走了过来。每当看到女儿笔下流淌着的画，我从心里感到佩服和赞叹。如果让我去画，哪怕这个物品天天见，我未必能画得出来。可是女儿的笔尖是流淌着的，画什么像什么，这需要很好的观察力。同样看一个事物，我只能模糊地对这个事物有点概念，再次看到才能认识它。可是女儿却在知道的同时，记住了它的特点，这就是画得出和画不出的差距。女儿喜欢画绘本，每次都是先把画画出来，再写上字。她能够把自己想画的完整的表达出来。

想起女儿在选择要不要上绘画班的时候，我们小区附近有一个大家公认较好的绘画学校，邻居家的孩子就在那学习绘画。她拿出孩子的画给我看，说："老师要求挺严格，原来孩子不知道叶子要涂成绿色，涂成乱七八糟的颜色，老师说画错了，让她改，这才画得这么好。"我听后决定不让女儿去这家学校学习绘画，孩子的想象力是多么的宝贵，在孩子的眼睛里，世界可以是任何颜色，叶子也可以是任何颜色，只要孩子能想象得到，就可以涂成任何颜色。老师说孩子画错了，这句话本身就是错误的，在孩子的世界里，没有画对还是画错，无论他画什么，他总是有自己想要表达的内容。如果大人不懂，可以问孩子这幅画要表达的什么含义，孩子一定能讲得头头是道，然后我们诚恳地点头称赞就够了。不一定大人的道理才是道理，有时候孩子的天真率直一语中的，经常让大人感到惊讶不已。

保护好孩子的想象力，让孩子的想象插上飞翔的翅膀。在过分严格的指导下，和过分严格的监督下，不会有什么奇迹发生。因为一个孩子的能力，唯有在身心和谐的情况下，才能发挥到最佳水平。过分的约束，能够造就一流的工匠，但决不会孕育出一流的大师。戴着镣铐的心灵，怎么能挥舞天才之手。

关于叛逆孩子的几点思考

孩

子

凭

什

么

优

秀

有个老人在河边钓鱼，一个小孩走过去看他钓鱼，老人技巧纯熟，所以没多久就钓上了满篓的鱼，老人见小孩很可爱，要把整篓的鱼送给他，小孩摇摇头，老人惊异地问道："你为何不要？"小孩回答："我想要你手中的钓竿。"老人问："你要钓竿做什么？"小孩说："这篓鱼没多久就吃完了，要是我有钓竿，我就可以自己钓，一辈子也吃不完。"

有些人一定会说："好聪明的小孩。"

思考一下这样做真的对吗？他如果只要钓竿，那他一条鱼也吃不到。因为，他不懂钓鱼的技巧，光有鱼竿是没用的。因为钓鱼重要的不在钓竿，而在钓技。有太多人认为自己拥有了人生道路上的钓竿，再也无惧于路上的风雨，因此，难免会跌倒于泥泞的路上。就如小孩看老人，以为只要有钓竿就有吃不完的鱼。像职员看老板，以为只要坐在办公室，就有滚进的财源。

我们做父母也一样，不是只要成为父母，就能够做好父母！雅各布·里斯说：当一切看起来无济于事的时候，我去看一个石匠敲石头。他一连敲了100次，石头仍然纹丝不动。但当他敲第101次的时候，石头裂为两半。可我知道，让石头裂开的不是那最后一击，而是前面一百次敲击的结果。思考一下，我们都做好当父母的准备吗？

逆反心理是指，孩子为了维护自尊，对父母的要求采取相反的态度和言行。如你让他向东，他偏向西；你让他做，他偏不做；你不让他做，他偏要做。这并不是一种心智的不完整，而是我们没有正确解读孩子的内心世界，没有满足孩子的内心需求。当这种感受反映强烈，又没有得到及时的帮助和扭转，就会变成一种反常的心理状态体现出来。有逆反心理的孩子对人不信任，对事多疑、偏执、嫉妒、冷漠、不合群等心理问题，甚至会转化为病态心理或犯罪心理。由此来看，孩子之所以会产生逆反心理，其根本原因和家庭有关。是父母在家庭问题或夫妻关系上处理得不够成熟理智，最重要的是和父母教育孩子的方法有关：一是无条件溺爱，二是打骂叱责。

我们对孩子的信任是治疗孩子逆反心理的良药。我们要学会做孩子的朋友。尊重，信任他们，尊重孩子的人格。注意和孩子说话的语气，真正设身处地为他们着想，去理解孩子，包容孩子出现的小错误，允许孩子有自己独立的见解。放大孩子的优点，淡化孩子的不足。与孩子建立起感情的纽带，获得孩子的信任，做一个孩子愿意把自己的所想所思都告诉我们的朋友。只有这样，才不会把孩子往外面"理解"他的不良损友那里推。

注意和孩子说话的语气，态度要温和。孩子在犯了错误的时候，对他说："爸爸妈妈相信你，这次做错了，改正就行，我的孩子从来不犯相同的错误。只要改正错误，爸爸妈妈会更爱你！"远比大声地指责叱骂更能让孩子容易接受。当一个人得到别人的信任时，在犯了错误的情况下，会更加自责。他会审视自己的错误，对自己进行反省，并决心下次不再犯同样的错误。

尽量少给孩子讲大道理。孩子有时认为父母的大道理是"站着说话不腰疼"。不如站在孩子的角度上，把我们儿时的经验和孩子一起交流。为孩子面临的各种困扰，出主意，想办法，像朋友一样提出自己的想法和建议。这样能够及时把握孩子的内心世界，即使孩子再出现问题，也能够从容应对。

要给孩子留"面子"。孩子出现问题，不一定直接指出来，有时孩子会觉得羞愧不愿意承认做错。我们就暂时装糊涂，等到合适的机会，再和孩子像朋友一样交流。婉转地把孩子的错误提出来，并表示理解，和孩子一起想出克服的方法。孩子在父母的信任中长大，会充满自信和自尊，一个自尊心强的孩子不会允许自己去随意犯错误，更不会让信任自己的人失望。

对于有心理阴影"叛逆"的孩子，我们能清醒地意识到："冰冻三尺，非一日之寒。"不能祈求他一天之内就可以改变，要给孩子一个改变的过程。孩子的错都是大人的错。父母时刻从孩子的错误中不断总结完善自己的教育方法。当对孩子耐心尽失，无比痛苦的时候，就想一想教育家周弘，在面对自己的聋孩子，二十年如一日地坚持和恪守，所付出了怎样的耐心和艰辛，才培养出自己的聋孩子去说话并在大学里完成学业。

我们为孩子营造的家庭环境和为人处事的态度，将对孩子的整个人生有着根深蒂固的影响。我们也不要让自己背负过大过多的压力，要学会放松自己、善待自己。只有懂得爱惜自己的人，才懂得如何去爱别人，包括自己的孩子。真正智慧的父母是那些懂得何时放手，懂得培养孩子独自学习能力和生存能力的父母。

所以有很多人认为，一个"放养"的孩子一般来说比较有出息。我们做父母的要适当地放手，让孩子生活在自己的人生中。当然，这里的"放养"并不是说父母冷漠疏忽不管孩子，而是有目的地放养，我们"授之以鱼，不如授之以渔"。让孩子从父母的言行中感受到爱，尊重和自由。

离异还有更智慧优雅的方式

有这样一个故事：妈妈最后离开的那个晚上，她和爸爸整整坐了一夜，也说了一夜的话，但米妮只听到一句："你走吧，由我来向女儿解释。"这句话是爸爸说的，所以米妮知道要走的是妈妈。

妈妈离开后的好长时间里，米妮天天都在等待爸爸的解释，但他似乎把这事忘了。他只是一如既往地接送她上学回家，在家长手册上认真填写她课余的情况——又学会了多少新字，听了什么故事，写字画画的进展……这些在许多同学的家里，都是由妈妈来做的事情，现在都由米妮的父亲来做。

一个月后的一天晚上，爸爸来到米妮的床边，合起来米妮的故事书，又压了压她的被角，轻声说："你听过很多天使的故事，天使飞到一个地方，发现那里有人冷了，有人饿了，有人需要帮助了，她就会留下来工作。如果一切都很好的话，不当差的天使就会放心地飞走，继续去找需要她帮助的人。世界上的爸爸妈妈都是天使，是专门飞来照顾孩子，陪孩子一同长大的。咱们家里，爸爸一个人就能照顾好米妮，所以，妈妈才放心地把你留给我。妈妈去了一个遥远的地方，在那里当天使，她去照顾另外一些更需要照顾的孩子……"

等米妮长大后，才知道妈妈并不是去当天使，爸爸当年是向她撒了个谎。可是，就是这样一个谎言，使米妮整个的少年时代都充满骄傲和向往，使她本来会痛苦的人生，却很美满幸福。

这是米妮一生听到的关于"离婚"最美的解释。

有句话叫，"一马发狂，千骑受惊。"不仅马是这样，人也一样。一个人的想法出现偏差，往往也会将其他人引入歧途。尤其父母的想法对孩子产生的影响，更加不容小视。伟大的父母应该是这样的：哪怕自己在一片黑暗之中，也要让孩子的心灵洒满阳光。人生有时候会很沉重，为人父母，我们尽量把这份沉重放在自己的肩上。感谢大地上有这样伟大的父母！

母亲在一个家庭中对于孩子的教育起着关键的作用，一个好孩子的成长，90%以上都是依靠母亲。并不是说爸爸在孩子的成长中不重要，无论哪个国家孩子的家庭教育几乎都是由母亲来完成的。因此说妈妈教育孩子时的心态和教育方法。以及她处理感情的态度和理智程度，决定着她自己和她孩子一生的命运。但现实生活中并不是每一个家庭，都能那么幸运地有着恩爱幸福的婚姻，那么，这些破碎家庭的孩子该怎么办呢？

孩子敏感的心灵对是非的分辨是受到父母的影响和引导的。父母当着孩子的面争吵对孩子的影响是相当负面的，双方在争吵时往往很难控制使用理智的语言，这将会给孩子传递一个负面信息，原来人与人之间发生矛盾，是用争吵的方式来解决问题的。父母之间的争吵会影响孩子对以后，对婚姻缺少安全感并具有恐惧感。当父母之间有分歧时，一定要等到孩子不在场时耐心沟通解决。

当两个人的婚姻走向离婚这条道路。父母如果处理不好，会对孩子以后的婚姻观和人生观，产生严重的负面影响。父母为了孩子一定要协商解决，双方都放下对对方的怨气和牢骚。为了孩子维持家庭表面上的平静和谐，以不影响孩子快乐幸福的成长为原则。在合适的时机，选择在孩子心智较成熟懂事时再让孩子知道父母离婚这个事实。

离婚后孩子无论跟随哪一方，都不要在孩子面前唉声叹气，横加指责另一方，反而要好好向孩子解释爸爸或妈妈的难处，为对方去说话。因为在孩子幼小的内心世界中，是无法承载和理解的他最爱的父母之间的是非曲直，绝对不能在孩子面前说着对方的种种不是。只有这样才能培养孩子阳光、积极、善解人意的个性，也为孩子日后理智冷静地处理他自己的感情，和处理家庭难题的能力埋下伏笔。心静是一种大气，宽容是一种真爱。

当准备再婚后，每个人的心应该是善良的。设身处地为别人着想的心态，接受对方和对方的孩子。视如己出，真诚真爱对待，让孩子有接受家庭成员的过程，孩子幼小的心灵敏感而准确。如果孩子接纳了，让孩子知道这个世界上又多了一位真心爱他的爸爸或妈妈。始终让孩子处于心灵的阳光下，孩子将来处理事情也会乐观豁达。

在旧金山，有这样一个普通美国人的家庭，母女俩相依为命。

在女儿四岁的时候，父亲应征入伍，前往越南作战，不幸阵亡。4岁的孩子对父亲的印象很模糊，母亲却时常追忆往事，翻阅照片，努力使父亲继续活在她们中间。

父母亲当年青梅竹马，父亲丧生以后的20年，虽然女儿多次劝她，但母亲竟未再婚。

不久前，这位坚强的母亲病逝了。女儿收拾遗物的时候，在一只收藏纪念品的小盒里，发现了一首母亲写的诗——

记得那天，我借用你的新车，可我撞坏了它。

我以为你会骂我，但是你没有……

我记得那一天，我拖着你去海边，而你说那天会下雨。

　　果然那天下雨了。

　　我以为你会说：我告诉过你啦！但你并没有……

　　记得那一天，我向所有的男孩子挑逗，

　　我想引你妒忌，引你发狂，而你没有……

　　你记不记得那一天，我不经意在你新铺的地毯上，吐了满地的草莓饼？

　　我以为你一定会厌恶我，但是你没有……

　　记得有一回，我忘记告诉你那个舞会是穿礼服的，而你只穿了牛仔裤。

　　我以为你一定要向我发怒，但你却没有……

　　是的，有许多许多的事，你全都没有做。

　　你容忍我，钟爱我，保护我……

　　有许多许多的事，我要回报你，我要感激你，

　　我曾经发誓——当你从战场回来……

　　但是你没有！

　　女儿几乎读不下去了。她终于知道，怎么多年，为什么母亲能平静地面对一切。这么多年，为什么一个没有父亲的女儿却能感到生活照样快乐充实——因为母亲的心中始终珍藏着一个美丽的童话。

　　每一个拥有真情的人都是幸运的，当不幸降临的时候，这种不屈不挠的情感足以使人战胜一切苦难。我们培养孩子执着的真情，并不是为了别人，而是为了自己。真情能够产生真爱，真爱能够产生勇气，勇气能够战胜一切苦难！

　　孩子的快乐几乎都是父母给予的，做一位伟大的父母，让我们的孩子内心装着信仰，装着梦想，装着真正的情感。不要装着名和利，不要装着欲望。只有这样，力量和胆识，才不会被世俗左右。云为什么自由，因为云的心中有梦想；风为什么自由，因为风的心中有方向；脚步为什么自由，因为它的心中有远方；真爱为什么自由，因为没有世俗的羁绊。

　　真正的教育不着痕迹，带孩子在游戏和生活中学习。在任何情况下

从不逼迫孩子，不呵斥打骂孩子。把孩子从小当成一个有自尊心的个体，尊重她的人格。在《来吧，孩子》这本书里，女作家池莉首次剖析了自己的第一次婚姻："我自己婚姻的事情，我本不想提的。就婚姻本身，没有什么可以多说。婚姻这个东西，到底也还是只有中国的老话，把它说得抽象又精到，潇洒也庄重——夫妻本是同林鸟，大限到时各自飞。再是那千头万绪的一团乱麻，都可以简单归结到一个字：缘。缘分尽了就是尽了，犹如地上的水被太阳晒干了。我不说婚姻本身。我要说的是被婚姻牵涉到的孩子。一旦事涉孩子，那就是一个字，万个字，无数个字，也难以排解的矛盾和艰难了。"池莉结束第一段婚姻的时恰逢女儿准备初中考试。为了不影响女儿中考，池莉和丈夫商量好，刻意向女儿隐瞒了协议离婚的事实。两年内一直维持着家庭表面上的平静，直到女儿考上了高中。池莉才趁着去外地旅游，精挑细选了一个环境，胆战心惊地告诉她实情。没有想到，女儿早就看到了协议，并反过来安慰池莉，认为如果婚姻不和谐，离婚对大家都好，感动之余，池莉几乎有点"羞愧难当"。

《哈佛女孩刘亦婷》的作者刘卫华也是一位离婚的母亲，她离婚时的处理态度与池莉是一致的。都是细心地维护好孩子爸爸的形象，和平相处，丝毫没有让孩子感受到家里有任何风雨欲来兮的阴霾，因此丝毫没影响孩子的心智成长。刘亦婷妈妈也是选择在孩子长大些懂事的时候，冷静理智平和地告诉孩子离婚的事实，但对孩子爸爸仍然从不口出恶言。

池莉和刘卫华用她们和孩子成长经历的故事，告诉了所有有着破碎婚姻的妈妈和爸爸们，离婚还有更智慧优雅的方式。为了孩子健康快乐地成长，伟大的父母应该是这样的：哪怕自己在一片黑暗之中，也要让孩子的心灵洒满阳光。人生有时候会很沉重，为人父母，我们尽量把这份沉重放在自己的肩上，感谢大地上有这样伟大的父母。如果她慢慢懂得了衣食是一种大事，勤俭是一种美德，心静是一种大气，宽容是一种真爱，知晓是一种最好，那天下还有什么功课我们的孩子拿不到优秀呢？

如何找到孩子自身的优势

有一个故事，小兔子被送进动物学校，它最喜欢跑步课，并且总是得第一。可是小兔子很不喜欢游泳课，每次上游泳课都会很痛苦，但是小兔子的爸爸妈妈总是让小兔子样样都学，希望它样样都坚持，不能放弃。小兔子每天都充满矛盾地去上学，无精打采非常难过。老师看出小兔子很难过，问小兔子是不是因为游泳课成绩太差而苦恼，小兔子点了点头。

老师说："这样吧，反正你的跑步成绩已经很优秀了，你不用上跑步课了，专心练习游泳吧，只要功夫深，铁杵磨成针。小兔子，只要努力，你一定能取得不错的游泳成绩。"

这个故事的结果合理吗？我们经常用"只要功夫深，铁杵磨成针"来激励孩子。殊不知，小兔子根本不是游泳的料，奔跑才是小兔子最擅长的事。小兔子再刻苦，游泳也不会有太大的成就，可是奔跑如果方法适当，小兔子可以拿到冠军，应该找个适合的地方，让小兔子痛快地奔跑，这才是扬长避短。

TalBen博士在幸福课《积极心理学》中讲道，人的一生所取得的成就，不是怎样改变他的缺点，而是如何发挥他的优势！说到这里，我想到了季羡林的《神奇的丝瓜》。人自身的机能就像一棵丝瓜，有着强大的成长能量，并且自身有着一种天然的扬长避短的能力。当一条瓜秧结出丝瓜，如果这条瓜秧不够强壮，无法找到支撑和依附，这条瓜秧上结出的丝瓜会自然停止生长。一条足够强壮的瓜秧，会寻找附近适合的依附，结出丝瓜，这颗丝瓜也神奇的，寻找适合的支撑托起自身，然后疯长起来，结出硕大的瓜来。丝瓜本身是没有思想的，但是它有一种自然择优的能力。

孩子本身比丝瓜更具有自然择优的能力，可是很多父母正在做着违背自然的事，南辕北辙，强迫孩子做不喜欢的事，给孩子同时报几个特长班，希望孩子样样都行，这就像一条脆弱的瓜秧，非要让它结出硕大的瓜。最终瓜秧无法支撑重量，从高处坠落，摔得粉碎。而真正强健的瓜秧得不到养分的供应，最终枯萎，即使勉强生长也不成气候。判断一个人是不是成功，最主要的是看他是否最大限度地发挥了自己的优势。通过研究发现，人类有400多种优势。这些优势本身的数量并不重要，最重要的是我们应该知道孩子的优势是什么，之后要做的则是将孩子的学习、生活、工作和事业发展都建立在他的优势之上，这样就会成功。比如，对于一名教师来说，应该具备的一种优势就是"体谅"，只有具备"体谅"这种素质或情感的人，才可能成为一名好教师。

很多时候，希望孩子能够"持之以恒"我们都说"只要功夫深，铁杵磨成针"。可是，为什么不把铁直接做成针，或者把铁直接做成铁杵，而是先把铁做成铁杵，然后再把它磨成针。"持之以恒"绝不是这种表现。如果孩子本来没有这种优势，但父母却一再坚持不放弃，希望将他的弱势变成优势，这是不可能的，并且代价也是巨大的。所以，铁杵继续当好铁杵，在自己的岗位上争创一流，同时去买一根针来缝衣服。同样，让兔子去跑，让鸭子去游泳！

这正是"扬长避短"。尽管成功的路径各异，但成功者都有一个共同点，就是"扬长避短"。传统上我们强调弥补缺点，纠正不足，并以此来定义"进步"。而事实上，当我们把精力和时间用于弥补缺点时，就无暇顾及增强和发挥优势了，更何况任何人的欠缺都比才干多得多，而且大部分的欠缺是无法弥补的。

小兔子的故事很精彩，但在现实生活中却很难进行准确的把握。比如你怎么知道孩子到底是兔子还是鸭子？

在《飞向成功》一书中，克利夫顿给出了一个直接的答案：一个很简单的方法可以让你知道你到底是谁。比如，当你看到别人在做某件事时，你心里是否会有一种痒痒的召唤感——"我也想做这件事"。当你完成一件事时你是否会有一种满足感或欣慰感。你在做某类事情时非常快，无师自通，这是一个重要信号。当你做某类事情时，你不是一步一步去做，而是行云流水般地一气呵成，这也是一个信号。

很多人会发现自己在做许多事情时需要学习，需要不断地去修正和演练。而在做另外一些事情时，却几乎是自发的，不用想就本能地去完成这些事情。这就是你的优势。优势的发挥是一个终生的过程，并不是在某些年里就发挥完了。随着时间的推移，随着经历的增多，还会发挥出更多的能量。现在让我们每天思考一下孩子的优势到底还有些什么，我们怎么样更好地让孩子去发挥它们。一个人一辈子能把一件事情做好，就堪称完美。寻找你内心想要的方向，而后，才是在这条路上遵循方法，义无反顾，做到尖深。一事精致，便已动人。从一而终，就是深邃。

单纯依靠分数，并不能为自己将来的能力和幸福加分，将来决定一个孩子的成就和过什么样的生活，生活得是否快乐有尊严，取决于自身具有的优势。发现孩子的优势，扬长避短，让每个孩子都能在自己擅长的领域里任意驰骋，让每个孩子都能在没有分数的压力下，快乐地成长，直至成才！

让每一间教室里都拥有一个称职的、有教育优势的老师。让每一个孩子每一天都能按照自己的优势去发展。一般来说，热爱自己职业的老师都是可爱的老师，一位可爱的老师就会是孩子喜欢的老师，孩子会跟他们喜欢的老师去快乐的学习。我相信，每一个孩子都是A分学生。A分学生不一定是数学天才，但他可能擅长吹小号，也可能很会玩篮球。每一个孩子都有天生的优势，我们的目的就在于发现孩子具有的优势，然后激发这种优势，强化这种优势，一个人的一生只需要做好一两件事，如此，他就可以安身立命了。

自卑是生命中的癌症

自卑是一种典型的想做的事情太多又强烈的期望和渴求，而又发现和夸大自身的不足产生的一种心理反应。在我们的头脑里一直认为自己是一个什么样子，而对于自己的这个认知，一般是小时候的经历对我们的一种培养，是在原生家庭中逐渐形成的一种认知，从小生长的环境，对我们感受和表达情感影响很大。这是一种固定而坚实的心理之墙，有自卑心理的人常常自轻自贱，容易消沉轻易放弃。我就是做什么都不行，没有人能看得上我，连街上乞讨的流浪汉的都比我强，我就不该活在这个世上。很多人就这样想着想着，走到湍急的河边，纵身跳下去，淹没在汹涌的河流里。

事情真的如想象的那么糟吗？难道天空永远都是灰色的？太阳真的不会再次升起？难道别人的一生都是一马平川，只有你的充满坎坷和起起落落？如果真的这样想，那一定是错的。我们正在经历的任何事情，无论是好的还是坏的都会过去。即使今天满目阴霾，太阳依然每天都在升起，事情本没有属性，不快乐的只是我们的心灵。一个自卑的人，会出现做人和做事的根本缺失，在行为和语言上，会表现得比较幼稚和低级。

一个从小时候就在充满爱和温暖的家庭中长大的孩子，情感开放，父母和亲友的关系融洽和睦，相亲相爱，那么他到成年的时候就很容易表达情感。因为他有榜样，知道什么是爱什么是温暖，也知道如何表达并给予别人爱和温暖。不幸的是，很多孩子都生长在有问题的家庭中，不是父亲过于严厉或有着某种恶习，就是母亲过于强势不懂恰当的给予母爱，或者父母的情感出现危机——这是很不妙的情况，这样环境中长大的孩子就不会去表达情感。因为他没有榜样，没有人告诉他什么是爱什么是温暖，他都是在迷茫和不安中读过，因此他习惯将自己隐藏起来，以躲避可能出现的伤害，甚至学会阻止情感，让自己变成冰冷的人。

自卑心理形成的因素有很多。比如，有的孩子发现，当他的哥哥或姐姐嘲笑他的时候，如果他哭的话就会遭到更多的嘲笑，甚至是打骂。当父亲让孩子第一次骑没有刹车的自行车，孩子表现出吓得嘴唇发抖，就会被人说成是胆小鬼是懦夫，指责他没有勇气。当孩子生长在一个极度苛刻的家庭，感情和物质极度匮乏，时常因物资缺乏被人轻视和嘲笑，以至于只是想和别人一样的自尊都没有。于是，当得到不公正待遇时，有些孩子会产生情绪并将情绪表现出来，比如愤怒，但他们会因为表达了愤怒而受到体罚和责骂。这是一个恶性循环，他就只能学习阻止情感，慢慢地压抑情感，压抑他对生活的要求和热情。这些因素极大地主宰一个孩子成人后的一切思维模式和行为方式，并将这种思维模式转化成他的性格。久而久之，便会产生严重的自卑心理，变得畏缩不前，就算路的前方只是一个小小的石子，他也认为那是一块巨石，他没有跨过去的能力。

在这种环境下成长起来的孩子，长大之后很难变得开朗。每个有自卑心理的人都有"受伤"的经历以及心灵之门关闭的趋向。由此可见，给孩子一个有爱和快乐丰富的童年是多么重要。

大脑其实是一个记忆仓库，它像书店一样，放进去的每一本书都有他认为合理的位置，等主人需要的时候即刻来取。而且，大脑总是储存对于情感产生影响的记忆（不管它是坏的还是好的，是消极的还是积极的），而大脑的杏仁核则负责收藏这些记忆。当某一个诱发因素启动某件过去的事，大脑往往就会在行动之前做出准确的反应，即使这种反应可能不适合这个场景，而且会将事情变得更糟。对于一个自卑的人来说，他不相信自己能成功，于是他不敢去尝试，他怕被别人发现他是多么的无能。不尝试，更加判定自己的无能，从此陷入这种无法摆脱的怪圈，觉得自己没有能力去改变无能的状态，也就不会发现自身具有的价值。

一个自卑的人，需要对自己有个正确的判断，需要诚实对待自己。不要用自己的错误认识来折磨自己，每个人来到这个世上都有其必然"天生我材必有用"相信自己能够做得更好，不要让自卑来欺骗你，因为被欺骗的结果总不会让人感到美妙。不要希望自己应该有多完美，没有谁的人生不存在失败，每个人都是从幼稚走向成熟，每个人都在人生的十字路口做过抉择。没有谁一生下来就有一条闪光正确的道路可走，那些成功的人都是在不断的失误中不断学习和总结，杀出一条属于自己的道路。心理学教授佩楚斯卡·克拉克森说，人的生活中没有失败一说，成功和失败只是一种人造的概念，因为任何事情都是成功的，他们都有可以学习的经验。区别在于有人能够发现，有人却会忽视这一真理的存在。从生活中已经犯下的错误中吸取足够的经验教训，然后你会发现，其实根本没有什么失败，并且会越来越好。

　　每个人都活在当下，不要让已经过去的尘烟埋没，不要让过去束缚住你始终让你无法挣脱。我们要坦然接受过去，不要过多思考已经发生却无法改变的事实，应该用更多的精力思考现在"我该怎样做？"我们要生活在今天，充分体验此时此刻带给我们的风景。记住一句话："不管过去走过的路有多么坎坷和黑暗，过去的生活已经过去，前方总有更加丰富多彩的生活和意想不到的幸福在等待着我们。"

"母亲"不只是个称谓

　　易卜生所写《玩偶之家》中的娜拉出走，引起了人们很大的兴趣，1923年，鲁迅在北京女子高等师范学校，做了名为《娜拉走后怎样》的演讲。剧中有段这样的描述：

　　海尔茂：你想，一个人干了那种亏心事就不能不成天说谎，作假，欺骗。那种人就是当着他们最亲近的人——当着自己的老婆孩子——也不得不戴上一副假面具。娜拉，最可怕的事这种人在自己儿女身上发生的坏影响。

　　娜拉：为什么？

　　海尔茂：因为在那种撒谎欺骗的环境里，家庭生活全部沾染上了毒气。孩子呼吸的空气里都有罪恶的细菌。

　　娜拉：真的吗？

　　海尔茂：我的宝贝，我当了那么多年律师，这一类事情见得太多了。年轻人犯罪的案子差不多都可以追溯到撒谎的母亲身上。

　　娜拉：为什么你只说母亲？

　　海尔茂：当然父亲的影响也一样，不过一般说都是受了母亲的影响。这一点凡是做律师的都知道。

易卜生作为一个戏剧家，就这件事本身说明西方社会对母亲教育认识的深刻，可那个时代的中国，几乎没有几个人能明白，母亲在孩子一生的教育中起到多么重要的作用。中国还沉浸在"女子无才便是德"这种腐朽的思想当中。虽然中国古时轻母教育，但中国并不是一个没有母教传统的国家，西周时有周室里的三母；战国时有三迁的孟母；晋时有退鲊的陶母；唐时有和丸的柳母；宋时有画荻的欧母；宋时刺字的岳母。比比皆是，不一而足。直到明清后，母亲的教育几乎被完全忽视。

　　"母亲"并不只是一个称谓。每个人的第一启蒙老师，几乎都是自己的母亲，一位好的母亲抵得上一百个优秀教师。教育好一个男孩，是教育好一个人，而教育好一个女孩，是教育好几代人。

　　母亲是一个家庭家风的主导者，每个人的一生都是从家庭开始，孩子在家庭的熏陶中成长。良好的家风为一个人终身具有的良好素质打下基础，好的家风塑造人之英杰，国之栋梁，不好的家风则反之。而母亲就是一个家庭家风的主导者。在中国的历史上，儿女结婚时父母对对方家风的考察非常严格，从好家教的家庭走出来的母亲，较之那些家教有缺陷家庭走出来的母亲，教育出来的孩子通常迥然相异。母亲是孩子的第一任启蒙老师，孩子染之苍则苍，染之黄则黄。纵观中外古今，名人大家，他们的父母几乎没有一个是鸡鸣狗盗之徒。

　　身教胜于言教，孩子从小的语言和行为都是模仿父母的行为，尤其是母亲的行为。母亲让孩子好好学习，和同学搞好团结，每天千叮咛万嘱咐，可孩子还是学不好，还是经常和同学打架。原因出在哪里？让孩子好好学习，自己却整天无所事事，上网，玩手机，打麻将。让孩子搞好团结，自己却每天嘴里不是说这个就是骂那个。一千句的语言不如一个实际的行动，母亲必须规范自己，为孩子做好榜样。

　　母亲是孩子一生的规划者，当一个胎儿在身体里一天天地长大，母亲就开始用自己那双细腻纤巧的手去雕琢孩子，一般这种雕琢都带有母亲某种心愿的折射。随着孩子的一生啼哭，降临人世，这种愿望开始变为一种行动。

　　胡适描述在家乡的9年生活："除了读书看书外，究竟给了我一点做人的训练，在这一点上，我的恩师就是我的慈母。每天天刚亮时，我母亲就把我喊醒，叫我披衣坐起。我从不知道她醒来坐了多久。她看我清醒了，才对我说昨天我做错了什么事，说错了什么话，要我认错，要我用功读书。有时候她对我说父亲的种种好处，她说：'你总要踏上你老子的脚步，我一生只晓得这一个完全的人，你要学他，不要跌他的股。'（跌股便是丢脸，出丑）她说到伤心处，往往掉下泪来。到天大明时，她才把我衣服穿好，催我去上早学。"最终，胡适果真成了像她父亲那样的学者。

母爱是伟大的，但母爱往往也是盲目的。母亲帮助孩子确立第一自我印象，让孩子知道将来他可能成为什么人。这是母亲一点一点地通过精神传递，孩子通过日常行为向父母的学习模仿，通过语言一点一点地确立。一个孩子的人生目标就是这样确立起来的，第一自我形象设计的越好越，人的一生就会有成就，越快乐，越幸福。第一自我形象设计的渺小，人的一生就会趋于平庸。一个孩子的一生，通常就是这样通过父母的双手，一点一点地雕琢出来的。

母亲是孩子智力的启发者，我们所说的天才儿童，其实一般情况下，只是智力得到充分开发的孩子。极其聪明和极其愚笨的孩子只占很少数，绝大多数孩子的智力都是相当的。如果拿一颗种子，随意抛到一块土壤里，它可能会发出芽来，再过些时候，它可能会长出叶来，甚至开出花来，如果你不去管它，任由它生长，也许会有各种昆虫来吃掉它。如果你拿相同一颗种子，将他种在环境适当的土壤里，给它需要的水分、阳光、空气和适当的营养，它会按照你的预期去生长，葱绿苍翠，花朵娇艳，你会看到一株成长接近它全部潜能的植物。

而我们的很多孩子，其实就像一株没有发育完全的植物，是教育环境缺失被耽误的孩子。而那些所谓的超常儿童，是得到了充足的教育资源和环境，潜能得到正常发挥的孩子。每当说起孩子的智力开发，早期教育，总是会有另外一个声音，说早期教育是拔苗助长，我们要让孩子在自然的状态下顺其自然的成长。所谓的自然状态下顺其自然的成长就是像赶羊一样，被学校教育并批量生产出来。不可思议的是很多受过高等教育的父母也认同这个观点，现在的母亲几乎都受过教育，都识文断字，可是宁可每天上网，玩手机，逛街，打麻将，也没时间去教孩

孩

子

凭

什

么

优

秀

子识字。很多孩子的父母说：现在教了也是教，将来老师还得教，那现在教了不就等于白教了吗？白教谁还会干呢。这明显就是对孩子的一种忽视。

养育孩子不是写在纸上，也不是说在嘴里，不是叶公好龙式的养育，而是让我们脚踏实地去做。什么是"做"？"做"是劳力上加劳心，单纯的劳力是蛮干，不能算做；单纯的劳心，是空想，也不能算做，真正的"做"是劳力加劳心。举个具体的例子，就如同洗澡，我们给孩子准备洗澡水。时而太冷，时而太热。根本不符合孩子的需要，这就是只劳力不劳心。我们要了解什么样的水温才适合给孩子洗澡。在什么样的水温下，才能让孩子洗得即舒适又乐于去洗，这是劳力加劳心。这才是真正地"做"。

纵观古今中国有建树的名人们，只要母亲有点文化，通常都教得很早，很多杰出的学者们较多通过早期识字这条道路实现了，这是最起码对孩子的一种早期教育，早期识字教育是最简单最容易把握的。早期识字是早期教育的一种体现，并不代表着早期教育。对孩子进行有条理，有计划，有步骤的早期智力开发和早期教育，让孩子的潜能尽可能地发挥出来，这是每一位受过教育的母亲应该做到的。那些提倡"自然放养"的，"顺其自然法"的父母，一旦孩子面临高考，中考，他们再也不会"顺其自然"了，他们常常比其他父母还要残酷地向孩子索要成绩。没有精心培育孩子，还想让孩子结出硕大的果来。

苏联的马卡连柯说过："如果你打算生一个公民，而生了以后对他缺乏父母的爱，那么就请你发发慈悲，预先告诉社会，说你要想要滑头。"当我们的母亲们，在面对自己的孩子时，都会心怀担忧地扪心自问：我这样做会不会耽误孩子，无法发挥他本身具有的潜能？我这样做能不能给他一个强健的体魄？我这样做会给他一颗善良的心吗？我这样做他将来走向社会能被大家接受吗？我这样做是孩子真正需要的吗？我这样做是不是在浪费孩子宝贵的成长时间？当每位母亲都能这样反省自问的时候，我们的孩子就有福了，我们的国家就有救了！

后　记

宽容是泥土最好的留念

　　宽容为何物，看不到，摸不着，但是它却测量着人与人之间的温度，传递着人与人之间的温情。宽容是一种心地，是善良与真诚与爱幻化出的一种感受。宽容，带着圣母的光辉和圣父的宽宏。

　　宽容从心底涌出，默默地、不温不火、不急不躁、不卑躬屈、不曲意逢迎，缓缓流经每一个干涸的平原，每一片荒芜的沙漠，每一颗饥渴的心灵。宽容与水不同，在流经的过程中不会减少，而是越积越多，宽容是一种慈悲，虽千万人吾往矣的勇敢。

　　宽容是爱的一种体现，但又有别于普通的小爱，它是一种无言的大爱。可以将手伸向宇宙，将整个穹苍揽入怀中。宽容从不计较，因为它是一种源自内心的超越小爱的大爱，因博大而宽容。

　　宽容是忍耐，即使疼痛都不发声。它让所有眷恋的生命无忧地向前。为它通畅道路，为它抚平忧伤，怀着暖暖的柔肠一路洒满芬芳，即使自己独自疗伤，脸上依然带着一片安详。

　　我的孩子，妈妈不是一位多情的诗人，无法用贫乏的文字诉尽你的美好。和你走过的每一天都透着甘甜，虽然偶感辛苦，却含着满满的幸福。十年与你相依相伴，想起当初医生告诉爸爸妈妈，有了你这个小生命的时候，我的内心感到有点忙，有点乱，担心还没有做好迎接你的准备，不知道拿什么来爱你。我的孩子，由于你的活泼好动，提前一个月来到这个世界上，伴随着一声啼哭，揭开生活崭新的篇章，生活从此与众不同，你就像一曲美妙的音符，注入妈妈的整个生命里。每天，小小的你躺在妈妈的臂弯里，看着你一望无际的大脑袋，那么娇小又那么强大。每一个微小的动作，每一个发出的声音，每一个轻微的表情，都牵动着妈妈的喜怒哀乐。我的孩子，妈妈要做你的泥土，将所有生命都为你奉献。

妈妈拉着你的小手，你去的所有地方都召唤着我，我想与你寸步不离，我亲爱的孩子，爸爸妈妈愿为你的泥土，向你献出百合花般洁白美丽的童年。你在欢快愉悦中长大，妈妈也每天沉浸在欢快愉悦中，我真不明白，为什么有人说孩子难带，说现在孩子太少，都自己娇惯自己，是养尊处优的"小皇帝""小公主"。妈妈可不这样认为，我们是一起吃、一起睡、一起玩、一起学、一起成长的朋友。你那么聪慧懂事，偶尔还表现出带着一点点成熟的气质，和你幼小稚气的模样搭配起来，是那样与众不同，耐人寻味。

我的孩子，你一天天长大。有一天，妈妈从幼儿园接你回家，你从自己的小口袋里拿出一个吃了一点的橘子给妈妈。说："妈妈，幼儿园老师发的橘子，我吃了一点，觉得很甜，没舍得吃，妈妈，给你吃。"妈妈强忍着幸福的泪水涌出，接过你小手递过来的橘子，妈妈吃过数不清的橘子，没有哪个像这样一直甜到心里。连大地都知道，你有多么完美，溪流一样地欢笑，青嫩小松树一样地挺拔。我甚至自私地想，我的孩子，千万别长大，长大后会离开妈妈。可是妈妈不能那么自私，我要把和你在一起的每一天，都永恒在你成长的空间里。妈妈不能辜负上帝赐给你的才华，我要让隐没永恒的彩虹见证，在妈妈这片泥土中，你能长成更完美的嫩苗。看，妈妈讲起这些像不像是神话。

我的孩子你又在长大，妈妈不能只沉浸在和你一起成长的快乐里，而不去教育你。书籍，文字，在你小小的心里发了芽。当你稚嫩的小手歪歪扭扭地写下："爸爸妈妈，我爱你们。"我的整个心都被你融化。所有辛苦，所有付出都那么不值一提。我以为只有那个有叫作哥伦布的国家，才会一再出现这样的奇迹。我的孩子，每天静等着你回家，享受你带来的惊讶，你比金黄的颜色更美丽，所有花朵都不能与你相比，黝黑的泥土都会长出洁白的花。

妈妈不能只沉浸在你成长的奇迹里，我不但要养你，还要教你做人的道理。不属于自己的东西我们碰都不碰，即使用也必须经由它主人的同意。永远不找理由和借口，不抱怨不争吵，抱怨只能使人失败，不会有更好的结果。不能拿别人取笑，遇到事情要反省自己，勇敢承担责任，勇于改正错误。谁都喜欢与一个温暖，阳光，向上，快乐的人交朋友，这是做人最起码的修养也是真理。我的孩子，你看，天空中那颗挂在丝绒夜幕上最闪亮的星星。它从天空向下俯视，它多么纯真，多么善良，多么明亮，那就是你。妈妈希望你永远纯真善良美丽！

我的孩子，自己的事情要自己做，要做就做到最好，不能只是表面好而已。妈妈知道你的小手还小，不急，我的孩子，我们慢慢学会打理。如果将来做大事，必须从眼前的小事做起。人生的全部真理都存在于我们日常的平凡里，自己吃饭，自己叠被，自己刷牙洗脸，收拾玩具，自己穿衣。我的孩子，不要着急，不要慌乱，慢慢熟练后就是那个能够自立的你，因为妈妈不能永远陪着你，你必须学会自己照顾自己。你看，外面的花朵多么艳丽，勤劳的小蜜蜂密集。花儿欣赏着他们鼓动的双翼，花儿愿意让小蜜蜂飞进它们的花蕊，勤劳就能酿造香甜的蜜！

当快乐使者不再送礼物给你，并告诉你要想得到零用钱就得依靠自己去付出和努力。当你用小手摆好餐桌；用精灵一样的速度整理好自己的玩具和书桌；还为爸爸妈妈把衣服叠放整齐；作业写得工整正确又独立；不马虎并得到一个又一个的一百分，我的孩子，这些零用钱都是你为自己负责努力付出获得的奖励。我亲爱的孩子，牵好妈妈的手，我们到外面去看，一朵花，没有别的，她只是努力绽放属于自己的美丽；一颗麦穗，没有别的，她只是说明自己有存在的价值；远方的小山，没有别的，她告诉人们我曾在这里屹立。我们每个人都有存在的道理和价值，但是必须任劳任怨依靠自己去争取努力！

衣食是一种大事，勤俭是一种美德，心静是一种大气，宽容是一种真爱，知晓是一种最好。我亲爱的孩子，妈妈还要告诉你，感恩是一种得到。我们每天都生活在一种恩赐里，我们彼此间相互给予的温暖是一种馈赠。我们走出家门，迈向自然，放眼花红柳绿，莺歌燕舞，我们怎能不感恩，怎能不感谢大自然的无私馈赠。当我们经历艰难险阻，挫折失败时，有人伸出温暖的手，帮你走出困境，助你扬帆起航，驶向幸福的彼岸。我们怎能不感恩？怎能不思回报？我们都要通过自己十倍百倍地付出，用实际行动予以报答。懂得感恩，会使我们已有的人生资源变得更加深厚，使我们的心胸更加宽阔。使我们能微笑着去面对人生的每一天，微笑去对待世界，对待人生，对待朋友，对待困难。宽容和感动可以化腐朽为神奇，化冰峰为春暖，化干戈为玉帛。

知足知不足，有为有不为。去思考吧，我的孩子，人生有太多等待你去揭示答案。贪婪使人痛苦，满足才能让人快乐，最大的快乐存在于对他人无私地帮助里，坦然付出，坦然得到，坦然失去，决定付出就不能求回报。永远不做物质和金钱上的奴隶，物质和金钱只能带来短暂的快乐，真正永恒的快乐存在于通过自己努力勤奋付出获得的成就感里。外表华丽只是暂时，内心的美质才能永恒。要有良好的生活习惯和良好的生活规律，这样才能保证你有健康的体魄。一个人没有健康，所有生活品质都无从谈起，健康是一切幸福的根本。健康要从每一天开始，每一天都健康，才能一生健康，才有能力享受幸福的生活和成就带来的快乐！

尊重自己和他人，尊重名誉和成就。脚踏实地，不做追星族，不做损人利己的事，不要浪费宝贵时间。要为自己树立理想，一个恰当的理想永远值得你用时间并努力实现。当到达你理想的终点时，再去制定下一个目标。人生就是这样不停地翻过一座山，再翻过一座山。别停下前进的脚步，我的孩子，相信自己，你能行！爸爸妈妈的爱永远跟随你给

后记

257

你力量，给你鼓励。当你有了足够高度，俯瞰世间万物的时候，就会有一颗平常心来面对所正在经历的一切人一切事，而不是陷入迷茫与困惑，始终都明确自己前进的方向。看这绚丽湛蓝的天空，起伏拍打的海浪，还有无忧的欢畅，因为他们都有自己明确的方向！

我的孩子，让学习贯穿你的一生，说有价值的话，做有价值的事，成为有价值的人！做一个严格自律的人。多高的墙多深的基，否则，根基不牢，地动山摇。泥土，虽然普通平凡，它存在于所有人间，没有花朵的绚烂，但能孕育出果实的甘甜。我们都做泥土一样的父母，有小草一样的谦逊质朴，有穹苍一样的广阔宽容。对我们的孩子絮语绵绵，给他们自信，给他们勇气，给他们善良美好，不束缚孩子的手脚，强健他们的翅膀，让他们凌空翱翔。能跨越艰难险阻，经受住风刀霜剑以及白浪滔天，让每个孩子都能扬帆起航，驶向属于自己幸福快乐的彼岸。这是父母对孩子最淳朴最殷切的期盼！